民法讲义

LECTURE NOTES
ON GENERAL PRINCIPLES OF
CONTRACT LAW

合同通则讲义

梁慧星 著

人民法院出版社

图书在版编目（CIP）数据

合同通则讲义／梁慧星著. –– 北京：人民法院出
版社，2021.5

（法衡系列丛书）

ISBN 978–7–5109–3051–5

Ⅰ．①合… Ⅱ．①梁… Ⅲ．①合同法－总则－研究－
中国 Ⅳ．①D923.64

中国版本图书馆 CIP 数据核字（2020）第 251887 号

合同通则讲义

梁慧星　著

策划编辑	兰丽专	
责任编辑	兰丽专　丁塞峨	
出版发行	人民法院出版社	
地　　址	北京市东城区东交民巷 27 号（100745）	
电　　话	（010）67550565（责任编辑）　67550558（发行部查询）	
	65223677（读者服务部）	
网　　址	http://www.courtbook.com.cn	
E－mail	courtpress@sohu.com	
印　　刷	三河市国英印务有限公司	
经　　销	新华书店	

开　　本	787 毫米 ×1092 毫米　1/32	
字　　数	248 千字	
印　　张	15.5	
版　　次	2021 年 5 月第 1 版　2024 年 3 月第 3 次印刷	
书　　号	ISBN 978–7–5109–3051–5	
定　　价	86.00 元	

出版说明

唐代诗人刘禹锡在《砥石赋》中说道："石以砥焉，化钝为利；法以砥焉，化愚为智。"法乃文明基石、治国重器，亦为启迪民智的理性明灯！而书籍则是人们获取法学知识和法律精神滋养的重要载体。在这个知识获取途径呈爆炸式增长乃至于信息泛滥的时代，在浩瀚书海中，如何甄选一本"开卷有益"的法律书籍，就显得尤为重要。

"法衡"系列丛书以法的精神为依归，秉持阐扬法理、衡平世情的基调，特别邀请法学界、实务界学有专长、治学严谨的专家学者，以其深厚学养和专业卓识为读者呈现各自研究领域的真知灼见；以其扎实理论和实务经验深入浅出、平实晓畅撰述法学要义，力求既能开悟法律专业人士，又能惠及更广泛的社会公众。

我们希望，"法衡"系列丛书能以各位专家学者深思精蕴的著述为读者播下智慧的种子，增益法律新知，开拓法学视野，传授思维方法，以此提升学法、用法、执法、司法之能力和水平。愿法治思想深入人心，俾法治精神大力弘扬。

作者小传

　　梁慧星，男，汉族，1944 年 1 月生于四川省青神县汉阳乡梁村。1949 年入青神县汉阳中心小学读书，1955 年毕业。1956 年考入青神中学，1962 年毕业。1962 年考入四川行政学院（后恢复西南政法学院校名）法律系，1966 年毕业。1968—1978 年在昆明市农用轴承厂担任劳资干事、工会宣传干事。1978 年考入中国社会科学院研究生院民法专业，1981 年毕业，获硕士学位，入该院法学研究所从事民法学研究。1983 年评助理研究员；1985—1988 年担任《法学研究》杂志副主编；1988 年由助理研究员破格晋升研究员；1990 年获国家人事部"有突出贡献中青年专家"称号；1993 年获国务院特殊津贴；1993 年担任民法学博士生导师。1988—1999 年任法学研究所民法研究室主任。1999—2013 年任《法学研究》杂志主编。2006 年获评中国社会科学院学部委员。2019 年 7 月从中国社会科学院法学研究所退休。2001—2007 年兼任山东大学法学院院长。2012 年起担任北京仲裁委员会主任。2013 年起担任北京理工大学珠海学院民商法律学院名誉院长。

1999—2012 年担任第四、五、六届国务院学位委员会委员；2003—2008 年担任中国人民政治协商会议第十届全国委员会委员、社会法制委员会委员；2008—2012 年担任十一届全国人大代表（主席团成员）、全国人大法律委员会委员。

主要著作：《民法总论》《为了中国民法》《民法解释学》《裁判的方法》《法学学位论文写作方法》《读条文 学民法》《民事解答录》《中国物权法研究》（合著）、《中国物权法草案建议稿附理由》（合著）、《中国民法典草案建议稿附理由》（合著）。主编《民商法论丛》（1994 年创刊）、《中国民商法专题研究丛书》（100 部）、《新时代法学学术文库》。

序　言

《中华人民共和国民法典》（以下简称民法典）于2020年5月28日通过，自2021年1月1日起施行。第三编合同，分为第一分编通则、第二分编典型合同及第三分编准合同。第一分编通则（简称合同通则），形式上是民法典合同编的通则，实质上是民法典的债权总则。合同通则可以适用于包括合同之债和非合同之债的全部债权债务关系，并可参照适用（准用）于结婚、离婚、收养、监护、遗赠抚养协议等身份关系上的协议。

合同通则，是在合同法总则（第一章至第八章）的基础上，根据民法原理，参考借鉴发达国家立法例和国际公约及示范法，斟酌最高人民法院司法解释和民法典立法研究新成果，加以增删、修订、编纂而成。本书对合同通则全部条文（第四百六十三条至第五百九十四条）作了逐条解读。着重于厘清法律条文采用的法律概念、法律原则和法律原理，解析其立法目的、政策判断和规范构成，提示理解、解释、适用中的要点和注意事项，建议填补法律漏洞、解消体系违反的方法和方案。

学习民法的传统方法，系以民法概念体系为对象，即所谓教义学方法，是现今法学院民法课堂教学采用的方法。通过这种学习方法，可以掌握一整套民法概念、原则、制度和理论的体系，为今后从事法律职业奠定知识基础。但法官裁判案件、律师办理案件，所面对、所理解、所解释、所适用的，却不是民法理论，而是民法条文。于是，须将在校期间所习得的民法理论体系，转换为民法条文体系。这是作者提倡第三种学习方法，即以法律条文为对象的学习方法的缘由。本书可作为第三种学习方法的推荐教材。

希望本书将有益于法律人对民法典合同通则（亦即债权总则）的理解、解释和适用！

2021 年 3 月 16 日于珠海

目　录

附录

第一章　一般规定

第四百六十三条　【合同编调整范围】

本编调整因合同产生的民事关系。

让我们先了解合同编的结构。合同编下设三个分编，即第一分编通则、第二分编典型合同、第三分编准合同。我们马上会注意到一个问题，即民法典没有债权编或债权总则编。那么合同编和债权总则是什么关系呢？下面简单介绍债权法的理论体系与债权法的立法体系。

近现代民法因调整对象（社会关系）大别为财产关系法与身份关系法。财产关系法分为物权法与债权法。身份关系法包括婚姻家庭法和继承法。民法理论基于教学和研究的需要，将债权法进一步分为债权总则和债权分则。债权总则是适用于各种债权债务关系的共同规则；债权分则，进一步分为合同之债与非合同之债。合同之债，亦称合意之债。非合同之债，亦称非合意之债，包括侵权行为之债、不当得利之债、无因管理之债。这些债权债务关系直接根据法律规定而发生，与当事人的意思无关，因此属于法定之债。与之相对应，合同之债属于意定之债。债权总则和债权分则，构成债权法的理论体系。债权总则，是关于所有债权债务的共同规则，例如债的发生、债的概念、债的履行、债的保全、债的变更、债的转让、债的终止以及债务不履行的责任。债权分则，包括合同之债和法定之债，是各种类型债权债务的特别规则。这就是债权法的理论体系。

所谓债权法的立法体系，指债权法的各种规则和制度在民法典上的编排体系。大陆法系中的德国法系的民法典，如德国民法典、日本民法典、我国台湾地区"民法"，均设有债权编。债权编的内容，分为债权总则与债权分则。债权总则，除规定债的概念、债的履行、债的保全、债的变更、债的转让、债的终止以及债务不履行的责任等适用于一切债权债务的共同规则外，还专设"债的发生原因"一章，分别规定合同（合同总则）、侵权行为（法）、无因管理（法）、不当得利（法）。其债权分则，只规定各种典型合同（之债），诸如买卖、赠与、租赁、借贷、承揽、运送、委托、保管等。导致债的立法体系与理论体系不一致。在理论体系上属于债权分则的法定之债，如侵权行为、不当得利、无因管理等，规定在债权总则，而非规定在债权分则。亦即，债权总则规定债权的共同规则（基本规则），外加（本属于债权分则的）侵权行为、无因管理、不当得利等法定之债；债权分则只规定各种合同（典型合同）。与此同时，合同之债被分解了，合同总则被纳入（融入）债权总则，各种典型合同规定在债权分则。

请特别注意，我国民法典的分则设有物权编，却未设债权编（或者债权总则编）。在立法体系上，民法典没有债权总则编，就一个合同编，加上一个侵权责任编。按照债的理论，合同编和侵权责任编，都应当属于债权分则。

民法典为什么不设置债权总则编？理由很简单，是为了维持合同法的完整性。合同法实施了二十余年，法官、律师办理合同纠纷案件，翻合同法就可以解决问题。绝大多数案件都可以根据合同法作出判决，个别的案件涉及主体、权利能力、时效等问题才会去翻民法总则（民法通则）。这对法官和律师来说非常方便，一部合同法基本就可以解决问题。

如果按照德国民法典、日本民法典和我国台湾地区"民法"，设一个债权总则编，就要分解合同法。将合同法的总则部分，纳入债权总则编；各种具体合同规定在（作为债权分则的）合同编。这会影响裁判实践、影响法官律师适用法律的习惯。于是，立法机关采取了照顾此前的裁判实践、方便法官和律师适用法律的习惯的（实用主义的）立法思路。因此我们看到，民法典设有合同编、侵权责任编，却未设债权总则编。

这样就有一个问题，合同编和侵权责任编是否能够代替债权总则？应当看到，各种债权债务的共同规则，即性质上属于债权总则的各种规则和制度是存在的，被纳入合同编第一分编通则中了。现在的合同编第一分编通则，不仅仅是合同的通则，而是纳入了属于债权总则的大部分内容。可以说，是用合同通则代替债权总则。断言以合同通则代替债权总则，不仅是学者的解释，而是立法者意思。此立法者意思，体现在第四百六十八条规定，"非因合同产生的债权债务"，可以"适用本编（合同编）通则的有关规定"。请特别注意，条文用的是"适用"，而非"参照适用"。因此，以合同通则代替债权总则，应是民法典的一个特色。

还有一个问题，合同通则能够代替（全部）债权总则吗？回答是否定的。债权总则的某些内容，无法用合同通则代替。即债的概念和债的发生原因。如果合同编规定了债的概念，那就不是合同编而是债权编了。债的发生原因，除合意之债的发生原因（合同）外，法定之债的发生原因，侵权行为、无因管理、不当得利，均难于规定在合同编。为了解决这个难题，可以看到，债的概念和债的发生原因，没有规定在合同编，而是规定在民法典总则编（第一百一十八条至第一百二十二条）。因此，债权总则也被分解了，少部分内容（债的概念和债的发生原因）规定在民法典总则编，（债权总则的）其他内容统统被纳入合同编（第一分编通则）。因此，民法典的合同编，并不是本来意义上的合同编。其合同编第一分编通则，实质上是债权总则。

属于债权分则的是合同编第二分编典型合同。属于（债权分则的）法定之债的侵权行为之债，规定在侵权责任编。同样属于法定之债的不当得利之债和无因管理之债呢？能否也像侵权行为之债那样，单独设立一个无因管理编、一个不当得利编呢？考虑到无因管理之债、不当得利之债内容太少（两者加在一起仅10个条文），不宜单独设为民法典的两编或者一编。于是，出于立法政策考虑，起草人将这两个部分的内容附带规定在合同编，作为合同编的第三分编。大家注意第三分编的标题：准合同。

请特别注意，这个"准"字，在民法上具有特定含义。"准"字用在一个名词的前面，如"准合同""准民事法律行为""准侵权"，是什么意思？首先是否定的意思，"准合同"不是合同，"准侵权"不是侵权，"准民事法律行为"也不是民事法律行为。既然是不同的事物，那为什么要加一个"准"字？是出于某种法律政策上的理由（例如出于不得已）。既然把无因管理、不当得利，（附带）规定为合同编的一个分编，分编标题为"准合同"，体现在编排上将其当作合同对待的意思（尽管它们并不是合同）。

回过头来看本条规定，"本编调整因合同发生的民事关系"。条文中的"民事关系"一语，结合民法典总则编第二条关于民法调整对象的规定，应当解释为民事关系中的"财产关系"；再联系总则编第一百一十八条关于债的定义及其发生原因的规定，应当进一步解释为（财产关系中的）"债权债务关系"。

请特别注意，不可拘泥于条文的文义，误认为"本编（仅）调整因合同发生的民事关系"。因为第三分编"准合同"，就不是"因合同发生的民事关系"，而属于"非因合同发生的"民事关系；并且第四百六十八条规定，"非因合同发生的债权债务关系"，在关于该债权债务关系的法律"没有规定的（情形），可以适用本编通则的有关规定"。既然本编明文规定"非因合同发生的债权债务关系"可以"适用本编通则"的规定，怎么能够说本编（仅）"调整因合同发生的民事关系"？有鉴于此，对于本条规定，应当采用目的性扩张解释方法，解释为：本编（合同编）主要调整因合同发生的债权债务关系（即合意之债），也（附带）调整非因合同发生的债权债务关系（即法定之债包括无因管理之债、不当得利之债、侵权行为之债等）。

第四百六十四条　【定义、参照适用】

合同是民事主体之间设立、变更、终止民事法律关系的协议。

婚姻、收养、监护等有关身份关系的协议，适用有关该身份关系的法律规定；没有规定的，可以根据其性质参照适用本编规定。

本条第一款规定合同定义："合同是民事主体之间设立、变更、终止民事法律关系的协议。"是以合同法第二条第一款的规定为基础，稍作文字修改。修改之一，是用"民事主体"取代"平等主体的自然人、法人、其他组织"。合同法制定时的民事立法，已经承认民事主体除自然人、法人之外，还有第三种民事主体"其他组织"，即不具有法人资格的组织体。2017年制定的民法总则，采用"非法人组织"概念，代替"其他组织"概念。因此，条文所谓民事主体，包括自然人、法人和非法人组织。并且

"民事主体"也即是"平等主体"。故此项修改的意义，在于法律概念的准确和法律条文的简化。修改之二，是将"民事权利义务关系"改为"民事法律关系"。在民法理论上，民事法律关系与民事权利义务关系，是同义语。而理解"民事法律关系"概念，是正确理解合同定义的关键，以下作概要介绍。

民事法律关系，是法律关系之一种。所谓法律关系，是指人类社会生活关系中，受法律所规定（中国立法习惯用"调整"一词）的社会生活关系。法律关系之本质在于，因法律之规定（调整）而在当事人之间发生的权利义务关系。法律关系区别于非法律关系，正在于此：法律关系是权利义务关系，非法律关系不是权利义务关系。民事法律关系，首先是一种法律关系，即法律上的权利义务关系。

因所受法律规定之不同，法律关系分为公法关系与私法关系。民事法律关系是其中的私法关系，即由民法（私法）所规定的权利义务关系。由公法所规定的各种权利义务关系，如由税法规定的税收法律关系，由财政法规定的财政法律关系，由行政法规定的各种行政法律关系，由诉讼法规定的各种诉讼法律关系。民事法律关系的主要特征是，当事人相互独立、法律地位平等，在大多数情形下，民事法律关系之发生、变更、消灭（终止）取决于当事人的意思，且民事法律关系由民事法律责任予以保障。民法正是通过为社会关系的参加者设定民事权利和民事义务，并运用国家强制力保障民事权利的行使和民事义务的履行，以达到调整社会关系的目的。

民事法律关系之构成要素，分为静的要素与动的要素。静的要素，为主体与客体；动的要素，为权利义务，及其变动与变动之原因。主体为权利义务之所属，客体为权利义务之所附；主体之间，即凭借客体以彼此联系，联系之内容即为权利义务。至于此种联系何由始？何所终？是为权利义务之变动及变动之原因问题。可见，民法之规定，总不外乎民事法律关系，而民事法律关系之构成，总不外乎民事法律关系之主体、客体、权利义务及其变动和变动之原因。

民事法律关系的主体，又称民事权利义务的主体，或简称民事权利主体，或权利主体。民法总则，称为"民事主体"。民事权利主体一语，有两种意义。其一，就特定权利而言，指称该特定权利之所归属，例如说某街某号房产的所有权主体为某甲；其二，抽象而言，指享有民事权利、承担民事义务的法律资格，例如说无民事行为能力人亦可为民事权利主体。此所谓民事法律关系主体（民事主体），系后一种意义，指参加民事法律关系而享有民事权利、承担民事义务的法律资格。民法总则规定的民事权利主体为三种：自然人、法人及非法人组织。自然人，指有血肉之躯和生命的人类。法人，指无血肉之躯和生命，而由法律赋予民事主体资格、其成员或者设立人承担有限责任之社会组织体。非法人组织，指不具有法人资格，而由法律赋予民事主体资格、由其成员或设立人承担无限责任的组织体。

　　民事法律关系的客体，是与民事法律关系的主体相对应的概念。如上所述，民事法律关系的主体，亦即民事权利的主体，同样民事法律关系的客体，亦即民事权利的客体。因此，民法著作径称为民事权利客体，或私权客体。依关于权利本质的通说，权利系由特定利益与法律上之力两要素构成，本质上是受法律保护的特定利益。则此特定利益之本体，即权利的客体。民事权利客体，亦可称为民事权利的标的、民事权利的对象。

对于民事法律关系的客体不可一概而论。应区分不同的民事法律关系、不同的民事权利而论其客体。物权关系的客体为有体物（依据法律特别规定空间、权利也可为物权关系的客体）；债权关系的客体是债务人的行为，称为给付；人格权的客体为自然人的人格利益，如生命、健康、身体、姓名、肖像、自由、名誉、隐私等；知识产权的客体，是自然人的精神创造物（与有体物相对应而称为无体物）；至于传统民法所谓身份权，其权利客体为特定身份关系之相对方当事人。① 可见，民事法律关系之客体，或民事权利的客体，具有多样性。

民事法律关系的内容，指民事法律关系的权利主体所享有的权利，以及义务主体所负担的义务。即民事权利和民事义务。例如，在所有权关系中，所有人为权利主体，他所享有的权利，是对客体即所有物的占有、使用、收益和处分的权利。所有人之外的一切人均是义务主体，他们

---

① 民法总则第五十七条规定："法人是具有民事权利能力和民事行为能力，依法独立享有民事权利和承担民事义务的组织。"第六十条规定："法人以其全部财产独立承担民事责任。"

所负的义务是不得妨害所有人对所有物的占有、使用、收益和处分的不作为义务。所有人对所有物的占有、使用、收益和处分的权利，及义务主体不得予以妨害的义务，即构成所有权关系的内容。而所有人的权利和义务主体的义务所共同涉及的所有物，即为所有权关系的客体。再如买卖合同关系中，买受人和出卖人都既是权利主体又是义务主体。买受人所享有的权利是请求出卖人交付标的物，所负担的义务是向出卖人支付价款；出卖人的权利是请求买受人支付价款，所负担的义务是向买受人交付标的物。交付标的物和支付价款的权利义务，即为买卖合同关系的内容。而交付标的物的行为和支付价款的行为，即为买卖合同关系的客体。

民事法律关系的变动，指民事法律关系的发生、变更、消灭（终止）。因民事法律关系之变动，通常产生民事权利和民事义务变动的结果，有的著作遂将民事法律关系的变动等同于民事权利的变动。实则民事法律关系的变动为产生民事权利变动之前提，两者应有区别，不可混淆。其区别如下：（1）民事法律关系的发生，与民事权利的发生不尽一致。如在附生效条件（停止条件）或附生效期限

（始期）的民事法律行为，其民事法律关系虽已发生，但其民事权利须待条件成就或期限届至，方才发生。（2）民事法律关系的变更，与民事权利的变更亦不相同。例如债权债务关系内容的变更，若属于性质变更或标的物变更，自将导致民事权利性质和内容的变更，但如果仅仅是履行期限、履行方式的变更或所附条件、所附期限的变更，却并不导致民事权利的变更。（3）民事法律关系的消灭（终止），与民事权利的消灭亦不一致。例如在租赁合同关系，租金请求权因清偿而消灭，但租赁合同关系并不随之消灭，须待期限届满方才消灭。尽管民事法律关系的变动与民事权利的变动，有上述差别，不应混淆，但因民事权利的变动，为民事法律关系变动所产生的法律效果，因此民事权利的变动为法律上最为重要和最为复杂的问题。

民事法律关系的变动即发生、变更、消灭（终止），绝不是无缘无故的，须有一定的原因。导致民事法律关系变动的原因，称为法律事实。所谓法律事实，指能够引起民事法律关系发生、变更、消灭（终止）的客观情况。法律事实分为两大类，即自然事实和人的行为。

（1）自然事实，指人的行为之外的，能够引起民事法律关系发生、变更或消灭的一切客观情况。自然事实又分为两种：状态和事件。状态，指某种客观情况的持续。例如，人的下落不明、精神失常、时间经过、战争状态等。事件，指某种客观情况的发生。例如，人的出生、死亡，不当得利、混同、继承开始，以及自然灾害发生、战争爆发等。

（2）人的行为，指人有意识的活动。无意识的活动，如人在熟睡或昏迷状态中的动作，及受他人暴力强迫所为的动作，均不属于行为。无民事行为能力人，因其无意识能力，所为动作也不得称为行为。并非一切行为均可成为法律事实，但人的行为为法律事实之大部分，并且是最重要的法律事实。人的行为中，由民法所规定的，为民法上的行为；由其他法律如行政法、诉讼法等所规定的，属于其他法律上的行为。需要注意的是，其他法律上的行为，亦可引起民事法律关系的发生、变更和消灭，同样可以成为民法上的法律事实。例如，因主管机关颁发技术进口许可证而使进口技术的合同生效，因法院判决而使被告承担损害赔偿责任，因政府征收决定而发生不动产物权变动。但法律事实中的行为，主要是民法上的行为。

民法上的行为可分三类：（1）合法行为，指符合法律规定，或者至少不违反法律规定，能引起民事法律关系发生、变更或消灭的行为。（2）违法行为，指违反法律规定，侵犯他人合法权益，依法应承担民事责任的行为。如侵权行为、违约行为。（3）其他行为，指作为法律事实的人的行为中，除合法行为、违法行为之外的行为。如防卫过当、避险过当。以下着重介绍合法行为，包括以下三种：

其一，民事法律行为。需注意，在行为分类上民事法律行为属于合法行为，是就其作为民事主体实现意思自治的合法手段而言的。与民事主体实施的具体民事法律行为，因其目的内容违法而无效、因其意思表示存在瑕疵而可撤销，并不矛盾。民法典总则编第一百三十三条规定："民事法律行为是民事主体通过意思表示设立、变更、终止民事法律关系的行为。"按照第一百三十四条规定，民事法律行为包括：双方民事法律行为、单方民事法律行为和决议行为。合同，即属于双方民事法律行为。

其二，准民事法律行为。包括以下行为：意思通知，指表示内心某种欲望或意思的行为，如要约拒绝、履行催告、选择权行使催告；观念通知，指表示对于某种事项之观念的行为，如承诺迟到通知、发生不可抗力通知、瑕疵通知、债权让与通知、债务的承认；感情表示，指表示某种感情的行为，如被继承人之宽恕。此三类行为，虽由法律规定而当然发生效力，但均以表示一定心理状态于外部为特征，与民事法律行为同属于表示行为，民法理论上称为准民事法律行为。

其三，事实行为。指基于某种事实之状态或经过，发生法律所特别规定的效力之行为。事实行为，亦称非表示行为，不以表现内心的意思为必要，其法律效果亦不取决于行为人的意思。但事实行为，行为人当然有其内心的意思，只是无须将其内心意思表示出来而已。如先占、加工、拾得遗失物、发现埋藏物、无因管理，以及作为债权标的之给付行为，如交货、付款，属于事实行为。建造房屋等建筑物，制造船舶、飞机、机动车、机器、设备、家具、工具，以及创作作品、艺术品等，均属于事实行为。事实行为不适用关于意思表示的规定及关于民事行为能力的规定。

现在回到本条第一款关于合同定义的规定。条文所谓合同，是"设立、变更、终止民事法律关系的协议"。显而易见，所谓"设立、变更、终止"，指民事法律关系的变动；合同，则是民事法律关系变动的原因。但是，民事法律关系概念外延过宽，涵盖物权法律关系、债权法律关系、知识产权法律关系、婚姻家庭法律关系及继承法律关系等。合同，绝不可能是"设立、变更、终止"一切民事法律关系的原因。

在大陆法系民法立法和理论中，所谓合同概念，有广义概念、中义概念与狭义概念之分。（1）所谓广义合同概念，是指发生私法上效果的一切双方法律行为。例如，我国台湾地区"民法"所谓契约（合同），分为财产契约与身份契约。其中，财产契约，包括债权契约、物权契约和准物权契约；身份契约，包括亲属契约和继承契约。（2）所谓中义合同概念，指以发生财产性民事权利义务关系为目的的双方法律行为。例如意大利民法所谓契约，是双方或多方当事人关于他们之间财产法律关系的设立、变更或者消灭的合意。德国民法所谓合同，包括物权合同与债权合同。其中，所谓物权合同，是指以直接发生物权变动为目的的双方法律行为；所谓债权合同，是指以发生债权债务为目的的双方法律行为。（3）所谓狭义合同概念，仅指以发生

18

债权债务为目的的双方法律行为，亦即所谓债权合同。例如法国民法所谓契约，是一种协议，依此协议，一人或数人对另一人或另数人负担给付、作为或不作为之债务。民法总则第一百一十八条规定，债权是因合同、侵权行为、无因管理、不当得利以及法律的其他规定，权利人请求特定义务人为或者不为一定行为的权利。显而易见，我国民法系采狭义概念，所谓合同是指债权合同。

因此，理解本条第一款关于合同定义的规定，不可拘泥于条文"民事法律关系"的文义，应当结合民法总则第一百一十八条关于债权定义及其发生原因的规定，限缩"民事法律关系"的文义范围，解释为：合同是民事主体之间设立、变更、终止债权债务关系的协议。

顺便指出，因合同产生的债权债务关系（意定之债），其实质是市场交换关系。诸如商品交换、提供劳务、服务、中介等社会关系，因受民法调整（为当事人设立债权、债务）而成为债权债务关系。但对此不能绝对化理解。也有虽然是债权债务关系，但不体现市场交换的特殊情形。典型的例子，就是民法典规定的赠与合同。所有权人将自己的财物赠与他人，虽不是市场交换关系，但采取了与市场交换同样的法律形式。类似的情形，还有无偿借贷（本法有规定）、无偿借用（本法未规定）。除了赠与、无偿借贷、无偿借用，其他的合同关系可以说都是直接的市场交换关系，或者与市场交换密切相关的关系。

本条第二款规定，是在合同法第二条第二款规定的基础上作了重要修改。合同法第二条第二款的规定是："婚姻、收养、监护等有关身份关系的协议，适用其他法律的规定。""适用其他法律的规定"，亦即：有关身份关系的协议，不适用合同法。现在的本条第二款规定："婚姻、收养、监护等有关身份关系的协议，适用有关该身份关系的法律规定；没有规定的，可以根据其性质参照适用本编规定。"有关身份关系的协议，既然不是合同，其应当适用有关该身份关系的法律规定，这是不言而喻的。关键在新增的最后一句，（有关该身份关系的法律）"没有规定的，可以根据其性质参照适用本编规定。""参照适用"，也是适用。合同法第二条第二款规定"有关身份关系的协议"不适用合同法，现在合同编本条第二款规定"有关身份关系的协议"，可以参照"适用本编规定"。这就是重大修改。当然要注意，"参照适用本编规定"的前面有一个限制，即"根据其性质"。

在中国民事立法中，所谓"协议"，指两个意思表示达成一致（合意）的民事法律行为。与"双方民事法律行为"是同义语。有关债权债务关系的协议，有一个特定概念叫"合同"（契约）；有关身份关系的协议，没有特定概念，仍然称为"协议"。虽然如此，许多情形，设立、变更、终止债权债务关系的双方民事法律行为，仍然写作"某某协议"而不写作"某某合同"。例如当事人协商变更生效合同内容的合同，通常写作"补充协议"。甚至许多典型合同，如房屋买卖合同、房屋租赁合同，当事人签订的合同文件，也常常写作"房屋买卖协议""房屋租赁协议"，而不写作"房屋买卖合同""房屋租赁合同"。因此，判断一个法律文件，是不是"合同（书）"，要看其中规定（约定）的内容是债权债务关系，或者是别的法律关系（如身份关系）。

本条第二款条文，关于身份关系的协议，列举了婚姻、收养、监护。实际上，"婚姻"应是两类协议，即"结婚协议""离婚协议"。"收养"指"收养协议"。"监护"指"监护协议"。民法总则规定有监护资格的人之间关于谁担任监护人有争议的，可以协商订立一个协议，确定谁担任监护人，即"监护协议"；一个成年人，在智力还正常的时候，订立一个协议，指定自己最信得过的人（子女、亲属或者朋友）作为自己（将来）的监护人，即（意定）"监护协议"。继承编还有"遗赠抚养协议"，都属于有关身份关系的协议。这些协议，当然应适用"有关该身份关系的法律"如婚姻家庭编、总则编（第二章第二节监护）、继承编的有关规定，自不待言。

但是有关身份关系的法律并不是对身份关系协议的一切问题都有规定。于是，立法者预先规定一个授权条款（即本条第二款末句），授权法官可以"参照适用本编规定"，以裁判有关身份关系协议的案件。婚姻、收养、监护、遗赠抚养等身份关系的协议，本不在合同编的适用范围之内。现在本条第二款规定，允许法官用合同法的规则去裁判不属于合同编适用范围的身份关系协议的案件。需注意，条文中有"根据其性质"的限制语。即并不是合同编所有规则都可以适用到离婚协议、结婚协议、收养协议、监护协议和遗赠抚养协议。但现在的问题是，根据这些身份关系协议的性质，合同编哪些规则不能参照适用？哪些规则可以参照适用？

首先，根据身份关系的性质合同编的哪些规则不能参照适用？例如结婚协议能够附期限吗？能够附条件吗？结婚协议可以变更、转让吗？可以约定一个解除权吗？答案是否定的。结婚后可以协议解除婚姻关系，这是离婚协议。除了协议解除以外，生效条件、解除条件、解除权条件（约定解除权）、法定解除权，都不能适用。还有保全制度，如债权人代位权、债权人撤销权，也不能适用。还有担保制度，结婚找个保证人、设立抵押权行不行？当然不行。还有合同履行制度，诸如各种抗辩权，婚姻关系也不能适用。这是由结婚协议的身份关系性质决定的。收养协议、监护协议、遗赠抚养协议，也大抵如此。上述合同制度都不能参照适用于这些身份关系的协议。

其次，哪些合同制度可以参照适用于结婚、离婚、收养、监护、遗赠抚养协议等身份关系的协议？概而言之，合同订立、生效、（因欺诈、胁迫）撤销、协议解除及虚伪表示无效这些制度，如果有关身份关系的法律（婚姻家庭法、继承法、监护法）没有规定，可以参照适用于身份关系的协议。

举个例子，20 世纪 90 年代，某中级人民法院裁判的婚姻关系中的违约金案。结婚协议约定违约金条款，结婚后谁要是找第三者，支付违约金 25 万元。在 20 世纪 90 年代 25 万元是一笔巨款。后来在离婚的时候一方要求支付违约金。法庭认为，违约金是合同法制度，而当时的合同法第二条第二款规定："婚姻、收养、监护等有关身份关系的协议，适用其他法律的规定。"亦即身份关系上的协议不适用合同法。法庭不得已根据当时民法通则第五十五条（现在的民法典总则编第一百四十三条），认定婚姻关系上的违约金有效，支持了原告的请求。如果现在审理婚姻关系上的违约金案，按照本条第二款的规定，法庭就可以参照适用本编第五百八十五条关于违约金的规定，而不必适用总则编第一百四十三条的规定。

再举离婚协议为例，婚姻家庭编关于离婚协议的书面形式、登记生效有规定。但离婚协议的订立，双方的意思表示是否达成一致，以及离婚协议书的签字、盖章及其成立的时间等，婚姻家庭编没有规定，可以参照适用合同订立的要约承诺的规则。离婚协议的成立可以参照合同成立的规则，离婚协议的生效，婚姻家庭法有规定（须登记生效）。那么，假离婚呢？丈夫骗妻子离婚，说"我们离婚后可以多买一套房子，买了房子登记在你的名下"。办了离婚登记以后，发现丈夫马上跟第三者住在一起了。女方发现自己受骗上当了。怎么办呢？按照本条第二款末句规定，受骗女方可以请求人民法院参照适用关于欺诈的规定，撤销该假离婚协议；或者参照适用关于虚伪表示的规定，确认该假离婚协议无效。可见，本条第二款规定身份关系的协议可以根据其性质参照适用合同编的有关规定，具有重大的实践意义。

第四百六十五条 【合同相对性原则】

依法成立的合同，受法律保护。

依法成立的合同，仅对当事人具有法律约束力，但是法律另有规定的除外。

本条第一款规定："依法成立的合同，受法律保护。"是现代法治国家的一项基本原则。法律对合同的保护，体现在赋予依法成立的合同拘束合同当事人的效力及在特定情形拘束第三人的效力。基于这种拘束力的存在，才能促

使合同当事人按照合同行使权利、履行义务，实现合同目的，保障市场交易顺利进行。

本条第二款规定："依法成立的合同，仅对当事人具有法律约束力，但是法律另有规定的除外。"是关于合同法律效力及效力范围的规定。所谓合同的法律效力，又称合同的约束力，指法律赋予依法成立的合同具有拘束当事人双方甚至第三人的强制力。

按照民法原理，合同的成立，是事实判断，只需当事人意思表示达成合意，合同即可成立（第四百八十三条）；所谓合同的法律效力，是价值判断，是依上升为法律的国家意志对当事人的合意进行评价的结果。当事人达成的合意，于符合法律规定时，即获得法律的肯定性评价，合同因而获得相应的法律效力，并将产生当事人预期的法律后果；当事人达成的合意，于违反法律规定时，将受到法律的否定性评价，合同将不能获得明确的、肯定的法律效力，因而导致合同无效、可撤销或者效力待定的结果。可见，合同的法律效力实际上源于国家法律，是法律对当事人的合意依法予以确认和保障的结果。

请特别注意，本条第二款规定合同法律效力条文中有一个"仅"字。即"依法成立的合同，仅对当事人具有法律约束力"。由此可见，本条第二款不仅规定了合同的法律效力，并且规定了此法律效力的范围。换言之，本款同时规定了"合同的相对性"原则。按照近现代民法立法和理论，所谓合同的相对性原则，是合同法律效力范围的基本原则。主要包含如下内容：（1）主体的相对性。即合同关系只能发生在订立合同的当事人之间，唯合同当事人可以行使基于合同的请求权和诉权。（2）内容的相对性。即合同关系上的权利和义务只能由合同当事人享有和承担，第三人既不能依据合同享有权利，也不能依据合同被强加义务。在双务合同中，内容的相对性还体现为，当事人双方的给付和对待给付具有牵连性，一方的权利就是相对方的义务，反之一方的义务也即是相对方的权利。（3）责任的相对性。即只有违约方当事人才应向相对方当事人承担违约责任，第三人无须向合同当事人承担违约责任；违约方当事人也不得向第三人承担违约责任。可见，基于合同的相对性原则，合同的法律效力被严格限定于合同双方当事人之间，将第三人排除在合同法律效力范围之外。第三人不受合同的拘束，同时使第三人不致因过失侵害合同债务人或者合同标的而承担法律责任。因而有效地保障第三人的活动自由，维护自由竞争的市场秩序。

合同的相对性原则滥觞于罗马法。罗马法上已有"任何人不得为他人缔约"，及"缔约行为应在要约人和受要约人之间达成"的原则。近代以来，法国、意大利等国民法典，关于合同的相对性原则均设有明文规定（法国民法典第 1134 条和第 1165 条、意大利民法典第 1372 条）。其他如德国、日本等国民法典虽无明文规定，但民法理论和裁判实务，无不承认合同的相对性（原则）是合同法的基本原则。

如前所述，合同相对性原则将合同的效力范围限定于当事人之间，保障了第三人的活动自由和自由竞争的市场秩序。但是，过分拘守合同相对性原则，将第三人完全排除在合同关系之外，也可能与合同当事人的意思不符，甚至有损及社会生活中的弱者利益之虞。于是，现代民法为避免过分拘守合同相对性原则可能造成的不当后果，在继续维持合同相对性原则的同时，逐渐发展、形成若干合同相对性原则的例外规则。主要有以下几种：

（1）所谓买卖不破租赁的规则。即法律规定租赁期间租赁物发生所有权变动，租赁合同对新的所有人继续有效，以保护处于弱势地位的承租人的利益。（2）债权人代位权和债权人撤销权。即法律允许债权人行使债务人对次债务人（第三人）的权利，或者撤销债务人与第三人之间的诈害行为，以保护债权人的利益。（3）所谓涉他合同。即如当事人在合同中为第三人设定了权利或义务，第三人可据此行使权利和履行义务，以尊重当事人意思、提高交易效率。（4）第三人侵害债权（契约）。即如第三人故意违背善良风俗，使债务人违反合同义务，受损害的债权人可追究该第三人侵权责任。（5）针对产品缺陷损害的严重社会问题，判例学说创设"附保护第三人效力的契约"（德国）、"利益第三人担保责任"（美国），及所谓"直接诉权"（法国），均属于合同相对性原则之例外规则。需补充说明的是，迄今合同相对性原则仍属于合同法基本原则，上述制度和判例规则仍属于合同相对性原则之例外。

现在回到本条。本条是以合同法第八条的规定为基础，将第八条第二款提前作为本条第一款；第八条第一款经修改后作为本条第二款。合同法第八条第一款规定："依法成立的合同，对当事人具有法律约束力。当事人应当按照约定履行自己的义务，不得擅自变更或者解除合同。"起草人考虑到，"当事人应当按照约定履行自己的义务，不得擅自变更或者解除合同"，属于合同"具有法律拘束力"的应有之义，且合同的变更、解除，本编设有详细规定（第六章、第七章），故删除其第二句，仅保留第一句。起草人特意在（作为本条第二款的）第一句条文中增加"仅"字，即"依法成立的合同，仅对当事人具有法律约束力"，以明确表述合同的相对性原则，并且增设"但书"例外规定，即"但是法律另有规定的除外"。

请特别注意，本条第二款"但书"（作为合同相对性原则之）例外的"法律另有规定"，是指：（1）向第三人履行的合同（第五百二十二条）及由第三人履行的合同（第五百二十三条）。二者相当于立法例所谓涉他合同。（2）债权人代位权和债权人撤销权（第五百三十五条、第五百三十六条、第五百三十八条、第五百三十九条）。（3）第三人代替履行债务（第五百二十四条）。（4）第三人加入债务（第五百五十二条）。（5）买卖不破租赁规则（第七百二十五条）。

第四百六十六条　【合同的解释】

当事人对合同条款的理解有争议的，应当依据本法第一百四十二条第一款的规定，确定争议条款的含义。

合同文本采用两种以上文字订立并约定具有同等效力的，对各文本使用的词句推定具有相同含义。各文本使用的词句不一致的，应当根据合同的相关条款、性质、目的以及诚信原则等予以解释。

本条规定合同的解释规则，是在合同法第一百二十五条规定基础上稍作修改。合同法该条第一款规定合同解释规则："当事人对合同条款的理解有争议的，应当按照合同所使用的词句、合同的有关条款、合同的目的、交易习惯以及诚实信用原则，确定该条款的真实意思。"第二款规定合同文本采用两种以上文字的解释规则："合同文本采用两种以上文字订立并约定具有同等效力的，对各文本使用的词句推定具有相同含义。各文本使用的词句不一致的，应当根据合同的目的予以解释。"鉴于总则编第一百四十二条第一款规定了"有相对人的意思表示"的解释规则，而"有相对人的意思表示"主要是合同（还有身份关系的协议）。因此"有相对人的意思表示"的解释规则，也即是合同的解释规则。为避免不必要的重复，本条第一款规定："当事人对于合同条款的理解有争议的，应当依据本法第一百四十二条第一款的规定，确定争议条款的含义。"第二款关于不同文本的解释，沿用合同法第一百二十五条第二款的规定，只是将第二句，各文本使用的词句不一致的，"应当根据合同的目的予以解释"，改为"应当根据合同的相关条款、性质、目的以及诚信原则等予以解释。"

本条第一款既然规定合同的解释适用"有相对人的意思表示"的解释规则，现在将总则编第一百四十二条第一款"有相对人的意思表示"的解释规则，及其解读转述如下：

民法典第一百四十二条第一款规定："有相对人的意思表示的解释，应当按照所使用的词句，结合相关条款、行为的性质和目的、习惯以及诚信原则，确定意思表示的含义。"第二款规定："无相对人的意思表示的解释，不能完全拘泥于所使用的词句，而应当结合相关条款、行为的性质和目的、习惯以及诚信原则，确定意思表示的含义。"

所谓意思表示的解释，即对于意思表示的内容、含义所作解释。意思表示之所以需要解释，首先是语言文字具有多义性。因此多义性，使意思表示所使用的文字词句可能有不同的含义，不经解释不能判明其真实意思。其次是当事人的文化程度及法律知识有限，往往造成意思表示用词不当，未能准确表达其真实意思。此外有的当事人出于规避法律或其他不正当目的，故意使用不适当的文字词句以掩盖其真实意思。故人民法院或仲裁庭在审理案件时，往往需要先对意思表示（民事法律行为）的内容进行解释。在诉讼或仲裁中，当事人双方也往往作出各自不同的解释。但最终作为判决或裁决依据的，是法庭或仲裁庭所作的解释。

解释意思表示之目的，在于探求当事人于意思表示中所表示的真实意思。唯需注意，此所谓当事人之真意，非指当事人内心之效果意思，而是指表示上的效果意思。因现代民法大抵采介于意思主义与表示主义之间的折中主义。故在解释方法上一方面规定应探求当事人之真意，另一方面又规定不可拘泥于所使用之词句。

本条将意思表示区分为"有相对人的意思表示"，与

"无相对人的意思表示"。第一款规定"有相对人的意思表示"的解释；第二款规定"无相对人的意思表示"的解释。比较两款条文即可发现，差别仅在关于"所使用的词句"："有相对人的意思表示"的解释，要求"按照所使用的词句"；"无相对人的意思表示"的解释，要求"不能完全拘泥于所使用的词句"。条文"不能完全拘泥"这样的表述，容易启人疑窦，使人产生"可以拘泥（但不能完全拘泥）"的误解。实则，按照民法解释学，无论解释"有相对人的意思表示"或者解释"无相对人的意思表示"，甚而至于解释法律文本，均要求"不能拘泥于所使用的词句"。下面概要介绍各种解释方法。

（1）文义解释方法。即条文所谓按照"所使用的词句"解释。根据民法解释学，无论解释意思表示或者解释法律，均应从文义解释入手。所谓文义解释方法，指解释意思表示所使用文字词句的含义，以探求意思表示所表达当事人的真实意思。由于语言文字本身具有多义性，及当事人语言水平和法律知识的不足，难免可能使用不准确、不适当之词句，以致所使用词句表达的意思与当事人真实意思不一致，甚至可能有的当事人出于不正当目的，故意用不适当词句以隐蔽其真实意思。因此解释意思表示，不应仅满足于对所使用词句含义的解释，不应拘泥于所使用之不当词句。如所使用的词句有两种甚至多种含义时，应当结合采用其他解释方法，以决定其中何种含义体现当事人的真实意思。即使意思表示所使用的词句仅有一种含义，亦须进一步采用其他解释方法予以检验，以确定该含义是否体现当事人的真实意思。

（2）整体解释方法。即条文所谓"结合相关条款"解释。整体解释亦称体系解释。所谓整体解释方法，指对意思表示（如合同）的各个条款作相互解释，以确定各个条款在整个意思表示（合同）中所具有的正确意思。一个意思表示（如一个合同）是一个整体，要理解其整体意思，必须准确理解其各个部分（条款）的意思；反之，要理解各个部分（条款）的意思，也必须将各个部分置于整体之中，使其相互协调，才可能理解各个部分（条款）的正确意思。如果将某个条款单独解释，或许存在不同的意思，难以确定哪一个意思是当事人的真意，但只要将该条款与其他条款相互联系、相互解释、相互补充，即不难确定当事人的真实意思。

（3）目的解释方法。即条文所谓按照"行为的性质和目的"解释。所谓目的解释方法，指解释意思表示时，如果意思表示所使用的文字或某个条款可能作两种解释时，应采取最适合于其目的的解释。当事人进行意思表示如订立合同必有其目的，该目的是当事人真意之所在，为决定意思表示内容之指针。因此，解释意思表示，自应符合当事人所欲达成之目的。如当事人意思表示的内容前后矛盾或暧昧不明，应通过解释使之协调明确，以符合当事人之目的。意思表示所使用的文字或某个条款有两种相反的意思，应当采取其中最适合于当事人目的的意思。如合同某个词句、条款可能作两种解释，而一种解释使合同无效，另一种解释使合同有效，则应采使合同有效的解释。因为，使合同有效符合双方当事人的目的。唯应注意，此所谓当事人目的，指双方当事人共同目的或者至少是为对方当事人已知或应知的一方当事人目的。若属于对方不可能得知的一方当事人目的，自不得作为解释之依据。

（4）习惯解释方法。即条文所谓按照"习惯"解释。所谓习惯解释方法，指意思表示如合同所使用的文字词句有疑义时，应参照当事人的习惯解释。习惯解释的法理依据在于，人们的行为除受法律的支配外，往往还受习惯的支配。各地有各地的习惯，各行业有各行业的习惯，如不违反法律强行性规定和公序良俗，应可作为解释当事人真实意思的依据。例如，在合同内容有歧义时，应依据习惯予以明确；在合同约定不完全致使权利义务难以确定时，应依据习惯予以补充。此为各国法律及国际公约所共认的解释方法。唯应注意，采为解释依据的习惯，应是当事人双方共同遵守的习惯，如果仅为一方的习惯，除非订立合同时已将该习惯告知对方并获得对方认可，否则不应采为解释的依据。此外，习惯属于事实，无论地方习惯或行业习惯，其是否存在及为对方所认可，应由主张一方负举证责任。①

（5）公平解释方法。即合同编第四百九十八条规定对于格式条款的解释。所谓公平解释，指解释意思表示应当遵循公平的原则，兼顾当事人双方的利益。现代民法，以公平原则为指导当事人缔结民事法律关系之基本原则（民法典第六条），同样也是指导法院或仲裁庭解释意思表示

---

① 参见［日］北川善太郎：《民法总则》，日本有斐阁1993年版，第105页。

（合同）的基本原则。作为一种解释方法，要求解释意思表示应当遵循公平的原则，公平对待双方当事人；在意思表示所使用文字词句，有两种不同的含义时，若是无偿行为，应按对债务人义务较轻的含义解释；反之若是有偿行为，则应按对双方均较公平的含义解释。如果属于依一方当事人提供的格式条款所成立的合同（格式合同），在依文义解释得出两种不同含义时，应采用对格式条款使用人不利的含义；格式条款与非格式条款含义不一致时，应采用非格式条款的含义（第四百九十八条）。

（6）诚信解释方法。即本条所谓按照"诚信原则"解释。所谓诚信解释方法，指解释意思表示应遵循诚实信用的原则。诚信原则为现代民法指导当事人行使权利履行义务之基本原则，也是指导人民法院或仲裁庭正确解释意思表示（合同）的基本原则。依诚信原则，意思表示所使用文字词句有疑义时，应依诚信原则确定其正确意思；意思表示的内容有漏洞不能妥善规定当事人权利义务时，应依诚信原则补充其漏洞。意思表示存在两种解释而无法判断哪一种解释正确时，应采诚信解释方法：先假定采第一种解释并据以作出判决，再假定采第二种解释并据以作出判决，然后比较两种判决的结果，以所得出判决结果使双方当事人之间的利害关系大体平衡的解释，为符合诚信原则的妥当解释。此外，无论采何种解释方法，最后所得解释结果均不得违反诚信原则。

第四百六十七条　【无名合同】

本法或者其他法律没有明文规定的合同，适用本编通则的规定，并可以参照适用本编或者其他法律最相类似合同的规定。

在中华人民共和国境内履行的中外合资经营企业合同、中外合作经营企业合同、中外合作勘探开发自然资源合同，适用中华人民共和国法律。

本条第一款是关于无名合同如何适用法律的规定。社会生活中究竟存在多少种合同，没法进行统计，并且依据合同自由原则，当事人可以自由创设新的合同类型，可以将现有的几种合同的内容糅合在一起成为复合型的合同。对于社会生活中的合同类型，法律上不可能也不必要一一设立规则。民法典规定了十九种合同，另外有一些合同类型由特别法规定。民法理论上，民法典和特别法规定的合同类型，称为有名合同；现实生活中存在的、法律上没有规定的合同类型，称为无名合同。本条解决法庭审理无名合同纠纷案件如何适用法律的问题。

按照本条规定，法庭审理无名合同（本法或者其他法律没有明文规定的合同）纠纷案件，应当"适用本编通则的规定，并可以参照适用本编或者其他法律最相类似合同的规定。"在同一个条文中同时出现"适用"和"参照适用"两个概念。那么，什么是"适用"？如何"适用"？什么是"参照适用"？如何"参照适用"？它们和人们平常说的"法律适用"是什么关系？除"适用""参照适用"之外，还有没有其他"法律适用"形式。下面回答这些问题。

先介绍何谓法律适用。所谓法律适用，是指法官用某个法律规范作为裁判本案的法律根据并据以作出本案判决（的操作）。民法解释学上相对应的概念叫"涵摄"（subsumieren），即将本案事实"涵摄"于既有法律规范之下以得出本案判决。易言之，即以某个法律规范作为大前提，以本案事实作为小前提，依形式逻辑推理得出本案判决。

法律适用有三种：一是狭义的法律适用，即前文所谓"涵摄"，将本案事实"涵摄"于某个法律规范之下。因本案事实本在该法律规范适用范围之内，法官理当用该法律规范裁判其适用范围之内的本案。侠义的法律适用，是最常见的法律适用。二是"参照适用"（我国台湾地区及大陆法系称为"准用"），即立法者明示授权法官用某个法律规范裁判本不在其适用范围（甚至立法目的范围）之内的（与其适用范围内的案件相）类似案件。例如民法典第四百六十四条第二款规定，有关身份关系的协议，可以根据其性质"参照适用本编规定"。三是"类推适用"，指在没有立法者授权的情形，法官用某个法律规范裁判本不在其适用范围（甚至立法目的范围）之内的（与其适用范围内的案件相）类似案件。换言之，本案在法律上没有规定，也不能从习惯、司法解释或者指导性案例获得裁判依据时，基于法官不得以缺乏法律根据为由拒绝裁判案件的原则（原理），从现行法律找到其适用范围内案型与本案具有类似性的法律规范，即用该法律规范作为裁判本案的法律依据。例如，上海第一中级人民法院 2016 终字 4642 号民事判决，就民办学校举办者的知情权，类推适用公司法第三十三条关于股东知情权的规定。

狭义的法律适用为裁判实务中最常见的法律适用，简称"法律适用"或者"适用"。鉴于裁判实务的通常情形，法庭审理的案件在现行法上往往有不止一个法律规范，法庭选择适用其中哪一个法律规范，须遵循一定的法律适用规则。本法总则编第十一条规定的特别法优先适用原则，是选择适用法律规范的最常用的规则。但需特别注意，法律适用的规则并非仅有一个特别法优先适用原则。特别法优先适用原则，只是两个或者多个法律规范相互之间存在一般与特殊的逻辑关系情形的适用规则。不存在一般与特殊的逻辑关系的情形，当然有别的法律适用规则。下面逐一讲解。

（1）特别法优先适用原则

所谓特别法优先适用原则，指法庭审理的案件（待决案件）在法律上有两个（或两个以上）法律规范的情形，如果该两个法律规范相互之间存在一般与特殊的逻辑关系，则应当优先适用属于特殊规则的法律规范，而不适用属于一般规则的法律规范。属于一般规则的法律规范，称为"一般法"，属于特殊规则的法律规范，称为"特别法"。

在法律适用上，以特别法优先于一般法适用为原则。即对于待决案件有特别法时，应适用特别法，而不适用一般法；只在无特别法时才适用一般法，一般法起补充特别法的作用。

一般法与特别法的划分有多种标准。以适用之地域划分，则适用于一切地域的法律为一般法，而仅适用于特定地域的法律为特别法。如继承法的规定为一般法，而民族自治地区关于继承的特殊规定为特别法。以所适用之主体划分，则适用于一切民事主体的法律规定为一般法，而仅适用于特殊主体的规定为特别法。如民法典侵权责任编关于产品责任的规定为一般法，而食品安全法第九章关于食品生产经营者、食品检验机构等特别主体侵权责任的规定为特别法。以法律规定的事项为标准，则关于一般民事关系的规定为一般法，而关于特殊民事关系的规定为特别法。如民法总则为一般法，票据法、海商法为特别法。但需注意，一般法与特别法的关系是相对的。例如保险法关于保险合同的规定，相对于合同编通则的规定而言，是特别法；但相对于仅规定海上运输保险合同的海商法而言，保险法规定一切保险合同关系，因此又属于一般法，而海商法关于海上运输保险的规定为特别法。需补充的是，不可拘泥于本条条文"其他法律"一语，误认为此项原则仅处理两个法律（本法与"其他法律"）之间的适用关系，而应当将"其他法律"理解为"其他法律规范"，与此相应将"本法"理解为"本法规定的法律规范"。

概而言之，特别法优先适用原则，系基于待决案件在两个法律规范的适用范围之内，且两个法律规范相互之间构成一般法与特别法的逻辑关系。裁判实务中依特别法优先适用原则选择待决案件所应适用的法律规范，应当遵循下面的具体规则：其一，民法典与民法典之外的民事单行法对于待决案件均有规定，民法典的规定为一般法、单行法的规定为特别法，应当优先适用单行法的规定；其二，民法典（或者别的法律）的总则和分则对于待决案件均有规定，其中，总则的规定为一般法，分则的规定为特别法，应当优先适用分则的规定；其三，法律之中两个法律条文对于待决案件均有规定，如该两个法律条文相互之间构成一般法与特别法的逻辑关系，则应当优先适用属于特别法的法律条文；其四，（规定待决案件的一个）法律条文包含两款（及以上）规定，如果前款规定与后款规定之间构成一般法与特别法的逻辑关系，则应当优先适用后款规定。但需注意一个法律条文的两款之间不构成一般法与特别法的逻辑关系（例如构成并立关系）的情形不少；其五，规定待决案件的法律条文仅一款而可分为"前段""后段"，则"前段"为一般法（一般规定），"后段"为特别法（特别规定），应当优先适用"后段"规定；其六，规定待决案件的法律条文末句（或句末）为"但书"规定，则"但书"规定之前为一般法（原则规定），"但书"规定为特别法（例外规定），应当优先适用"但书"规定。

（2）请求权竞合情形的法律适用

现代民法所谓请求权竞合，主要指侵权责任请求权与违约责任请求权的竞合。即法律明文规定，于待决案件事实既符合侵权责任的构成要件也符合违约责任的构成要件时，发生侵权责任请求权与违约责任请求权的竞合，当事人可以选择依据合同法行使违约责任请求权，或者依据侵权法行使侵权责任请求权。

本法总则编第一百八十六条规定："当事人一方的违约行为，损害对方人身权益、财产权益的，受损害方有权选择请求其承担违约责任或者侵权责任。"按照此项规定，原告（受损害方）请求被告承担损害赔偿责任的案件，究竟适用侵权责任法的规范或者适用合同法（违约责任）的规范，应当由原告选择决定，原告起诉状未明确选择的，法庭应当予以释明，告知其在侵权法规范与违约责任规范之间选择其一。经法庭释明后原告仍然不作选择的，应当驳回其起诉。需注意，属于请求权竞合的待决案件，原告一旦作出选择（选择侵权责任规范或者违约责任规范），无论是否获得胜诉判决，均不得再依据另一法律规范起诉。换言之，请求权竞合情形，如原告选择侵权责任请求权，则违约责任请求权归于消灭；反之，则相同。

（3）规范重合情形的法律适用

所谓"规范重合"，指待决案件事实符合两个或者多个法律规范的适用范围，而该两个或者多个法律规范相互之间不存在一般法与特别法的逻辑关系，并且也不构成权利竞合关系。"规范重合"情形，在民法上很常见。例如购买的标的物属于赝品情形，将符合瑕疵担保责任法律规范（第五百八十二条）、欺诈的撤销权规范（第一百四十八条）、重大误解的撤销权规范（第一百四十七条）、产品瑕疵不能实现合同目的的法定解除权规范（第六百一十条）等的适用范围，而这些法律规范相互间既不具有一般法与特别法的逻辑关系，也不构成权利竞合关系，而属于"规范重合"。

需注意，规范重合情形的法律适用规则是：原告可选择其中任一法律规范作为起诉的法律依据，如果获得法院支持（获得胜诉判决），当然不得再依据（构成规范重合的）别的法律规范另案起诉；但如果未获得法院支持（未获得胜诉判决），则尚可依据（构成规范重合的）另一法律规范另案起诉。如前例，买受人如依据第五百八十二条起诉追究出卖人瑕疵担保责任未获得法院支持，尚可依据第一百四十八条关于欺诈的规定起诉请求撤销买卖合同；如欺诈的撤销权行使之诉仍未获得法院支持，则不妨再依据第一百四十七条关于重大误解的规定提起撤销权行使之诉；如果仍然未获得法院支持，则还可以再依据第六百一十条关于产品瑕疵不能实现合同目的的规定提起法定解除权行使之诉。

本条关于无名合同法律适用的规定分析如下：无名合同也是合同，而本编通则是合同法的共同规则，因此对于无名合同纠纷案件，首先应当适用本编通则（关于合同订立、生效、履行、保全、变更、转让、终止及违约责任）的规定。如果适用本编通则的规定解决不了问题，则可以参照适用本编（第二分编典型合同）及其他（民商事单行）法律的规定。以替身演员翻跟斗时受伤案件为例。这名替身演员是与所替的演员订立合同，还是与剧组订立的合同？这样的合同，法律没有规定，因此属于无名合同。无名合同发生了纠纷，如果涉及合同订立、生效、履行、变更、报酬支付这些问题，通常情况下适用本编通则的相应规定即可解决。但有些问题本编通则没有规定，例如刚才说到替身演员翻跟斗受伤由谁承担赔偿责任，可以参照适用本编第二分编最相类似的合同类型的规定。那么，无名合同与哪一种合同最相类似？与委托合同最相类似。因此，法庭可以参照适用本法第九百三十条关于委托人赔偿责任的规定。再如加盟店合同，法律上也没有规定，属于无名合同。关于加盟店合同的成立、生效、履行、变更这些问题，适用本编通则的相关规定可以解决。如果问题是由总店提供原材料或者食品质量不合格如何处理？可以参照适用买卖合同关于产品质量不合格的规则（第六百二十条、第六百二十一条、第六百二十五条）。

本条第二款规定："在中华人民共和国境内履行的中外合资经营企业合同、中外合作经营企业合同、中外合作勘探开发自然资源合同，适用中华人民共和国法律。"规定明确具体，毋庸赘言。

第四百六十八条 【非合同债的法律适用】

非因合同产生的债权债务关系，适用有关该债权债务关系的法律规定；没有规定的，适用本编通则的有关规定，但是根据其性质不能适用的除外。

本条规定非因合同发生的债权债务关系的法律适用。所谓非因合同发生的债权债务，前面已经谈到，如不当得利之债、无因管理之债、侵权行为之债，属于法定之债。非合同之债，即是法定之债。本条前段规定，"非因合同发生的债权债务关系，适用有关该债权债务关系的法律规定"，即侵权行为之债适用侵权责任编的规定，不当得利之债和无因管理之债适用本编第三分编准合同的规定，这是不言而喻的。本条的重心在后段规定："没有规定的"（即侵权责任编没有规定、本编第三分编没有规定），可以

"适用本编通则的有关规定"。那么，条文为什么不规定"参照适用"？本编第四百六十三条明确规定"本编调整因合同产生的民事关系"，非因合同发生的债权债务关系，诸如侵权责任案件、不当得利案件和无因管理案件，当然不在合同编的适用范围之内，条文应该规定可以"参照适用本编通则的有关规定"。

本条为什么规定"适用本编通则的有关规定"，而不是"参照适用本编通则的有关规定"？这一点至关重要。我在前面解读第四百六十三条时已经谈到，民法典不设债权总则（编），而以合同通则代替债权总则。按照这一立法目的，民法典不设债权总则（编），（不得已）用合同通则代替债权总则。本编通则既然代替债权总则，则侵权行为之债、不当得利之债、无因管理之债，也就在本编通则的"立法目的范围之内"了。按照民法解释学，援引某个法律规范裁判其适用范围内的案件，叫作"适用"。于法律规范的适用范围与其立法目的范围不一致时，则应当以其立法目的范围为准，扩张其适用范围（目的性扩张）或者限缩其适用范围（目的性限缩）。非合同的债权债务关系，虽然不在本编适用范围之内，却在本编通则的立法目的范围之内，因此本条规定，可以"适用本编通则的有关规定"，而不是"参照适用本编通则的有关规定"。这是以合同通则代替债权总则的立法目的所决定的。

　　不是本编通则的全部规定都可以适用于非合同之债。后段句末设有"但书"规定："但是根据其性质不能适用的除外。"那么，根据法定之债的性质，本编通则哪些规则和制度不能适用？概而言之，本编通则关于合同的订立、合同的效力、合同的撤销、合同的解除、违约责任等规则和制度不能适用。因为法定之债已经发生了。其余如合同的履行、保全、变更、转让、终止等规则和制度，应有适用于法定之债的可能。

第二章　合同的订立

第四百六十九条　【不要式原则】

当事人订立合同，可以采用书面形式、口头形式或者其他形式。

书面形式是合同书、信件、电报、电传、传真等可以有形地表现所载内容的形式。

以电子数据交换、电子邮件等方式能够有形地表现所载内容，并可以随时调取查用的数据电文，视为书面形式。

本条第一款规定，订立合同以不要式为原则。所谓不要式原则，亦称形式自由原则，即当事人可以自由决定以何种形式订立合同，既可以采用书面形式，也可以采用口头形式或者其他形式。所谓"其他形式"，指采用登记、公证等特殊书面形式。"不要式原则"当然有其例外，如法律、行政法规规定或者当事人要求采用特定形式，其合同之订立，必须采用该法律、行政法规规定的或者当事人所要求的特定形式，否则合同不能成立。

本条第二款是对第一款所谓"书面形式"所作立法解释。依据本款，订立合同的"书面形式"，不仅包括"合同书、信件"这些通常意义上的书面形式，还包括电报、电传、传真等可以有形地表现所载内容的形式。第三款进一步规定"以电子数据交换、电子邮件等方式能够有形地表现所载内容，并可以随时调取查用的数据电文，视为书面形式。"可见，本法适应科学技术发展的要求，对"书面形式"进行了扩张解释，凡可以进行有形复制的电子数据交换和电子邮件等新的无纸化通讯方式也都视为"书面形式"。

本条所谓合同形式，不同于所谓订立合同的方式（第四百七十一条）。订立合同的方式，是指当事人达成意思表示一致所采用的方式，亦可称为订立合同的方法。订立合同的典型方式是要约、承诺方式，此外还有非典型方式，如交错要约等。所谓合同形式，是指当事人采用要约、承诺方式订立合同时，其要约、承诺及最终达成的合意所采用的表达形式，包括书面形式、口头形式及其他形式。所谓"其他形式"，如公证，即由公证机关（公证员）作成公证书；审批，即报经主管机关予以审查批准。当然，无论公证还是审批，均属于在采用书面形式基础上，再经过某种法定手续予以证明或者认可。合同形式是合同订立中的一个重要问题，涉及国家法律对当事人意思自由的限制和干预。从历史发展的角度看，关于合同形式，是从早期的严格形式主义（法定要式主义），发展到近现代的形式自由主义（不要式主义）。

需注意的是，绝对的"形式自由主义"只存在于国际间的合同关系，而各国立法例在规定合同订立采不要式原则的同时，出于保障当事人的利益和市场经济秩序的目的，往往由法律规定某些重要的、长期的合同必须采用某种特定形式。因而现代合同法关于合同形式，系采相对的形式自由主义，即以不要式为原则，而以要式为例外。

原来的涉外经济合同法（1985 年）、技术合同法（1987 年）要求绝对的书面形式，经济合同法（1981 年）规定仅即时清结合同可以不要求书面形式。在合同法制定过程中，就是否认可口头形式有激烈争论。1999 年 1 月 13 日，时任全国人大常委会委员长李鹏亲自主持，在北京市丰台区人民法院召开调研会，就合同形式征求法官的意见。会上丰台区人民法院院长介绍，1998 年该院受理的民事案件中，口头合同约占三分之一。李鹏委员长后来总结说，看来不能不承认口头合同。最终通过的合同法第十条第一款规定合同形式的不要式原则，第二款规定此项原则之例外，即法律规定、当事人约定采用书面形式的，应当采用书面形式，另在第十一条解释什么是书面形式。本条系将合同法第十条和第十一条合并为一条，删去第十条第二款，将原十一条作为本条第二款，并将其中关于电子数据交换的内容抽出，作为本条第三款。

按照本条规定，如果当事人以书面形式订立合同，则该书面形式（合同书、信件、电报、传真、电子邮件等），即是证明合同成立、合同内容的书面证据。该书面形式，作为书面证据，具有推定的证明力。诉讼中如果持异议一方不能举出足以推翻此项推定证明力的相反的证据，法庭即应当根据该书面形式认定合同成立、合同的内容。但如采用口头形式订立合同，且在实际生活中，采用口头形式订立的合同是大量的，一旦发生纠纷，起诉到人民法院，这就发生一个事实认定问题，即法庭如何判断当事人之间是否曾订立合同、合同是否已经成立及合同的内容？

例如原告起诉称某年某月某日被告向他借了1万元，要求法庭判决被告偿还借款。法庭首先要判断原被告之间是否有口头借款合同，如果确有口头借款合同，还要判断借款合同的内容，即借款金额是不是1万元。法庭判断口头合同是否存在及合同内容，当然要靠证据，要求原告提供人证，或者书证。如果借款是从银行汇付，原告应当提供银行汇款的凭条作为书证。另一个证据，就是被告在答辩和庭审中的"自认"，即被告承认向原告借款1万元的陈述。被告的"自认"可以作为法庭认定事实的依据。如果原告提不出任何证据（人证、书证）且被告坚持否认合同的存在，法庭没有证据认定口头合同的存在，就只能以原告起诉的证据不足为由，判决驳回原告的起诉。

第四百七十条 【合同条款】

合同的内容由当事人约定，一般包括下列条款：

（一）当事人的姓名或者名称和住所；

（二）标的；

（三）数量；

（四）质量；

（五）价款或者报酬；

（六）履行期限、地点和方式；

（七）违约责任；

（八）解决争议的方法。

当事人可以参照各类合同的示范文本订立合同。

本条列举规定合同一般应包括的条款。实际上，原来的经济合同法（1981 年）就有这样的规定（第十二条），后来在设计合同法立法方案和起草第一个草案时，考虑到贯彻合同自由原则，合同的内容应由当事人约定，因此未规定这样的条文。后来在合同法草案修改中，考虑到我国幅员广大，企业及人民的法律知识不足，当事人在订立合同时往往不知道应该约定哪些条款，因此决定保留原经济

合同法的这一条。同时为了避免产生误解，采用"一般包括"这样的措辞，回避"应当""必须"这样的措辞，避免将此八项条款视为合同的主要条款。

所谓合同的主要条款，指决定合同成立的必备条款。与主要条款相对应的是"一般条款"。一般条款未规定，不影响合同的成立。本条列举的八项条款，并不都是主要条款。例如，合同未约定第八项、第七项，甚至未约定第六项、第五项及第四项，合同亦可成立。未约定履行期限、履行地点和履行方式，可以通过合同的性质、种类、交易习惯来补充；未约定价款，当事人可以在事后履行时协商决定，协商不成的，法庭可以采用市场价格；即使未约定质量，也可以采用国家标准、部颁标准、行业标准，实在不行还有企业标准可供参考。可见，从第四项到第八项，这些条款缺少了，都是可以补救的。但第一项、第二项和第三项，属于合同主要条款，缺少这三项中的任何一项，合同都不能成立。

请注意，本条第二款规定，当事人可以参考各类合同的示范文本订立合同。之所以这样规定是考虑到 20 世纪 80 年代以来，曾经推行合同示范文本制度，起到了一定的作用。本款条文谨慎地使用"可以参照"这样的措辞，告诉当事人既可以"参照"，也可以不"参照"。本条沿用合同法第十二条原文。

第四百七十一条 【要约、承诺方式】

当事人订立合同，可以采取要约、承诺方式或者其他方式。

合同成立的典型方式是要约和承诺方式，亦即双方当事人通常应采用要约、承诺方式达成意思表示一致。除采用要约、承诺方式外，双方当事人还可以采用非典型的订约方式。所谓"其他方式"，即指非典型的订约方式，如交错要约等。

关于合同成立的要约承诺方式，立法例上多有明文规定。如荷兰民法典第 6:217 条规定："合同通过要约和承诺而订立。"意大利民法典第 1326 条规定："当发出要约的人接到另一方承诺时，契约成立。"我国合同法第十三条规定："当事人订立合同，采要约、承诺方式。"本条以合同法第十三条规定为基础，增加关于合同成立的非典型方式的规定。鉴于合同成立的非典型方式难于一一列举，故以"其他方式"概括之。

过去的某个时期，法院裁判合同纠纷案件，判决书往往先就本案合同是否成立、是否生效作出认定。这种做法违背了民事裁判的基本规则，即当事人诉什么法庭就审什么。例如原告提起违约诉讼，被告就是否违约进行答辩，表明双方对合同成立、有效没有分歧，争议在被告是否违约。因此法庭原则上只审查被告是否违约、是否应承担违约责任，而无须审查合同是否成立、生效。以下两种情形属于例外：一是法庭审查中发现合同内容可能属于虚伪表示（第一百四十六条），或者违反强制性规定、违背公序良俗（第一百五十三条），法庭应当依职权主动审查合同成立不成立、生效不生效；二是原告以违约起诉，被告却以合同不成立、不生效作为抗辩，即原被告双方对于合同是否成立、是否生效有分歧，这种情形法庭必须审查合同是否成立、是否生效。

何种情形法庭须适用要约承诺规则？一是在原被告双方对合同的成立有分歧的情形，法庭须依据要约承诺规则判断合同是否成立。二是双方对合同的成立没有分歧，却对合同的内容有分歧的情形，一方称合同有某一项约定，另一方称没有该项约定，法庭须依据要约承诺规则进行判断。后者，特别是一些缔约谈判过程很长的合同，因缔约过程中双方往来函电很多，有各种书面文件、合同草案、备忘录、确认书，等等，最后正式签订合同，在履行过程中双方就合同是否包含某项约定发生争议，一方主张谈判过程中的某个时候达成了该项约定，虽然没有写进合同书中，也应属于本案合同的内容。法庭在判断本案合同是否应当包含该项内容时，应当适用要约承诺的规则。但是，如果双方最终签订的合同书（或者确认书）规定有"合同完整条款"（明确表示合同内容以本合同书规定为准的意思的条款），则法庭应据此否定"存在未载入合同书的合同内容（约定）"的主张。

第四百七十二条　【要约定义、构成要件】

要约是希望与他人订立合同的意思表示，该意思表示应当符合下列条件：

（一）内容具体确定；

（二）表明经受要约人承诺，要约人即受该意思表示约束。

本条规定要约的定义和构成要件。依据本条，所谓要约，是一方当事人希望和他人订立合同的意思表示。要约属于单方意思表示。当事人的单方意思表示，须具备下述两项要件，才能构成要约：（1）内容具体确定。此所谓内容具体确定，指要约方所提议订立的合同的内容具体确定，亦即具备合同的主要条款。（2）表明经受要约人承诺，要约人即受该意思表示约束。此一经受要约人承诺，要约人即受拘束的意思，是要约区别于"要约邀请"的标志。

一方当事人希望与他人订立合同的单方意思表示，即使具备合同主要条款（即内容具体确定），如不具备要约人受拘束的意思，仍不构成要约，而仅属于要约邀请。此要约人表示受约束的意思，必须是明确、肯定的，且不能附加任何条件。如意思含糊、不肯定，或者属于试探性的、附条件的，均不构成要约，而应属于要约邀请。需注意的是，商事实务上往往将"要约"称为"发盘"，而"发盘"又分为"实盘"和"虚盘"。所谓"实盘"，包含发盘人受约束的确定意思，构成"要约"；所谓"虚盘"，是附有保留条件的"发盘"，不构成"要约"，而属于要约邀请。当事人双方就一方的意思表示是否包含受拘束的确定意思，亦即是否构成要约发生争议时，应由法院解释判断，自不待言。

明文规定要约定义和构成要件的立法例较少。合同法主要参考《联合国国际货物销售合同公约》和《国际商事合同通则》，专设第十四条明文规定要约的定义和构成要件。实践证明，此项规定有利于当事人准确掌握要约与要约邀请的区别，从而减少订约和履约纠纷，故本条予以沿用。

- -

第四百七十三条　【要约邀请】

要约邀请是希望他人向自己发出要约的表示。拍卖公告、招标公告、招股说明书、债券募集办法、基金招募说明书、商业广告和宣传、寄送的价目表等为要约邀请。

商业广告和宣传的内容符合要约条件的，构成要约。

- -

本条第一款第一句规定要约邀请的定义。所谓要约邀请，是欲订立合同的当事人向相对人发出的、希望相对人人向自己发出要约的意思表示。要约邀请的表意人并无受拘束的意思，此与要约不同。本款第二句规定，寄送的价目表、拍卖公告、招标公告、招股说明书、商业广告等为要约邀请。本条第二款设"例外"规定："商业广告和宣传的内容符合要约条件的，构成要约。"

按照民法原理，要约与要约邀请均为意欲订立合同的意思表示，二者外形相似，但效力不同。所谓要约邀请，亦称要约诱引，是意欲订立合同的一方当事人希望相对人向自己发出要约的意思表示。要约邀请与要约的区别在于，要约邀请的表意人并无受拘束的意思，而要约的表意人有受拘束的意思。如前所述，商业实务中所谓"虚盘"，即

65

是要约邀请；所谓"实盘"，即是要约。鉴于要约邀请与要约十分相似，于许多情形要判断表意人是否有受拘束的意思并不容易，因此在立法例上，除规定要约邀请的定义之外，为方便交易，进一步规定某些意思表示为要约邀请，某些意思表示为要约。本条系合同法第十五条之沿用。

第四百七十四条 【要约生效时间】

要约生效的时间适用本法第一百三十七条的规定。

按照民法原理，要约属于有相对人的意思表示。关于有相对人的意思表示的生效，又分为对话的意思表示与非对话的意思表示。当事人对面交谈或以电话发出要约，属于对话的意思表示；以信函、电报、传真、电子邮件、电子数据交换发出要约，属于非对话的意思表示。本条规定要约生效时间适用总则编第一百三十七条的规定，即以对话方式作出的要约，于相对人了解其内容时发生效力；以非对话的方式作出的要约，于到达相对人时发生效力。

第四百七十五条 【要约撤回】

要约可以撤回。要约的撤回适用本法第一百四十一条的规定。

所谓"要约的撤回",指要约人于要约生效之前阻止其生效的行为。依据本条规定,要约人撤回其要约,适用总则编第一百四十一条关于撤回意思表示的规定。即要约人撤回要约,应向受要约人发出撤回要约的通知,且该通知须在要约到达受要约人之前或同时到达受要约人,才能发生撤回要约的效果。此撤回要约的通知,应采用与要约相同的传递方式或比要约传递方式更快捷的方式,自不待言。

合同法着重参考《联合国国际货物销售合同公约》第15条和《国际商事合同通则》第2.3条,并按照民法原理对"撤回"与"撤销"加以区别,设置第十七条关于要约撤回的规定。鉴于民法典总则编第一百四十一条关于意思表示的撤回已有规定,且意思表示的撤回,主要是要约的撤回,故本条规定适用该条意思表示撤回的规则。

第四百七十六条　【要约撤销】

要约可以撤销，但是有下列情形之一的除外：

（一）要约人以确定承诺期限或者其他形式明示要约不可撤销；

（二）受要约人有理由认为要约是不可撤销的，并已经为履行合同做了合理准备工作。

按照合同自由原则，要约人于发出要约之后可以随意撤销其要约。按照本条规定，要约可以撤销，是为原则；同时本条设有例外，于以下两种情形，要约不得撤销："（一）要约人以确定承诺期限或者其他形式明示要约不可撤销；（二）受要约人有理由认为要约是不可撤销的，并已经为履行合同做了合理准备工作。"有此两种情形之一的，要约人撤销要约的行为不生效力，要约仍然有效，经受要约人承诺时，合同成立。显而易见，是出于保护相对人（受要约人）利益及市场交易安全的考虑。

按照民法原理和立法例，要约人撤销其要约，须向受要约人发出撤销要约的通知，且该撤销要约的通知须在受要约人发出承诺通知之前到达受要约人，才能发生要约撤销的效果。如撤销要约的通知，于受要约人发出承诺通知之后到达受要约人，则不发生要约撤销的效果，此种情形，要约经受要约人承诺而成立合同，要约人必须受合同的拘束，自不待言。

要约可否撤销，各国法律立场不同。在大陆法系，德国民法典规定要约原则上不可撤销，而荷兰新民法典规定要约原则上可以撤销。在英美法系契约法，要约可任意撤销。按照英美契约法对价理论，一项要约于受要约人承诺前属于无对价的允诺，不具有拘束力，即使要约人自己也不受要约的约束，他当然可随时撤销要约。这只是形式上的理由。实则，要约之撤销，关系到如何在要约人与受要约人之间分配市场价格波动的风险，要约人可随时撤销要约，价格波动风险完全由受要约人承担，便于要约人投机。《联合国国际货物销售合同公约》和《国际商事合同通则》为调和两大法系的对立，采取一种折衷方案，即以英美法规则为基础而兼顾大陆法，规定以要约可以撤销为原则，而以要约不得撤销为例外。合同法第十八条和第十九条即采纳此折中方案。本法继承合同法的立场，并将该第十八条和第十九条合并为本条。

第四百七十七条 【撤销要约意思表示的生效】

撤销要约的意思表示以对话方式作出的，该意思表示的内容应当在受要约人作出承诺之前为受要约人所知道；撤销要约的意思表示以非对话方式作出的，应当在受要约人作出承诺之前到达受要约人。

本条规定撤销要约的意思表示的生效。撤销要约的意思表示以对话方式作出，要求在受要约人作出承诺之前"知道"该撤销要约的意思表示的内容；撤销要约的意思表示以非对话方式作出，要求在受要约人作出承诺之前到达受要约人。实际上与本法第一百三十七条关于意思表示生效的规定相同。

第四百七十八条 【要约失效】

有下列情形之一的，要约失效：

（一）要约被拒绝；

（二）要约被依法撤销；

（三）承诺期限届满，受要约人未作出承诺；

（四）受要约人对要约的内容作出实质性变更。

依据本条规定，导致要约丧失效力的法定原因有：（1）要约被拒绝。受要约人拒绝要约，亦即拒绝对该要约予以承诺。受要约人拒绝要约，须向要约人发出拒绝要约的通知，此拒绝要约的通知到达要约人时，要约丧失其效力。（2）要约被依法撤销。主要指要约人依前两条的规定撤销其要约。（3）承诺期限届满，受要约人未作出承诺。承诺须在约定的或法定的承诺期间内作出，超过承诺期限的，要约丧失效力。（4）要约人对要约内容作出实质性变更。主要指受要约人显然作出承诺，但承诺对要约的内容作出实质性变更，该承诺被依法视为新要约，导致原要约人发出的要约丧失其效力。

按照民法原理，要约的效力是指要约具有赋予受要约人对要约予以承诺从而成立合同的法律能力（可能性）。要约失效，则该要约不具有赋予受要约人予以承诺并从而成立合同的法律能力（可能性）。立法例关于要约效力丧失及其原因，多设有规定。本条沿用合同法第二十条的规定。

第四百七十九条　【承诺定义】

承诺是受要约人同意要约的意思表示。

本条规定承诺的定义。所谓承诺,指受要约人对要约内容表示同意的意思表示。按照民法原理,承诺属于意思表示,而非民事法律行为。承诺的构成要件是:(1)承诺须由受要约人作出;(2)承诺须向要约人作出;(3)受要约人作出承诺,须以成立合同为目的;(4)承诺的内容须与要约的内容一致。多数立法例对承诺的定义不设规定,而由学说予以解释。但是,《联合国国际货物销售合同公约》《国际商事合同通则》《欧洲合同法通则》及《欧洲民法典草案》均对承诺设有定义性规定。法律明文规定承诺定义,有利于普及法律知识,引导人民和企业正确订立合同,减少订约、履约纠纷。本条沿用合同法第二十一条关于承诺定义的规定。

第四百八十条　【承诺通知】

承诺应当以通知的方式作出;但是,根据交易习惯或者要约表明可以通过行为作出承诺的除外。

依据本条，承诺的方式以受要约人向要约人发承诺通知为原则，而以某种行为作出承诺为例外。所谓"以通知的方式作出"承诺，即受要约人应向要约人发出"承诺通知"。本条对此"承诺通知"的形式未作限定，依解释，采书面形式、口头形式均可，但要约要求承诺通知必须采取某种特定形式的，其承诺通知须采取要约所要求的形式。本条第二句"但书"规定，"受要约人可以通过行为作出承诺"，而无须采取"承诺通知"方式，其前提条件是，"根据交易习惯或者要约表明可以通过行为作出承诺"。例如，自动售货机的设置、无人售票公交车之行驶等。需补充说明的是，所谓可以用来代替承诺通知的"行为"，应是某种有承诺意思的行为。例如，向自动售货机投币的行为、登上无人售票公交车的行为、自选商场向收银员付款的行为，以及《联合国国际货物销售合同公约》第 18 条所谓"与发运货物或支付价款有关的行为"等。

第四百八十一条 【承诺期间】

承诺应当在要约确定的期限内到达要约人。

要约没有确定承诺期限的，承诺应当依照下列规定到达：

（一）要约以对话方式作出的，应当即时作出承诺；

（二）要约以非对话方式作出的，承诺应当在合理期限内到达。

所谓承诺期间，是受要约人能够有效作出承诺的期间，既是要约的效力存续期间，也是受要约人承诺资格的存续期间。承诺未在要约规定的承诺期间内到达要约人的，因要约已经丧失效力，致超过承诺期间到达要约人的承诺，不具有承诺的法律效力。承诺期间应当由要约人自己在要约中确定。如果要约中未确定承诺期间，则应当适用本条第二款的规定：（1）要约以对话方式作出的，受要约人应即时作出承诺。换言之，要约人采用对话方式作出要约，作为对话相对方的受要约人应当即时作出承诺。（2）要约以非对话方式作出的，承诺应当在合理期限（期间）内到达（要约人）。所谓"合理的期间"，应当指根据当事人之间交易的习惯、合同的类型、所采用的传达方式、当事人的距离等因素，并在充分考虑到要约和承诺的在途时间和相对人必要的考虑时间的基础上进行综合判断，而认为合理的期间。

本条关于承诺期间的规定具有重要意义。承诺期间，也是要约实质拘束力的存续期间。承诺期间届满，要约丧失实质拘束力，受要约人也丧失承诺资格，且承诺期间还是判断承诺迟到的标准。在要约人未确定承诺期间时，法律关于承诺期间的规定可以补充当事人意思的不足。本条以合同法第二十三条规定为基础，而将两款合并为一款，考虑到即使在采对话方式作出要约的情形，如关于承诺期间"当事人另有约定"，亦应属于所谓"要约确定的期间"，故删去第一项"但书"。

需特别注意，本条所谓"期限"，为"期间"之误。按照民法原理，"期间"指某一期日与另一期日之间的时间段；而所谓"期限"指时间的计算（开始计算或者停止计算），从某一时点开始计算称为"始期"（生效期限），至某一时点停止计算称为"终期"（终止期限）。换言之，期间指两端（起点与终点）之间；期限仅指其一端（起点或者终点）。（民事法律行为附）"期限"规定在本法总则编第六章第一百六十条。而本法总则编第十章是关于"期间"的规定。下一条所谓"承诺期限"，亦应为"承诺期间"。

第四百八十二条 【承诺期间的起算】

要约以信件或者电报作出的，承诺期限自信件载明的日期或者电报交发之日开始计算。信件未载明日期的，自投寄该信件的邮戳日期开始计算。要约以电话、传真、电子邮件等快速通讯方式作出的，承诺期限自要约到达受约人时开始计算。

本条将承诺期间的起算按传递方式分为两种情形。以信件或电报方式传递的，承诺期间自信件中记载的日期或电报交发的日期起算。信件未记载日期的，自该信件上显示的投寄邮戳日期开始计算。以传真等快速通讯方式传递的，承诺期间自要约到达受要约人时开始计算。本条为任意性规定，如要约中规定了不同的计算方法，则应适用要约规定的计算方法，自不待言。

需特别注意，本条规定要约中承诺期间的起算。例如

要约载明"请于十日内答复"。假如要约载明"请于 2001
年 9 月 5 日前答复",则非所谓"承诺期间",而属于"期
限",应不发生承诺期间的起算问题,自不应适用本条。

期间的起算对于期间的计算至关重要。因要约所采用
的传递方式不同,计算承诺期间的起算点,应有不同。合
同法第二十四条,系参考《联合国国际货物销售合同公
约》第 20 条和《国际商事合同通则》第 2.8 条的规定。
本条在合同法第二十四条规定的基础上,仅于快速通讯方
式中增加电子邮件一种。

第四百八十三条 【承诺生效的效力】

承诺生效时合同成立,但是法律另有规定或者当事人
另有约定的除外。

依据本条,采用要约、承诺方式订立合同的,以承诺
生效的时间作为合同成立的时间,此为原则规定。如法律
对于合同成立时间另有规定或者当事人对于合同成立时间
另有约定,应依照其规定或者约定,则属于例外。所谓法
律另有规定,主要是指关于实践性合同的规定。实践合同,

亦称要物合同，指在双方当事人依要约、承诺达成意思表示一致之外，还须以标的物的实际交付作为成立要件的合同。

按照民法原理，以在双方当事人意思表示达成一致之外，是否还须以标的物交付作为合同成立要件，将合同区分为诺成合同与实践合同。诺成合同，指双方达成意思表示一致即可成立的合同；实践合同，指双方达成意思表示一致之后，还须实际交付标的物才能成立的合同。这一分类源于罗马法。罗马法上的实践合同，主要是使用借贷、消费借贷和寄托，且都属于无偿合同。在现代市场经济条件下，实践合同的范围越来越小，如租赁合同（有偿使用借贷）、借款合同（金钱消费借贷）和仓储保管合同（寄托）均已属于诺成合同。本法规定的典型合同中，仅自然人之间的借款合同（第六百七十九条）、保管合同（第八百九十条）、定金合同（第五百八十六条）为实践合同。

合同成立的时间关系当事人重大利益，立法例上多有规定。起草人在合同法第二十五条规定的基础上增加"但书"规定，设为本条。

第四百八十四条 【承诺生效时间】

以通知方式作出的承诺，生效的时间适用本法第一百三十七条的规定。

承诺不需要通知的，根据交易习惯或者要约的要求作出承诺的行为时生效。

本条第一款规定，以通知方式作出承诺，承诺的生效时间适用本法第一百三十七条关于意思表示生效时间的规定。按照该条，则承诺通知于到达要约人时生效。此与本法关于要约的生效时间的规定（第四百七十四条）相同。本条第二款规定，承诺不需要通知的，根据交易习惯或者要约的要求作出承诺的行为时生效。所谓"承诺不需要通知的"，指第四百八十条"但书"规定，即"根据交易习惯或者要约表明可以通过行为作出承诺的"情形。在这些情形，承诺应根据交易习惯或者要约表明，在有可认为承诺的事实（行为）时生效。

关于承诺的生效时间，大陆法系立法例采到达生效主义。合同法第二十六条关于承诺生效时间的规定，系参考大陆法系立法例及《联合国国际货物销售合同公约》《国际商事合同通则》的规定。本条以合同法第二十六条为基础，将其第一款分为两款，并删除原第二款关于采用数据电文形式承诺的规定。

第四百八十五条　【承诺撤回】

承诺可以撤回。承诺的撤回适用本法第一百四十一条的规定。

按照民法原理，承诺的意思表示在其生效之前也可以像要约一样被撤回，从而阻止承诺发生效力。本条规定，承诺的撤回，同要约的撤回一样，适用本法第一百四十一条关于意思表示撤回的规定，亦即承诺撤回通知应当在承诺通知到达要约人之前或者同时到达要约人，才能发生承诺撤回的效果。

需特别注意，由于承诺通知到达要约人后承诺便发生效力，合同即成立，所以承诺不能被撤销。此与要约不同。要约可以被撤销，而承诺无法被撤销。如果承诺人意思表示有错误，也只能依据重大误解的规则（第一百四十七条）撤销合同。

依合同自由原则，应允许当事人在承诺的意思表示生效从而发生拘束力之前依自己的意思而阻止其生效。本条沿用合同法第二十七条的规定。

第四百八十六条　【迟到的承诺】

受要约人超过承诺期限发出承诺，或者在承诺期限内发出承诺，按照通常情形不能及时到达要约人的，为新要约；但是，要约人及时通知受要约人该承诺有效的除外。

承诺的迟到，是指承诺未能在承诺期间或合理期间内到达要约人。本条第一句规定关于承诺迟到的一般规则，即"受要约人超过承诺期限发出承诺，或者在承诺期限内发出承诺，按照通常情形不能及时到达要约人的，为新要约"。第二句"但书"规定关于承诺迟到的特别规则，即"要约人及时通知受要约人该承诺有效的"，则依本法第四百八十三条的规定成立合同（不被视为新要约）。

按照民法原理，承诺期间是要约效力存续期间。超过承诺期间到达的承诺，因要约已经失效，承诺已失其对象，当然不能生效（不能成立合同）。为方便当事人及鼓励市场交易，不妨将迟到的承诺视为受要约人向要约人发出的新要约。但是，如果要约人于收到迟到的承诺后，及时通知受要约人该承诺有效，则该承诺因要约人的意思而发生承诺的效力（在当事人之间成立合同）。换言之，因要约人收到迟到的承诺后及时向受要约人发出承认该承诺有效的通知，则该迟到的承诺被视为未迟到；反之，要约人未及时通知受要约人，则该迟到的承诺被视为新要约（须要约人对其作出承诺才能成立合同）。本条是在合同法第二十八条的规定基础上予以修改完善。

第四百八十七条 【本不应迟到而迟到的承诺】

受要约人在承诺期限内发出承诺，按照通常情形能够及时到达要约人，但是因其他原因致使承诺到达要约人时超过承诺期限的，除要约人及时通知受要约人因承诺超过期限不接受该承诺外，该承诺有效。

本条规定本不应迟到而迟到的承诺规则。所谓本不应迟到而迟到的承诺，指"受要约人在承诺期限内发出承诺，按照通常情形能够及时到达要约人，但是因其他原因致使承诺到达要约人时超过承诺期限的",其迟到的原因不在于受要约人。因此,本条规定,除要约人及时通知受要约人拒绝接受该迟到的承诺外,"该承诺有效"(因而成立合同),亦即被视为未迟到。

本条规定与前条的区别在于,前条承诺迟到的原因在受要约人;本条迟到的原因不在受要约人。因此,承诺迟到的风险负担不同。前条受要约人的原因导致承诺迟到,风险由受要约人负担:要约人未及时通知认可该承诺有效的,视为新要约,必须要约人对之承诺才能成立合同;本条非因受要约人的原因导致承诺迟到,风险由要约人负担:要约人未及时通知受要约人拒绝该迟到的承诺,则该承诺视为未迟到,合同因此成立。本条沿用合同法第二十九条规定。

第四百八十八条　【实质性变更】

承诺的内容应当与要约的内容一致。受要约人对要约的内容作出实质性变更的，为新要约。有关合同标的、数量、质量、价款或者报酬、履行期限、履行地点和方式、违约责任和解决争议方法等的变更，是对要约内容的实质性变更。

本条第一句规定，承诺的内容应当与要约的内容一致。此为承诺有效的基本要求。但是，在现实生活中，受要约人在作出承诺时难免会对要约的内容作出某种变更。按照民法原理，受要约人在承诺中对要约内容所作变更，分为实质性变更与非实质性变更。本条第二句规定，受要约人对要约内容作出实质性变更的（承诺），视为新要约。本条第三句对所谓"实质性变更"作立法解释，"有关合同标的、数量、质量、价款或者报酬、履行期限、履行地点和方式、违约责任和解决争议方法等的变更"，属于"实质性变更"。

承诺的内容应当与要约的内容一致，是合同应有之义。但考虑到合同法鼓励和促进交易的立法目的，不宜对"一致"作绝对化理解。鉴于社会生活经验，受要约人作出承诺表示接受要约人在要约中提出的合同条件时，难免会对要约的内容作出某种程度的变更（扩张、限制或者添加），因此对承诺与要约内容"一致"，应当解释为"实质的一致"。亦即对要约内容作实质性变更的承诺，不具有承诺的效力，而被视为受要约人对要约人发出的新要约。为便于当事人及法庭判断，本条第三句规定实质性变更的标准。有关合同标的、数量、质量、价款或者报酬、履行期限、履行地点和方式、违约责任和解决争议方法等的变更，属于对要约内容的实质性变更。此外的变更，属于非实质性变更。合同法起草人参考《联合国国际货物销售合同公约》第19条第（1）款的规定，设立合同法第三十条。本条沿用合同法第三十条原文。

第四百八十九条 【非实质性变更】

承诺对要约的内容作出非实质性变更的，除要约人及时表示反对或者要约表明承诺不得对要约的内容作出任何变更外，该承诺有效，合同的内容以承诺的内容为准。

如前所述，受要约人在承诺中对要约内容所作的实质性变更以外的变更，为非实质性变更。基于鼓励和促进市场交易的立法目的，本条规定，承诺对要约的内容作出非实质性变更的，"除要约人及时表示反对或者要约表明承诺不得对要约的内容作出任何变更外"，该承诺有效，合同的内容以承诺的内容为准。并同时设置"除外"规定，给予要约人以事先排除和事后反对（承诺对要约内容作包括非实质性变更在内的任何变更）的充分机会，以尊重当事人意思自治。合同法起草人参考《联合国国际货物销售合同公约》第19条第2款的规定，设立合同法第三十一条。本条沿用合同法第三十一条原文。

第四百九十条　【形式欠缺的补正】

当事人采用合同书形式订立合同的，自当事人均签名、盖章或者按指印时合同成立。在签名、盖章或者按指印之前，当事人一方已经履行主要义务，对方接受时，该合同成立。

法律、行政法规规定或者当事人约定合同应当采用书面形式订立，当事人未采用书面形式但是一方已经履行主要义务，对方接受时，该合同成立。

本条第一款第一句规定，采用书面形式订立合同，自双方当事人签名、盖章或者按指印时合同成立。本条第一款第二句和本条第二款规定是对合同形式欠缺的补救。

理解本条须联系到本法第四百六十九条关于当事人订立合同，可以采用书面形式、口头形式或者其他形式的规定。本条第一款第一句规定，采用书面形式订立合同，其合同的成立时间，即自双方当事人在合同书上签名、盖章或者按指印时成立。如对此项规定做反对解释，则采用书面形式订立合同，即使一方未在合同书上签名、盖章或者按指印，合同应不成立。

但考虑到社会生活经验，当事人采用书面形式订立合同，虽然双方或者一方未在合同书上签名、盖章或者按指印，但是合同主债务已经履行；或者法律、行政法规规定或者当事人约定合同应当采用书面形式订立，当事人虽未采用书面形式，但是合同主债务已经履行。这两种情形，法律就没有理由坚持认为合同未成立而强制双方当事人恢复原状。因为合同毕竟是实现当事人利益的法律形式，虽然当事人约定或者法律要求采用书面形式订立合同，此书面形式要件，仅关乎当事人利益而非社会公共利益；既然在书面形式未完成之前，当事人已经按照合同约定履行主债务，根据合同自由原则，就应该尽量认可合同成立、有效。

在20世纪八九十年代的裁判实践中，曾经出现严格按照合同形式要件审理案件的倾向。即法庭对合同形式的要求过严而无视当事人真实意愿，只要合同形式有任何一点欠缺，法庭即认定合同无效（合同未成立）。据了解，有的地方法院，判决确认合同无效的案件，占合同纠纷案件总数的百分之四十，有的地方甚至达到百分之五十以上。这样的实践倾向显然有悖于合同自由原则，有悖于民法保护当事人合法权益的立法目的。

因此，合同法立法方案规定，一个合同即使在形式上有所欠缺，如果主债务已经全部或者部分履行、如果合同的目的和内容不损害社会公共利益，就应当尽可能认可其成立、有效。根据这一立法思想，合同法第三十七条规定，采用书面形式订立合同，在当事人签字或者盖章之前，一方已经履行主要义务的，该合同成立。第三十八条规定，法律规定或者当事人约定采用书面形式订立合同，当事人未采用书面形式但一方已经履行主要义务的，该合同成立。

条文所谓"主要义务"究何所指？按照民法理论，合同上的义务分为主义务与从义务（主债务与从债务）。以购销钢材合同为例，供方的主义务是交付钢材，从义务是附带交付有关文件资料；需方的主义务是支付价款。如果供方已经交付了钢材，按照本条规定就应认定合同已经成立，如果需方亦已支付价款，自不待言。起草人将合同法第三十七条、第三十八条与规定书面形式合同成立的合同法第三十二条合并，设立为本条。

第四百九十一条　【确认书、网购】

当事人采用信件、数据电文等形式订立合同要求签订确认书的，签订确认书时合同成立。

当事人一方通过互联网等信息网络发布的商品或者服务信息符合要约条件的，对方选择该商品或者服务并提交订单成功时合同成立，但是当事人另有约定的除外。

本条第一款规定，采用信件、数据电文等形式订立合同要求签订确认书的，签订确认书时合同成立。此确认书亦即合同书面形式，故按照前条第一款第一句规定，自双方当事人均在确认书上签字、盖章或者按指印时合同成立。第二款规定网购合同，自网购消费者选择商品或者服务并"提交订单成功"时合同成立。"但书"规定"当事人另有约定"的除外。所谓"另有约定"，例如在提交订单之外还须"微信支付价款成功"合同才能成立。本条在合同法第三十三条规定基础上增加关于网购合同成立的规则（第二款）。

第四百九十二条　【合同成立地点】

承诺生效的地点为合同成立的地点。

采用数据电文形式订立合同的，收件人的主营业地为合同成立的地点；没有主营业地的，其住所地为合同成立的地点。当事人另有约定的，按照其约定。

本条是关于合同成立地点的规定。第一款规定，承诺生效的地点为合同成立的地点。第二款规定，采用数据电文形式订立合同的，收件人的主营业地为合同成立的地点；没有主营业地的，其住所地为合同成立的地点。当事人另有约定的，按照其约定。需注意的是，合同成立地点，不同于合同履行地点。按照民事诉讼法的规定，合同成立地点的法律意义，是在程序法上作为确定合同纠纷案件管辖法院的标准。本条沿用合同法第三十四条。

第四百九十三条　【书面合同成立的地点】

当事人采用合同书形式订立合同的，最后签名、盖章或者按指印的地点为合同成立的地点，但是当事人另有约定的除外。

本条规定，采用合同书形式订立合同，最后签名、盖章或者按指印的地点，为合同成立的地点。同时设"但书"规定，"当事人另有约定的除外"。所谓"另有约定"，指当事人约定非最后签名、盖章或者按指印的地点，为合同成立的地点。

本条规定书面合同的成立地点。请注意本条与前条之间的逻辑关系，前条关于合同成立地点的规定，属于一般法；本条关于书面合同成立地点的规定为特别法。判断书面合同的成立地点，应当适用本条规定；非书面形式合同的成立地点，应当适用前条的规定。本条在合同法第三十五条规定基础上增加"但书"规定。

第四百九十四条 【指令性计划合同】

国家根据抢险救灾、疫情防控或者其他需要下达国家订货任务、指令性任务的，有关民事主体之间应当依照有关法律、行政法规规定的权利和义务订立合同。

依照法律、行政法规的规定负有发出要约义务的当事人，应当及时发出合理的要约。

依照法律、行政法规的规定负有作出承诺义务的当事人，不得拒绝对方合理的订立合同要求。

本条规定指令性计划合同。第一款规定指令性计划的强制性，要求指令性计划有关民事主体（供方和需方）按照有关法律、行政法规的规定订立合同。第二款规定，负有发出要约义务的当事人，应当"及时发出合理的要约"。第三款规定，负有作出承诺义务的当事人，不得拒绝对方合理的订立合同要求（要约）。实则，指令性计划合同排除当事人的意思自治，属于强制性缔约。本条仅为原则性规定，具体指令性计划合同的订立，当依据有关行政法规的规定，自不待言。本条以合同法第三十八条规定为基础，新增第二款和第三款的规定。

第四百九十五条　【预约合同】

当事人约定在将来一定期限内订立合同的认购书、订购书、预订书等，构成预约合同。

当事人一方不履行预约合同约定的订立合同义务的，对方可以请求其承担预约合同的违约责任。

按照民法原理，合同（契约）有预约与本约之分，二者异其性质与效力。当事人订立本约的目的，是要通过本约的履行，满足各自生活目的；而订立预约的目的，则是为了在一定期间内订立本约。可见，预约是与本约相对应的概念，预约亦可称为预备合同，本约亦可称为正式合同。质言之，所谓预约，是当事人间产生将来订立正式合同（本约）之债权债务的合同。①

在民法发展史上看，之所以在买卖合同本约之外订立买卖预约，是因为早期的买卖合同属于要物合同（实践合同），须以标的物的实际交付作为合同成立条件，不具有将来交货、付款之约束的含义。假设当事人双方约定将来某个时间交货、付款，这样的约定将不具有法律拘束力。因此之故，发明了买卖预约，即在将来某个时间订立买卖合同的合同。

随着社会的发展和法律的进步，合同形式自由的观念逐渐得到承认，买卖合同由要物合同演变为诺成合同。合

---

① 参见《最高人民法院关于审理买卖合同纠纷案件适用法律问题的解释》第二条，2012 年 3 月 31 日由最高人民法院审判委员会第 1545 次会议通过，于 2012 年 5 月 10 日公布，自 2012 年 7 月 1 日起施行。

同自由原则最终确立之后，买卖合同成为典型的诺成合同，因当事人双方一方愿买、一方愿卖的合意而成立。双方达成将来交易的合意，不再是所谓买卖预约，而是买卖合同自身。没有必要再像早期那样，先订立买卖预约，然后再根据买卖预约订立买卖合同本约。①

　　从近现代社会生活实践看，绝大多数情形下，当事人都是直接订立买卖合同本约，通过履行买卖合同本约，实现各自的生活目的，无须订立买卖预约。如果先订立预约，再通过履行预约而订立本约，最终通过履行本约以实现目的，应有其特殊原因，如买卖合同标的物尚未处于可以立即交付并移转所有权的状态、履行本约的某种条件尚未具备、履行本约的时间尚未到来。尚未建成的商品房买卖即其适例。但是，即便有这些特殊原因，也不是非得先订立预约不可，可以订立附生效条件（停止条件）或者附生效期限（始期）的买卖合同本约，或者为当事人履行交货或付款义务规定期限（如商品房预售合同），而无须订立

---

　　①　参见［日］我妻荣所著《债权各论中卷一》（徐进、李又又译，中国法制出版社 2008 年版）第 36 页："预约是相对于正式契约的概念，是使当事人间产生将来订立正式契约的约束（债务）的契约。"

预约。

有鉴于此，近现代民法，关于预约的规定殊少。① 须说明一点，民法典未规定预约，并不等于裁判实务中不承认预约。例如我国台湾地区"民法"未规定预约，裁判实务中亦承认买卖预约的效力，且台湾相关法院对买卖预约著有若干判例。②

值得注意的是，就规定预约的立法例而言，法国民法典第 1589 条③、日本民法典第 556 条④仅规定买卖预约，

---

① 据手边的资料，规定预约的民法典有：法国民法典（第 1588 ~ 1590 条）、日本民法典（第 556 条）、瑞士债务法（第 22 条）、意大利民法典（第 79、1337、1351、1352、2932 条）、墨西哥民法典（第 2243 ~ 2247 条）、智利民法典（第 1553、1554 条）、秘鲁民法典（第 1414 ~ 1425 条）。

② 此处提及意大利民法典、墨西哥民法典、智利民法典和秘鲁民法典，系参考吴颂明《预约合同研究》，见《民商法论丛》总第 17 卷，第 509 页。

③ 参见我国台湾地区黄茂荣所著《买卖法》（植根法学丛书 1992 增订 4 版，第 200 ~ 203 页）所录台相关法院关于买卖预约的判例有：1975 年台上字第 1567 号判例、1972 年台上字第 964 号判例、1956 年台上字第 414 号民事判决、1976 年台上字第 1178 号民事判决、1957 年台上字第 1500 号民事判决。

④ 法国民法典第 1589 条第 1 款规定："买卖预约，在双方当事人对标的物与价金已相互同意时，即等于买卖。"引自罗结珍译《法国民法典》，中国法制出版社 2002 年版，第 370 页。

瑞士债务法第 22 条①规定"预约合同",而不限于买卖;日本民法典第 556 条明定为"买卖单方预约",法国民法典第 1589 条虽称"买卖预约",亦应属于"单方预约"②;瑞士债务法第 22 条规定的"预约合同"属于双方当事人就将来订立合同达成的合意,可以称为"双方预约",而非所谓"单方预约"。

由此可知,预约有单方预约与双方预约之别。在单方预约,仅一方享有预约权,有预约权一方一经表示订立买卖合同本约的意思,相对方必须对此承诺而成立买卖合同本约。③ 在双方预约情形中,双方均有要求对方履行订立

---

① 日本民法典第 556 条(买卖的单方预约)规定:"(1)买卖一方的预约,自相对人表示完成买卖的意思时起,发生效力。(2)前项的意思表示未确定期间时,预约人可以确定相当的期间,催告相对人就所指定期间内是否完成买卖作出确切回答。如果相对人在该期间内没有确切答复时,买卖一方的预约丧失其效力。"引自渠涛编译《最新日本民法》,法律出版社版,第 122 页。

② 瑞士债法典第 22 条【预约合同】规定:"双方当事人可以通过合同形式约定在将来订立合同。法律为保护当事人而规定将来订立的合同采用特定形式始得生效的,预约合同也应当采用该种形式订立。"引自吴兆祥、石佳友、孙淑妍译《瑞士债法典》,法律出版社,第 5 页。

③ 法国民法典第 1589 条"买卖预约"原文为 promesse de vente,意为"出卖人对出卖某物的许诺",见罗结珍译《法国民法典》,中国法制出版社版 2002 年,第 370 页"译者注"。

买卖合同本约义务的权利，亦均负有应对方的要求订立买卖合同本约的义务。单方预约，仅一方当事人负担义务，属于片务预约；双方预约，当事人双方均负担义务，属于双务预约。[①]

本条第一款规定，当事人约定在将来一定期限内订立合同的认购书、订购书、预订书等，构成预约合同。据此规定，双方当事人约定在将来一定期限内订立合同（本约）的协议，即为"预约合同"；预约合同的双方当事人，均享有请求相对方订立合同（本约）的权利，均负有在约定期间应相对方请求订立合同（本约）的义务。显而易见，本条所谓"预约合同"，属于"双方预约""双务预约"，并且不限于买卖预约合同，与瑞士债务法规定的"预约合同"类似。

依据本条规定，预约合同双方当事人的权利，是请求对方履行订立本约合同的义务，而非请求对方履行本约合

---

① 此所谓"预约权"，在日本民法著作中，称为"预约完结权"，参见近江幸治：《民法讲义：契约法》，日本成文堂1991年版，第123页；另见铃木禄弥：《债权法讲义》（四订版），日本创文社1961年版，第139页。

同约定的义务。预约合同，通常约定所要订立本约合同的主要条款（如标的、数量和价款），以作为将来订立本约合同的依据。简而言之，预约合同，是双方"约定在将来一定期限内订立本约合同"的合同。

根据预约合同，双方当事人均享有请求对方履行订立本约合同义务的权利。预约合同一方当事人不履行订立本约合同之义务，构成违约，但对方当事人不得依据合同编第五百八十条关于强制实际履行的规定，请求人民法院强制违约方当事人订立本约合同。本条第二款规定，当事人一方不履行预约合同约定的订立本约合同义务的，对方可以请求其承担预约合同的违约责任。此所谓"预约合同的违约责任"，为违约损害赔偿责任，并且违约方所应赔偿（对方所受）之损失，限于机会损失（实际损失），而非履行利益损失。

本条第二款未赋予预约权利人请求强制预约义务人履行订立本约合同之权，是因为依据合同自由原则，当事人对于是否订立合同有完全的自由，不受他人和组织的强制。如法院强制当事人订立本约合同，将剥夺当事人的意思自由，而与合同自由原则相悖。因此，强制订立本约合同，属于合同编第五百八十条第一款第一项所谓"法律上不能履行"。

预约双方当事人所享有的订立本约合同的权利，称为"预约权"，性质上属于债权，仅在预约当事人之间有效，不具有对抗第三人的效力。如买卖预约之出卖人将预约标的物出卖给第三人，预约买受人不得主张该买卖合同无效。①

有定金收受的预约合同发生违约，仅应依据合同编第五百八十七条的规定执行定金罚则：交付定金一方不履行订立本约合同义务的，丧失定金；收受定金一方不履行订立本约合同义务的，应当双倍返还定金。

如何区分预约与本约？区分标准为：是否须另外订立合同。当事人所订立的合同，究竟是本约合同，抑或是预约合同？应依当事人的意思决定。如果当事人的意思不明，则应通观合同全部内容决定之。如合同全部要素（条款）均已达成合意，据此双方均可履行各自义务，实现缔约目的，而无须另外订立合同，即使名为预约合同，亦应认定为本约合同。反之，必须另行订立合同，才能实现各自的

---

① 参见［日］我妻荣：《债权各论中卷一》，徐进、李又又译，中国法制出版社 2008 年版，第 39 页。

缔约目的，则应属于预约合同。简而言之，无须另外订立合同，为本约；须另外订立合同，则为预约。

　　如何区分附定金的预约合同与附定金的本约合同？现今民法上的定金，依据其效力不同，有证约定金、解约定金与违约定金。违约定金兼有证约定金的作用。本法第五百八十六条和第五百八十七条规定的定金，性质上属于违约定金，兼有证约定金的功能。根据社会生活经验，本约合同可以有定金，预约合同亦可有定金。如存在定金收受情形，所成立之合同，究竟属于本约合同，抑或属于预约合同，区分的关键在于定金条款的内容：如约定交付定金一方"不订立"合同，即丧失定金，收受一方"不订立"合同，应双倍返还定金，则属于附定金的预约合同；如约定交付定金一方"不履行合同义务（如交货或付款）"则丧失定金，收受定金一方"不履行合同义务（如付款或交货）"应双倍返还定金，则属于附定金的本约合同。

　　如何区别预约合同与订约机会。什么叫订约机会？如20世纪90年代的时候单位集资建房，按照规则每一个职工都有买一套房子的机会。现在有的房地产开发商因为待售房屋少、拟购房人多实行排号（认筹），与打算购房的人签订"认筹协议书",所谓"认筹协议书"就是缔约机会。开发商给欲购房者一个购房机会,需要交一笔钱。这笔钱叫认筹费(或者叫"登记金")。认筹费与定金不同,如欲购房者最后放弃购房机会、不订立合同,认筹费(登记金)可"无息退还"。

订约机会与预约合同的区别在于,预约合同书载明将在约定期间订立的合同的主要条款(合同标的因此特定)。以买卖预约合同为例,买卖预约合同书规定了将要订立的买卖合同的标的,即房屋的房号、建筑面积和总价款(或计算标准)。房号和总价,有这两项内容,就是买卖预约合同。而订约机会(认筹协议书)一般没有房号,更没有总价。没有房号、没有总价,只说欲购房者可以买一套房,这是订约机会。有的"认筹协议书"即使有房号,后面必定注明:"本协议书不具有对以上意向房号的选定效力"。没有房号、没有总价,合同标的未特定,属于订约机会。放弃订约机会,不承担什么责任,认筹费(登记金)还可以无息退还。而放弃(违反)预约合同,须承担预约合同的违约责任(或执行定金罚则)。

如何区别预约合同与框架合同?如前所述,预约合同主要适用于买卖合同。许多合同类型并不订立预约合同。不订立预约合同的合同类型中，会不会有与预约合同类似的合同形式呢？有的。这就是"框架合同"（frame contract）。框架合同是现代市场经济条件下很常见的一种合同文件。所谓框架合同，是指双方当事人就将来的合同关系的一般特征达成的协议。所谓"合同关系的一般特征"，就是合同的性质（种类）。这样的合同文件，只载明双方将要订立的合同的性质（种类），而没有合同标的、数量等合同主要条款。例如，双方约定，五年之内，甲方向乙方提供不低于五亿元人民币的融资。仅仅约定了合同性质即融资（借款）合同，而未确定融资（借款）金额、利息、提供资金期限和还款期限。再如双方约定，五年之内合资建立一座发电厂。谁出资金、出资金额是多少，谁提供建设用地，合资企业形式、各方股权比例、权力机构如何组成，这些合资企业合同必要条款都没有。这样的合同文件，就是框架合同，而不是预约合同。前面谈到，预约合同必须约定将要订立的合同的主要条款（标的确定）。

　　实则框架合同仅仅是双方的一种合作意向，订立框架合同之后，双方需要根据框架合同签订具体的合同。双方根据

框架合同签订的具体的合同，称为"执行合同"。框架合同
为以后当事人签订执行合同做了准备。但是有了框架合同，
后面当事人也不见得会签订执行合同。裁判实践中如何对待
框架合同？关键在于双方是否根据框架合同签订了执行合
同。如果签订了执行合同，法院将按照执行合同裁判当事人
之间的案件；如果没有执行合同，只有框架合同，法院将认
为当事人之间未订立合同而驳回原告的起诉。

第四百九十六条 【格式条款】

格式条款是当事人为了重复使用而预先拟定，并在订
立合同时未与对方协商的条款。

采用格式条款订立合同的，提供格式条款的一方应当
遵循公平原则确定当事人之间的权利和义务，并采取合理
的方式提示对方注意免除或者减轻其责任等与对方有重大
利害关系的条款，按照对方的要求，对该条款予以说明。
提供格式条款的一方未履行提示或者说明义务，致使对方
没有注意或者理解与其有重大利害关系的条款的，对方可
以主张该条款不成为合同的内容。

如购买飞机票、火车票，与供电公司订立的供电合同，与保险公司订立保险合同，到邮局发电报，所订立的合同都有一个共同特征，即合同条款是企业方面预先拟定的，签订合同的时候不允许修改。格式合同多数是针对消费者的，也包括大企业相互之间签订的格式合同。大企业签订合同的时候，各自都有自己的格式条款，一方发一个格式条款过来，另一方发一个格式条款过去，最后成立的合同，采用了哪一方的格式条款，往往发生争执。但是，格式合同主要还是针对消费者的。

格式合同的合理性在于，不可能要求企业与每一个消费者协商谈判拟定合同条款，这样做成本太大。例如航空公司，即使不计算成本，与每一个乘客谈判拟定合同条款，导致合同内容互不相同，也不合适。所以，格式合同在现代社会有其合理性。但是，格式合同最大的问题，是剥夺了对方当事人的合同自由，因而隐藏着一个危险：可能损害对方当事人的利益。一旦当事人一方能够单方面决定合同内容，则按照人之本性，他必然着重考虑自己的利益，而过分考虑自己的利益，往往造成合同内容显失公平，损害对方当事人的利益。例如，20 世纪 80 年代安装电话，要收一笔入网费、初装费，过去铁路部门规定收取车票金额50％的退票费，电信和铁路方面对消费者利益的考虑并不充分。说明格式合同往往包含有损害消费者利益的内容，因此合同法立法方案规定，设置规制格式合同制度。

本条第一款规定格式条款的定义。格式条款是当事人为了重复使用而预先拟定，并在订立合同时未与对方协商的条款。格式条款，在德国称为一般交易条款，法国称为附合合同，日本称为普通条款，我国台湾地区称为定型化契约条款，《国际商事合同通则》称为标准条款，都是指使用者为与不特定多数的相对人订立合同而事先拟定的，并在订立合同时未与对方协商的合同条款。与格式条款概念相对应的，是非格式条款概念，即当事人双方经具体协商而达成一致协议的合同条款。在一个合同中，既存在格式条款也存在非格式条款的情形，如格式条款与非格式条款不一致，应以非格式条款为准，但以非格式条款为准将损害消费者合法权益的除外。

本条第二款第一句前段规定："采用格式条款订立合同的，提供格式条款的一方应当遵循公平原则确定当事人之间的权利和义务。"这是本法加给格式条款使用人的第一项义务，即要求格式条款使用人，在制定格式条款时，应当"遵循公平原则确定当事人之间的权利和义务"。因为格式条款的内容是格式条款使用人单方面决定的，法律特别要求格式条款使用人在决定合同内容时，即确定双方当事人的权利义务时，应当遵循公平原则。如果格式条款使用人未履行此项义务，所使用的格式条款的内容违背公平原则，构成合同内容显失公平，将有本法总则编第一百五十一条规定的显失公平规则之适用，受损害方有权诉请撤销合同。这是本法规制格式合同的第一项手段。

本条第二款第一句后段规定格式条款使用人的第二项义务，即要求格式条款使用人"采取合理的方式提示对方注意免除或者减轻其责任等与对方有重大利害关系的条款，按照对方的要求，对该条款予以说明"。规定格式条款使用人应负担的提示义务和说明义务。所谓提示义务，即请对方特别注意格式合同的"免除或者减轻其责任等与对方有重大利害关系的条款"条文，要求格式条款使用人履行提示义务应当"采取合理的方式"。

所谓"合理的方式"，须考虑合同性质、交易习惯等情况综合判断。《最高人民法院关于适用〈中华人民共和国合同法〉若干问题的解释（二）》（以下简称《合同法司法解释（二）》）对此作了解释，"合理的方式"，是指"足以引起对方注意的文字、符号、字体等特别标识"。按照这一解释，例如将免责条款采用黑体字、大号字体印在合同书醒目的位置，即可认为以"合理的方式"履行了提示义务。如果免责条款采用很小的字体，印在合同书不显眼的地方，即可认为未以合理的方式履行提示义务。

需注意，提示义务与说明义务的关联。格式条款使用人以合理的方式履行了提示义务，如果对方对于所提示的免责条款等内容有疑问，则格式条款使用人须按照对方的要求给予说明（履行说明义务），说明免责条款的含义及理由。规定使用人履行提示义务和说明义务，是本法规制格式合同的第二项手段。

本条第二款第二句规定违反提示义务和说明义务的法律后果，"提供格式条款的一方未履行提示或者说明义务，致使对方没有注意或者理解与其有重大利害关系的条款的，对方可以主张该条款不成为合同的内容"。合同法第三十九条第一款在规定提示义务和说明义务时，未规定不履行提示义务和说明义务的法律后果，构成法律漏洞。《合同

法司法解释（二）》第九条对此作了解释："提供格式条款
的一方当事人违反合同法第三十九条第一款关于提示和说
明义务的规定，导致对方没有注意免除或者限制其责任的
条款，对方当事人申请撤销该格式条款的，人民法院应予
支持。"起草人依据此项司法解释，规定了第二款第二句
条文。条文将司法解释中的"申请撤销该格式条款"，改
为"主张该条款不成为合同的内容"，值得肯定。

　　本条是在合同法第三十九条规定基础上，将原第一款、
第二款位置颠倒，并增加关于不履行提示义务和说明义务
的法律后果的规定，设为本条。

　　第四百九十七条　【格式条款无效】

　　有下列情形之一的，该格式条款无效：

　　（一）具有本法第一编第六章第三节和本法第五百零
六条规定的无效情形；

　　（二）提供格式条款一方不合理地免除或者减轻其责
任、加重对方责任、限制对方主要权利；

　　（三）提供格式条款一方排除对方主要权利。

本条规定三类格式合同条款无效：（1）"具有本法第一编第六章第三节和本法第五百零六条规定的无效情形"的格式条款无效。其中，本法总则编第六章第三节关于民事法律行为效力的规定，主要是第一百四十四条无民事行为能力人订立的民事法律行为无效；第一百四十六条虚伪表示行为无效；第一百五十三条违反强制性规定、违背公序良俗的民事法律行为无效；第一百五十四条双方恶意串通损害他人合法权益的民事法律行为无效。本法第五百零六条规定免除人身伤害责任的免责条款无效，免除故意或者重大过失致人财产损失的责任的免责条款无效。（2）"提供格式条款一方不合理地免除或者减轻其责任、加重对方责任、限制对方主要权利"的格式条款无效。签订一个合同，预先用格式条款"不合理地免除或者减轻其责任、加重对方责任、限制对方主要权利"，当然违背公平原则，理应规定这样的条款无效。（3）"提供格式条款一方排除对方主要权利"的格式条款无效。格式条款预先"排除对方主要权利"，不仅违背公平原则，甚至违背合同制度的法律本质。规定这样的格式条款无效，当然是正确的。

本条以合同法第四十条的规定为基础，将原条文规定的无效情形区分为三项，与总则编的规定衔接，并适当修改（在免除、减轻其责任或者加重对方责任前加上"不合理地"作为限定状语）。严格言之，第一项规定，是对于本法总则编关于无效民事法律行为规定（第六章第三节）和本编关于免责条款无效的规定（第五百零六条）的援引。即使本条不加以援引，格式合同具有上述规定的无效原因，仍然会被确认无效。故第一项规定不具实质意义。真正具有实质意义的，是本条第二项、第三项规定。

第四百九十八条　【格式条款解释规则】

对格式条款的理解发生争议的，应当按照通常理解予以解释。对格式条款有两种以上解释的，应当作出不利于提供格式条款一方的解释。格式条款和非格式条款不一致的，应当采用非格式条款。

合同是典型的民事法律行为，合同解释应遵循本法总则编第一百四十二条第一款关于有相对人的意思表示的解释规则。本条是对于合同中的格式条款的特殊解释规则。

于解释合同时，对于合同中的格式条款，应采用本条规定的特殊解释规则，而不应采用有相对人的意思表示的解释规则；对于合同中的非格式条款，则应采用关于有相对人的意思表示的解释规则（第一百四十二条第一款），而不应采用本条规定的特殊解释规则。

本条规定的重心在第二句，对格式合同的理解发生争议，有两种不同的理解，应该采纳不利于提供格式条款一方的理解。此项解释规则，称为对格式条款使用人不利的解释原则。因为格式条款是一方当事人预先制定的，制定格式条款时未征求对方当事人的意见；按照人之常情，格式条款使用人，于制定格式条款时，已经充分考虑自己一方的利益。因此，当对某个格式条款存在两种不同的理解时，理应采纳对格式条款使用人不利的理解，以维护当事人之间的利益平衡。

本条第三句规定格式条款与非格式条款的冲突规则。即同一合同中既有格式条款也有非格式条款，如果二者意思不一致（存在冲突），应当以非格式条款为准。所谓非格式条款，指经当事人双方协商约定的合同条款。格式条款是当事人一方决定的合同条款，非格式条款是双方协商决定的合同条款，两者发生冲突时，理当以非格式条款为准。换言之，非格式条款可以否定格式条款；格式条款不可以否定非格式条款。对于非格式条款的解释，应当采用本法第一百四十二条第一款关于有相对人的意思表示的解释规则，自不待言。

立法例对于格式条款均有此特殊解释规则。目的在于通过特殊解释方法之采用，直接干预具体案件当事人之间的合同关系，排除对相对方当事人不利的解释结果，维护当事人之间的公平。合同法第四十一条规定格式条款的特殊解释规则，同时规定关于格式条款与非格式条款的冲突规则。本条沿用合同法第四十一条原文。

第四百九十九条　【悬赏广告】

悬赏人以公开方式声明对完成特定行为的人支付报酬的，完成该行为的人可以请求其支付。

悬赏广告，是指以公开方式允诺对实施或者完成特定行为的人给付一定报酬的单方民事法律行为。悬赏广告具有两项基本内容：一是广告人在广告中提出的特定要求，

即实施或者完成特定行为。广告对于此等要求应当有明确的描述，其所描述的特定行为是可以实施或者完成的。二是广告人在广告中允诺的酬金，即对实施或者完成广告指定行为的人所应给付的一定数额的金钱。广告对于酬金的数额、支付方式等事项应当有明确的描述。广告人在发布悬赏广告后，对于实施或者完成广告指明的特定行为的人，有按照广告允诺的金额给付酬金的义务。至于实施或者完成特定行为的人，在实施或者完成特定行为时或过程中，是否知道悬赏广告的存在，是否有按照悬赏广告的要求实施或者完成特定行为的意思，对广告人给付报酬的义务不发生影响。

关于悬赏广告的性质，究竟属于单方民事法律行为，或者属于合同（契约），民法理论上存在分歧。认为悬赏广告属于合同（契约），即应要求实施或者完成悬赏广告中所指定行为的人，知道悬赏广告的存在及其内容，并有实施或者完成该悬赏广告指定行为的意思。显而易见，解释为合同（契约），为悬赏广告人拒绝履行所允诺的报酬支付义务留下了可能性。按照本条规定，悬赏广告性质上为单方民事法律行为，广告人按照悬赏广告允诺的金额给付报酬的义务，仅仅与广告指明的特定行为是否已经实施或者完成相关，并不要求完成或者实施特定行为的人已经知道悬赏广告的存在及其内容，亦不要求行为人有实施或者完成悬赏广告指定的特定行为的意思。

顺便指出，悬赏广告多见于寻找遗失物。因此与遗失物拾得制度有关。为协调悬赏广告人的报酬支付义务与遗失物拾得人将拾得物送还失主的义务，本法物权编第三百一十七条第二款规定："权利人悬赏寻找遗失物的，领取遗失物时应当按照承诺履行义务。"条文"按照承诺"，为"按照允诺"之误。

悬赏广告在现实生活中很常见。虽然其性质上属于单方民事法律行为而非合同（契约），鉴于其规则简单难于像无因管理、不当得利那样设为合同编第三分编（准合同）的一节。故附带规定于此。根据民法原理并参考德国、日本等立法例，制定本条。

第五百条 【缔约过失责任】

当事人在订立合同过程中有下列情形之一，造成对方损失的，应当承担赔偿责任：

（一）假借订立合同，恶意进行磋商；

（二）故意隐瞒与订立合同有关的重要事实或者提供虚假情况；

（三）有其他违背诚信原则的行为。

按照传统民法，双方当事人进行缔约磋商最终未能订立合同，如果当事人一方因此受有损害，应当依据侵权责任法追究对方的侵权责任。但是，追究侵权责任，受害人须证明对方具有故意、过失，如果证明不了，侵权责任就不能成立。即使证明了对方有故意、过失，成立侵权责任，损害赔偿的计算也对受害人不利。为了规避追究侵权责任对受害人的不利，现代民法理论创设缔约过失责任制度，将缔约过程中所生损害的赔偿问题，纳入合同法调整范围。但要用合同法来调整、由对方承担赔偿责任，至少对方应违反某种义务。合同没有成立，不可能有约定义务，只能是依据诚信原则产生的义务。双方当事人为了订立合同，

相互接触，进行缔约谈判，按照诚信原则，双方负有相互保护、相互通知、相互协助的义务。民法理论上称为先合同（契约）义务。违反此种义务给对方造成损失，应当对受害人承担损害赔偿责任。这种责任，属于合同法上的责任，为了与违约责任相区别，称为缔约过失责任。

合同法立法方案将缔约过失责任引入合同法，系针对当时的两类案件：第一类案件，发生在招商引资的谈判过程中。如某地要成立合资企业，双方已经谈好了合同的详细内容，签订了合同书草案，只是还没有正式签署合同，当地的企业相信合同一定会成立，因此积极做准备工作，如向当地政府申请建设用地使用权、预先签订了采购原材料的合同、预先招收员工并进行培训等。殊不知突然收到对方发来的电传，说总公司计划改变，原来的项目取消；或者有意提出一个难以为当地的企业所接受的苛刻条件，导致合同不能成立。这种情形下，当地企业遭受的损害往往是巨大的，这些损害要采用侵权责任法保护，要求受害方证明对方中断谈判出于故意、过失非常困难，即使证明了对方有过错，在侵权责任损害赔偿的计算上对受害方也很不利。设立本条的立法目的，就是用来保护这样的受损害方。

第二类案件，是在日常生活中经常发生的。例如，一个高级商场，地面铺了大理石，非常滑，有的消费者年纪大摔一跤，摔伤了，花了一大笔医药费。当他向商场要求赔偿的时候，商场会说："你进入商场，还没发生交易行为，你自己不小心摔伤，商场不应当承担责任。"本法制定前，法院审理这类案件只能适用民法通则第一百二十五条关于公共场所发生损害的规定。但本案损害发生的地方不是真正的公共场所，而是当事人一方的经营场所。现在就可以用本条来解决这样的案件。依据本条规定，在订立合同的过程当中，当事人双方有相互保护的义务，首先是保护对方的人身安全。商场应该铺设防滑的地板，避免顾客摔倒。商场未尽到保护义务，致顾客摔伤，商场应当对受害人承担缔约过失责任。顺便指出，受害人亦可选择依据本法侵权责任编第一千一百九十八条的规定，追究该商场违反安全保障义务的侵权责任。

合同法第一个草案中与本条相关的内容比较概括，规定当事人在订立合同的过程中，根据诚实信用的原则负有相互保护、相互通知、相互协助的义务；违反这样的义务，给对方造成的损害，应该承担损害赔偿责任。后来草案修改过程中，参考了《联合国国际商事合同通则》的相应条文，改为列举性规定。第一种情况是"假借订立合同，恶意进行磋商"。所谓恶意进行磋商，不是以订立合同为目的，中途必然中断谈判，因此"恶意进行磋商"包含"恶意中断谈判"。什么叫恶意进行磋商、恶意中断谈判？前面谈到的第一类案件，就是适例。第二种情况是"故意隐瞒与订立合同有关的重要事实或者提供虚假情况"。当事人故意隐瞒重要情况、提供虚假情况，如果最终成立合同，属于以欺诈手段订立合同，应当适用本法总则编第一百四十八条的规定；如果未成立合同，即属于本条第二种情况。列举的第三种情况，是"有其他违背诚信原则的行为"，属于概括性规定，前面谈到顾客在商场摔伤的案例，就属于第三种情况。

缔约过失（culpa in contrahendo）责任，自德国法学家鲁道夫·耶林创设以来，已为大陆法系许多国家和地区的立法、国际公约和示范法所采纳。合同法第四十二条规定，着重参考了《国际商事合同通则》第2.15条："（1）当事人可自由进行谈判，并对未达成协议不承担责任；（2）但是，如果一方当事人以恶意进行谈判，或恶意终止谈判，则该方当事人应对因此给另一方当事人所造成的损失承担责任；（3）恶意，特别是指一方当事人在无意与对方达成协议的情况下，开始或继续进行谈判。"本条沿用合同法第四十二条规定，个别文字有改动。

第五百零一条 【违反保密义务】

当事人在订立合同过程中知悉的商业秘密或者其他应当保密的信息，无论合同是否成立，不得泄露或者不正当地使用；泄露、不正当地使用该商业秘密或者信息，造成对方损失的，应当承担赔偿责任。

本条规定缔约过程中的保密问题，同样是属于缔约过失责任。缔约过失责任上讲的相互保护，不限于保护人身、财产安全，还包括保密的内容。现在的社会，在投资的谈判当中，对于商业秘密的保护特别重要。合同法第四十三条着重参考了《国际商事合同通则》第2.16条："在谈判过程中，一方当事人以保密性质提供的信息，无论此后是否订立了合同，另一方当事人都有义务不予泄露，也不得为自己的目的不适当地使用这些信息。在适当的情况下，违反该义务的救济可以包括根据另一方当事人泄露信息所获得之利益予以赔偿。"本条沿用合同法第四十三条的规定，对个别文字作了改动。

第三章　合同的效力

依法成立的合同，自成立时生效，但是法律另有规定或者当事人另有约定的除外。

依照法律、行政法规的规定，合同应当办理批准等手续的，依照其规定。未办理批准等手续影响合同生效的，不影响合同中履行报批等义务条款以及相关条款的效力。应当办理申请批准等手续的当事人未履行义务的，对方可以请求其承担违反该义务的责任。

依照法律、行政法规的规定，合同的变更、转让、解除等情形应当办理批准等手续的，适用前款规定。

本条第一款规定："依法成立的合同，自成立时生效，但是法律另有规定或者当事人另有约定的除外。""自成立时生效"，是关于合同生效的一般原则；"但书"规定"法律另有规定或者当事人另有约定"的除外，是其例外。所谓"当事人另有约定"，指附生效条件（停止条件）的合同（本法第一百五十八条第二句），或者附生效期限（始期）的合同（本法第一百六十条第二句）。所谓"法律另有规定"，指法律对于某些种类合同，特别规定须经主管机关批准才能生效。例如，探矿权、采矿权转让合同、中外合资合作企业合同，应经主管部门批准才生效。

本条第二款第一句规定："依照法律、行政法规的规定，合同应当办理批准等手续的，依照其规定。"实际是对第一款所谓"法律另有规定"，所作解释。第二句规定的"未办理批准等手续影响合同生效的，不影响合同中履行报批等义务条款以及相关条款的效力"，其意思是即使因未办理批准等手续致使合同未生效，但合同中关于履行报批义务条款仍然有效。问题在于，法律、行政法规规定合同须经主管机关批准生效，则当事人一方或者双方"履行报批等义务"，属于公法性质义务（非合同约定义务），当然不受因未办理批准等手续致该合同未生效的影响。类似于附生效条件（停止条件）的合同，因条件未成就致使合同未生效，不影响该生效条件的效力。故第二句规定，属于画蛇添足。第三句规定，"应当办理申请批准等手续的当事人未履行义务的，对方可以请求其承担违反该义务的责任"。究竟是一种什么样的责任？实则所谓违反"办理申请批准等手续"的义务，致该合同"确定不发生效力"，其法律后果规定在本法总则编第一百五十七条。即该条第二句前段规定，（对合同确定不发生效力）"有过错的一方应当赔偿对方由此所受到的损失"。即由"本应当办理申请批准等手续的当事人"，赔偿对方因合同"确定不发生效力"所受到的损失。此项责任，性质上属于缔约过失责任，自不待言。

本条第三款规定："依照法律、行政法规的规定，合同的变更、转让、解除等情形应当办理批准等手续的，适用前款规定。"实际是将第二款第三句规定的违反办理申请批准等手续义务的责任，适用于合同变更、合同转让、合同解除等应当办理批准等手续，因义务人违反该项义务致使合同未变更、未转让、未解除的责任承担。其理自明，无须赘言。

起草人以合同法第四十四条规定为基础加以修改设为本条第一款、第二款，另将合同法第七十七条第二款、第八十七条、第九十六条第二款合并设为本条第三款。

第五百零三条　【视为追认】

无权代理人以被代理人的名义订立合同，被代理人已经开始履行合同义务或者接受相对人履行的，视为对合同的追认。

本条是对总则编第一百七十一条规定的狭义无权代理的一个补充。第一百七十一条第一款规定："行为人没有代理权、超越代理权或者代理权终止后，仍然实施代理行为，未经被代理人追认的，对被代理人不发生效力。"对此项规定作反对解释，则（无权代理行为）经被代理人追认的，对被代理人发生效力。本条规定"无权代理人以被代理人的名义订立合同，被代理人已经开始履行合同义务或者接受相对人履行的，视为对合同的追认"，是以《合同法司法解释（二）》第十二条为基础。该司法解释规则是"无权代理人以被代理人名义订立合同，被代理人已经开始履行合同义务的，视为对合同的追认"。起草人在"已经开始履行合同义务"后面加上"或者接受相对人履行"，规定为本条。

第五百零四条　【表见代表】

法人的法定代表人或者非法人组织的负责人超越权限订立的合同，除相对人知道或者应当知道其超越权限外，该代表行为有效，订立的合同对法人或者非法人组织发生效力。

本条是合同法新创制度。当时所针对的案型主要是企业超越经营范围的案件。改革开放初期，企业经营范围被认为是其民事权利能力范围，法院往往以当事人一方超越经营范围为由认定合同无效。到了 20 世纪 90 年代，法院

内部发生分歧，部分法官认为超越经营范围的案件一律认定为无效，不仅对于相对方不公，也不利于维护市场秩序。

例如一段时间市场上钢材紧缺，很多企业购销钢材，当市场上的钢材多起来时，钢材价格会马上下跌。有的企业原来预计钢材市场继续走俏，因此订立购买钢材的合同，企图转卖牟利，现在的情况表明其对市场的预测失误，接受对方交货后将承担亏损。预测失误的风险损失本来应该由企业自己承担，现在其就抓住法律上的空子，主动向法院提起诉讼，以自己超越经营范围为由，请求法院确认合同无效。这样的案件，在一段时间内，各地法院都满足了原告的要求，判决确认合同无效。使奸诈的企业把自己预测失误的风险和损失转嫁给相对方的目的得以实现，让诚实守信的企业承担了本不应承担的市场风险损失。

同样的案件，假设发生在英美法系国家，原告的目的就不能够得逞。因为英美法上有一个特殊的规则，叫"禁反言"。根据这个规则，一个当事人从签订合同、履行合同，一直到起诉、应诉，他所作出的任何事实陈述，即使是不真实的，他自己也不得加以否认。原告向法院主张自己订立合同时讲的（自己具有经营钢材的许可）是假话，因此法庭确认该合同无效，是不可想象的。我们的法律没有类似"禁反言"的规定，致使奸诈的当事人的目的得逞，损害了诚实守信一方的合法利益，损及市场交易安全和秩序。

创设本条规定的一个重要理论问题，是如何认识"超越经营范围"的法律性质。有以下三种学说：（1）权利能力限制说，认为"经营范围"是企业法人"民事权利能力"范围，超越经营范围即是超越企业法人的民事权利能力范围；（2）行为能力限制说，认为"经营范围"是企业法人"民事行为能力"范围，超越经营范围即是超越企业法人的民事行为能力范围；（3）代表权限制说，认为"经营范围"是企业法人代表人的"代表权"范围，超越经营范围即是企业法人法定代表人超越其代表权范围。按照权利能力限制说或者行为能力限制说，超越经营范围的合同均应当被认定无效。认定无效的根据，是合同法第九条的规定，"当事人订立合同，应当具有相应的民事权利能力和民事行为能力"。但按照代表权限制说，经营范围既不是企业的民事权利能力范围，也不是企业的民事行为能力范围，仅仅是其法定代表人的代表权范围，则超越代表权的行为与超越代理权的行为类似，将有"表见规则"适用的余地。以上三种学说，前两种为旧说；代表权限制说为新说，为合同法立法方案所采。

民法所谓"表见规则"，指合同当事人一方足以影响合同效力的权利状况，与其呈现于外部的权利状况不一致时，出于保护善意相对人及维护市场交易安全和秩序的政策目的，应当认定基于其呈现于外部的权利状况所订立的合同有效。因为在民法上，"代表"和"代理"是两种法律制度。代表制度适用于法人的法定代表人，依据法人制度，法定代表人的行为就是法人自身的行为，法定代表人的行为后果直接由法人承受（本法第六十一条第二款）。代理制度适用于法定代表人之外的人。代理人的行为，不等于被代理人自己的行为，而是按照代理制度的规定，由被代理人承担代理行为的后果（本法第一六十二条）。按照合同法立法方案的设计，合同法第四十九条规定代理人超越代理权限订立合同的效力规则（"表见代理"），第五十条规定法定代表人超越代表权订立合同的效力规则（"表见代表"）。

合同法起草人参考表见代理制度，创设合同法第五十条表见代表制度，虽主要针对当时超越经营范围案件，但条文所谓"超越权限"一语，并不限于超越经营范围，超越法律规定的或者法人、非法人组织章程及权力机构规定（对代表权）的限制，亦当然涵盖在内①。需特别注意的是，从创设此项制度立法目的可知，本条适用范围仅限于营利法人（旧称"企业法人"）法定代表人和营利性非法人组织（旧称"其他组织"）负责人的越权行为。非营利法人的法定代表人和非营利性非法人组织负责人的越权行为，不适用本条。顺便提及，非营利法人的法定代表人和非营利性非法人组织负责人超越其目的范围及权力机构所设限制所订立的合同，属于超越民事权利能力范围，应当一律无效。

本条以合同法第五十条规定为基础稍作修改。一是用"非法人组织"取代"其他组织"；二是在"该代表行为有效"后添加"订立的合同对法人或者非法人组织发生效

---

① 公司法第十六条第二款规定，公司为自己的股东、实际控制人提供担保，须经股东会决议；合伙企业法第三十一条规定，合伙企业负责人处分合伙企业不动产，必须经全体合伙人同意，均属于法律规定对代表人权限的限制。

力"一句。请特别注意，因下一条新设"超越经营范围"规则，本条所谓"超越权限"一语，应当解释为，仅超越法律规定或者法人、非法人组织章程及权力机构规定（对法定代表人代表权）的限制。"超越经营范围"案件，不再适用本条表见代表制度，这是对本条最重要的修改。

第五百零五条 【超越经营范围】

当事人超越经营范围订立的合同的效力，应当依照本法第一编第六章第三节和本编的有关规定确定，不得仅以超越经营范围确认合同无效。

起草人将"超越经营范围"案型，从前条表见代表制度的适用范围中抽出，专设本条规定"不得仅以超越经营范围确认合同无效"。实则反映了现代化市场经济发展和法制背景改变的要求。现代化市场经济条件下，企业从事多种经营是常态，虽然"经营范围"仍然是企业登记（营利法人登记）事项，但已经不具有限制代表权的效力。裁判实务中以超越经营范围为由请求确认合同无效的案件，即使不能说没有，也已十分罕见，且不可能得到法庭的支持。依据本条规定，仅仅超越经营范围，不影响合同效力。原告以合同超越经营范围诉请确认合同无效的，法庭即应援引本条，驳回起诉。

第五百零六条　【免责条款无效】

合同中的下列免责条款无效：

（一）造成对方人身损害的；

（二）因故意或者重大过失造成对方财产损失的。

本条规定合同免责条款的无效。合同法立法方案确定的原则是，合同上的免责条款原则上有效，例外无效。本条规定两种例外，一是"造成对方人身损害的"免责条款无效。原来的表述是"免除人身伤害责任的条款无效"，现在改为"造成对方人身损害的"就可能造成误解，误解为被告造成原告人身损害的，被告不能够免责。条文的意思是，不管损害是谁造成的，都不能够在合同上预先用一个条款来免除责任。这是现代各国保护劳动者、保护消费者的一个重要规则。

在 1988 年，天津的法院审理了一个案件，一个雇工在施工当中受伤，后来死亡，家属起诉要求雇主承担医药费、丧葬费等赔偿责任。被告雇主主张合同上有一个条款，规定"工伤概不负责"。法庭审理中注意到，当时的法律上说，合同内容违反法律的无效，却没有哪一个法律规定"工伤概不负责"这样的条款违法。后来一直请示到最高人民法院，最高人民法院作出批复，认为这个条款违背了宪法第四十一条关于劳动保护的规定。该案合同预先规定"工伤概不负责"，剥夺了宪法规定的劳动者享受劳动保护的权利。因此构成违反法律，应当认定为无效。合同法起草人，对这个判决中的规则加以整理，表述为合同法第五十三条列举的第一种情况。

第二种情况是，"免除因故意或者重大过失造成对方财产损失的"免责条款无效。这是为了贯彻诚信原则。任何人不能用免责条款来免除自己的故意或者重大过失造成对方损害的责任。若干年前有媒体报道，从境外的商人进口设备，合同约定是先进设备，可是运回来一看，这些设备是以前中国出口出去的。结果我们的企业接收了这些旧设备后，没有办法主张退货退款，因为合同上有一个免责条款规定"概不退换"。现在，按照本条第二项，即使合同上有"概不退换"这样的免责条款，如果是由于一方的故意或者重大过失造成的，仍然要承担责任。

民法上所谓故意，指蓄意损害他人之心理状态。所谓过失，指未尽"善良管理人的注意"致他人遭受损害。此"过失"又依其严重程度分为"重大过失""一般过失""轻（微）过失"。判断当事人之是否具有"过失"，以其对于相对方是否尽到"善良管理人的注意"为标准；在认定其具有"过失"的前提下，再依社会生活经验判断"过失"的严重程度，认定其究竟属于"重大过失""一般过失"或者"轻（微）过失"。

结合前面进口设备的例子，将中国早年出口的设备加以翻新，作为外国生产先进新设备交付给国内企业，属于故意无疑。又如供应商库房里面有正品、有次品，其指示员工用次品冒充正品交货，显然属于故意；如果供应商未作这样的指示，确因员工在交货时马虎大意，误将次品当作正品交货，则应属于重大过失。本条沿用合同法第五十三条原文，作了个别文字改动。

第五百零七条 【仲裁条款的效力】

合同不生效、无效、被撤销或者终止的，不影响合同中有关解决争议方法的条款的效力。

本条规定合同无效、被撤销或者终止，合同中有关解决争议方法的条款仍然有效。条文所谓解决争议方法的条款，特指仲裁条款（仲裁协议条款）。仲裁协议的效力在于排除人民法院的管辖权。当事人双方达成的采用仲裁方法解决合同争议的协议，是本合同之外的另外一个合同。因此，本合同无效或者丧失效力，不影响仲裁（协议）条款的效力。

按照本条规定，合同无效、被撤销或者终止，"有关解决争议方法的条款（仲裁条款）仍然有效"，是否据此可以认为仲裁条款将永远存在、永远有效？当然不能。仲裁条款的功能在于以仲裁方法解决合同争议，故仲裁条款将因该合同仲裁时效期间届满而消灭。按照本法第一百九十八条的规定，合同仲裁时效期间（因仲裁法未规定）应当适用本法第一百八十八条第一款规定的三年普通诉讼时效期间。该期间届满，仲裁条款（效力）消灭。仲裁机构受理案件，发现仲裁时效期间已经届满的，应当驳回当事人的仲裁申请。理由是，仲裁时效期间届满，仲裁条款（效力）消灭，仲裁机构丧失受理案件的（权限）根据。此与法院受理案件不同，法院受理案件的根据是其对于案件的管辖权。法院的管辖权是强制性的，管辖权不受诉讼时效期间届满的影响。

本条沿用合同法第五十七条，原条文中"独立存在的"一语是赘文，仲裁协议当然是独立存在的，故删去。

- -

第五百零八条　【适用民事法律行为效力规则】

本编对合同的效力没有规定的，适用本法第一编第六章的有关规定。

- -

本条规定："本编对合同的效力没有规定的，适用本法第一编第六章的有关规定。"民法所谓民事法律行为概念，是对合同、身份关系协议、遗嘱等现实生活中存在的具体民事法律行为的抽象。合同属于双方民事法律行为，是民事法律行为的典型。第六章关于民事法律行为的规定，其主要对象就是合同。合同编本章（合同的效力）的内容（第五百零二条至第五百零七条），只是作为第六章民事法律行为效力规定的一个补充。关于合同的生效、无效、撤销以及合同无效、撤销及确定不生效后的法律后果、合同附条件附期限等，应当适用第六章关于民事法律行为的规定，即其第三节民事法律行为效力的规定、第四节民事法律行为附条件和附期限的规定。质言之，以民事法律行为的效力规则代替合同的效力规则，是民法典编纂体例的一个特色。

为方便查阅，特将第六章第三节、第四节条文解读作为附录置于本书末，请予注意。

第四章　合同的履行

第五百零九条　【履行原则、附随义务】

当事人应当按照约定全面履行自己的义务。

当事人应当遵循诚信原则，根据合同的性质、目的和交易习惯履行通知、协助、保密等义务。

当事人在履行合同过程中，应当避免浪费资源、污染环境和破坏生态。

本条第一款规定合同履行的原则，要求当事人按照约定全面履行自己的义务。理论上称为"全面履行原则"。双方当事人既然根据意思自治原则订立合同，当然应按照合同约定全面履行自己的合同义务。按照民法原理，依法成立的合同，在缔结合同的当事人之间有相当于法律的效力。换言之，依法成立的合同，就相当于当事人为自己制定的法律。此在法国民法设有明文规定（第1134条）。因此，要求合同当事人全面履行合同义务，被明文规定为合同履行原则。此项原则不难理解，无须赘言。

请特别注意本条第二款的规定："当事人应当遵循诚实信用原则，根据合同的性质、目的和交易习惯，履行通知、协助、保密等义务。"此所谓"通知、协助、保密等义务"，理论上称为"附随义务"。附随义务也是20世纪以来合同法的一项新制度。

按照传统民法理论，合同是当事人意思表示一致的协议，合同义务出于当事人的约定，在合同中有约定就有义务，没有约定就没有义务。本款规定突破了传统理论，合同义务之发生，不限于当事人的约定，除当事人在合同中约定的义务之外，还有一种合同义务，叫附随义务。附随义务的发生，不是出于当事人的约定，而是直接根据诚信原则、合同的性质和目的及交易习惯。附随义务包括：通知义务、保护义务、协助义务和保密义务。实则，所谓附随义务，是法律强加给合同双方当事人的法定义务。

请注意，本款条文采不完全列举方式，规定为"通知、协助、保密等义务"，未明文规定"保护义务"。其理由在于，合同法起草人认为，"通知、协助、保密"义务，属于一切合同类型的双方当事人均负有的义务，而"保护义务"不是一切合同类型的当事人均负有的义务。仅有少数合同类型的当事人负有"保护义务"，且即使这些合同类型也往往只是一方当事人负有"保护义务"。例如旅客运输合同、旅游合同，仅承运人、旅行社一方负有保护旅客、游客人身和财产安全的义务，不能要求旅客、游客一方对承运人、旅行社负有所谓"保护义务"。请注意条文中用了一个"等"字，使法庭审理旅客运输合同、旅游合同这类案件，可以适用本款规定，认定一方或双方当事人负有"保护"相对方人身财产安全的义务。

本款的适用范围是，合同履行中发生了损害却因合同未有约定而不能根据当事人约定进行裁判的合同纠纷案件。例如双方是一个长期的购销合同关系，需方的人员经常到供方提货，难免要参观供方的生产线，都是老熟人、老朋友，利用提货机会到供方生产车间看一看，也是人之常情。假设需方提货的人懂得技术，到生产车间看一看或与车间工人交谈，就把供方的某个关键技术或者配方掌握了。此人回去以后如果把这个技术或者配方泄漏、出卖给他人，最终使供方遭受重大损失。供方应当找谁赔偿？按照传统合同理论，只能找需方提货的那个人，可能是供销科长、技术科长，但那个人是否赔得起呢？极大可能是赔不起。因此，现代合同法就发明了附随义务，认为根据诚信原则和交易习惯，需方负有保密义务。当事人在合同履行中负有相互保密的义务，一方掌握了对方的信息、技术、配方或其他商业秘密，或者掌握了对方个人信息，他必须对此保密，如违反保密义务，泄漏、出卖或者使用这些秘密给对方造成损失，法庭将以本款关于附随义务的规定作为追究需方赔偿责任的法律依据。

除违反保密义务之外，最常见的还有违反通知义务。当事人了解到市场情况的变化，或者自己生产计划将发生重大调整，将不再购买供方的某种产品，应当及时通知供方以便供方调整生产计划。由于需方没有及时通知供方，最终使供方遭受重大损失，供方可以根据本款规定，以需方违反通知义务为由，请求法院追究需方的赔偿责任。

补充一点，前面谈到旅客运输合同和旅游合同，假如旅客乘坐交通工具过程中或者游客在旅游观光过程中发生人身伤害，按照本法第一百八十六条的规定将发生侵权责任与违约责任的竞合，如受害人选择追究承运人、旅行社的违约责任，应以本款关于附随义务的规定为法律依据；如选择追究承运人、旅行社的侵权责任，则应以侵权责任法第一千一百九十八条关于安全保障义务的规定为法律依据。再补充一点，追究违反附随义务的违约责任，与追究违反安全保障义务的侵权责任，均属于严格责任（无过错责任），仅以义务违反为责任成立要件，而不考虑责任人是否具有过错；二者的差别主要是损害赔偿金的计算。

这里顺便介绍民法理论上所谓"合同义务扩张"。按照传统合同法理论，合同义务属于约定义务，是双方当事人在合同中约定的义务。因此，法庭审理违约责任纠纷案件，判断被告是否违约，先要看合同有无约定及如何约定。合同有约定就有义务，违反义务就构成违约，才有追究违约责任的可能；合同无约定就无义务，也就谈不到违约，也就不存在追究违约责任的可能。这就是传统的合同法原理。在合同法制定过程中，广泛参考借鉴发达国家和地区的裁判经验和理论研究成果，其中之一就是所谓"合同义务扩张"的理论。因此，在原有合同义务之外，增加规定了传统合同法所没有的一系列义务：在合同缔结过程中有所谓"先合同义务"，违反此项义务发生"缔约过失责任"（第五百条、第五百零一条），适用于合同有效成立之前的缔约过程中发生损害的案件；在合同成立后至履行完毕之前的合同关系存续期间，有所谓"附随义务"（本条），如前所述，附随义务是法定义务，违反附随义务（与违反约定义务相同）发生违约责任，适用于合同履行过程中发生损害的案件；在合同履行完毕、合同关系消灭之后，有所谓"后合同（契约）义务"（第五百五十八条），违反此项义务发生违约责任，适用于合同关系消灭后发生损害的案件。

本条第一款合同履行原则所谓"按照约定全面履行自己的义务"，是指本来意义上的合同义务，即当事人在合同中约定的义务，包括主义务和从义务。相对于本来意义上的合同约定义务而言，"先合同义务""附随义务"和"后合同义务"均属于法定义务。合同约定义务和法定义务构成一个合同义务的系列，有的学者称为"合同义务群"。

这里对本来意义上的合同义务作一点补充。本来意义的合同义务指合同约定义务，理论上称为"给付义务"。给付义务，可以分为主给付义务（主义务）和从给付义务（从义务）。顺便指出，主给付义务是立法和理论上划分合同类型的依据。如买卖合同关系的主给付义务是，一方当事人付款的义务，另一方当事人交付标的物并移转标的物所有权的义务。具备此两项义务，即是买卖合同。仅有一方当事人交付标的物并移转其所有权的义务，而相对方当事人无付款义务，则属于赠与合同。如果是一方当事人负有付款义务，另一方当事人虽交付标的物却不移转其所有权（仅供对方使用、收益），即属于租赁合同。由于主给付义务是决定合同性质和类型的依据，因此是合同成立的必要条件，合同未约定主给付义务或者约定不明确，法庭应当认定合同不成立。

所谓从给付义务，是为了保障债权人合同目的之圆满实现的给付义务。从给付义务之发生，可由法律明文规定，亦可依据诚信原则、合同目的和交易习惯解释认定，当然也可由合同约定。例如，本法第五百九十九条规定的出卖人交付提取标的物单证以外的单证和资料的义务；第九百二十四条规定委托合同受托人的报告义务。这些义务都是从给付义务，也都是由法律直接规定的。此外，这种从给付义务也可以由当事人约定。如甲购买乙所经营的一家企业，购买时双方当事人就可以在合同中约定：乙应当向甲提供原来客户的名单。这就是一种由当事人约定的从给付义务。另外，这种从给付义务也可以通过合同的解释（如根据诚信原则解释）而产生。例如买卖的标的物是一匹血统纯正的名马，就可以通过合同的解释得出出卖人除了交付该马以外，还应当交付这匹马的血统证明书。这就是通过解释合同、解释当事人订立合同的意图得出从给付义务。

主给付义务和从给付义务是合同关系中最重要的部分。主给付义务决定着合同关系的类型，作为合同义务中最核心的内容而出现。从给付义务可以理解为主给付义务外层的一种义务。而附随义务是在从给付义务之外，更外围的一层义务。本条第一款关于合同履行原则的规定，针对的是合同给付义务，第二款规定附随义务，两者构成合同有效成立至履行完毕之前的合同关系上的义务。

主给付义务与从给付义务和附随义务的区别：（1）主给付义务是决定合同成立之必要条件，从给付义务和附随义务则不是。主给付义务未约定，或者约定不明确且不能通过解释予以明确，应认定合同不成立。而从给付义务，不影响合同成立。（2）不履行主给付义务，构成根本违约，不仅发生违约责任并可发生法定解除权（第五百六十三条第一款第二项）。不履行从给付义务、附随义务，不构成根本违约，不发生法定解除权，仅发生违约责任。（3）在双务合同中，双方主给付义务构成对待给付关系，在合同未约定履行先后顺序情形，双方当事人有同时履行抗辩权（第五百二十五条），在合同约定履行先后顺序情形，先履行一方有不安抗辩权（第五百二十七条）。一方的从给付义务、附随义务与相对方的主给付义务不构成对待给付关系，一方不履行从给付义务或附随义务，除导致合同目的落空外，相对方不得拒绝主给付义务之履行（相对方无同时履行抗辩权和不安抗辩权）。

另需注意从给付义务与附随义务的区别：债务人违反从给付义务，相对方既可要求债务人实际履行（第五百八十条第一款），亦可追究债务人违约责任；而债务人违反附随义务，相对方只能追究债务人违约责任，而不能要求实际履行。

本条第三款规定，当事人在履行合同过程中，应当"避免浪费资源、污染环境和破坏生态"。此项义务的根据是本法第九条规定的保护生态环境基本原则。保护生态环境、节约资源，本属于环境保护法的原则。在中国经济高速发展的同时造成自然环境严重破坏的当下，本法将其规定为一项民法基本原则（第九条），并依据此基本原则设立本款规定，要求当事人在履行合同过程中，切实履行"避免浪费资源、污染环境和破坏生态"的法定义务。（1）鉴于民法的行为规范性质，本款要求当事人在履行合同过程中，应当履行"避免浪费资源、污染环境和破坏生态"的法定义务，对于规范民事主体的履约行为具有重要意义；（2）唯需注意，此项法定义务与合同约定义务和附随义务不同，"避免浪费资源、污染环境和破坏生态"义务，是当事人对国家的义务，而约定义务和附随义务是对合同相对方的义务。（3）民事主体不履行此项法定义务、其履约行为（事实行为）造成生态环境严重损害或者资源严重浪费的，构成权利滥用行为，法庭将依据本法第一百三十二条禁止权利滥用原则，责令禁止其履约行为或者追究其侵权责任。此种诉讼属于公益诉讼性质，应由当地人民检察院行使诉权，自不待言。本条以合同法第六十条规定为基础，第一款、第二款为原文，第三款为新增。

第五百一十条　【约定不明确条款的补正】

合同生效后，当事人就质量、价款或者报酬、履行地点等内容没有约定或者约定不明确的，可以协议补充；不能达成补充协议的，按照合同相关条款或者交易习惯确定。

本条关于没有约定或者约定不明确条款补正的规定。请特别注意，按照本法第四百七十条的规定，合同一般包括下列条款：（1）当事人的名称或者姓名和住所；（3）标的；（3）数量；（4）质量；（5）价款或者报酬；（6）履行期限、地点和方式；（7）违约责任；（8）解决争议的方法。本条未提及前三项，因为此三项条款属于合同成立必须具备的条款（亦称主要条款），其中任何一项未约定或者约定不明确，合同均不能成立。故无予以补正之余地。前三项之外的条款，民法理论上称为非主要条款，其中一项或者几项未约定或者约定不明确，不影响合同成立，故有予以补正可能。

本条规定的补正方法是，先由双方当事人"协议补充"；于双方当事人"不能达成补充协议"情形，"按照合同相关条款或者交易习惯确定"。当然不是由合同当事人双方或者一方，而是由受理案件的法庭"按照合同相关条款或者交易习惯确定"。按照民法解释学，此属于法庭对于合同（书）进行解释。所谓"按照合同相关条款"确定（未约定或者约定不明确的合同条款），属于体系解释或者逻辑解释。例如关于价款的约定不明确，可按照合同质量条款进行解释，如质量条款约定上等质量，可解释为上等价款；如约定中等质量，可解释为中等价款。反过来，关于质量条款未约定或者约定不明确，可按照约定的价格条款之属于上等价款或者中等价款，以解释关于质量条款的约定之应为上等质量或者中等质量。条文所谓按照"交易习惯"确定，属于习惯解释。《合同法司法解释（二）》第七条对于什么是"交易习惯"及其认定作有解释，可供参照。本条沿用合同法第六十一条原文。

第五百一十一条　【不明确条款的确定标准】

当事人就有关合同内容约定不明确，依据前条规定仍不能确定的，适用下列规定：

（一）质量要求不明确的，按照强制性国家标准履行；没有强制性国家标准的，按照推荐性国家标准履行；没有推荐性国家标准的，按照行业标准履行；没有国家标准、行业标准的，按照通常标准或者符合合同目的的特定标准履行。

（二）价款或者报酬不明确的，按照订立合同时履行地的市场价格履行；依法应当执行政府定价或者政府指导价的，依照规定履行。

（三）履行地点不明确，给付货币的，在接受货币一方所在地履行；交付不动产的，在不动产所在地履行；其他标的，在履行义务一方所在地履行。

（四）履行期限不明确的，债务人可以随时履行，债权人也可以随时请求履行，但是应当给对方必要的准备时间。

（五）履行方式不明确的，按照有利于实现合同目的的方式履行。

（六）履行费用的负担不明确的，由履行义务一方负担；因债权人原因增加的履行费用，由债权人负担。

本条规定合同不明确条款的确定标准。需注意，（1）可以依据本条规定标准予以确定的合同条款，非属于影响合同成立的主要条款，而属于不影响合同成立的非主要条款（亦称一般条款）；（2）可以依据本条规定标准予以确定的合同条款，限于合同有所约定但约定不明确的条款，而不包括合同当事人未约定的合同条款。合同当事人未约定的非主要条款，如依前条规定双方达不成补充协议，法庭也未能按照合同相关条款或者交易习惯予以确定（补充），则应当直接适用本法有关规定（体现合同法之任意法性质）。（3）合同约定不明确的非主要条款，需根据前条规定双方当事人未达成补充协议且法庭亦未能按照"合同相关条款或者交易习惯"予以确定，才能够适用本条规定的标准。本条沿用合同法第六十二条，所规定各项标准明确具体，易于掌握，兹不赘述。

第五百一十二条 【电子合同标的物交付时间】

通过互联网等信息网络订立的电子合同的标的为交付商品并采用快递物流方式交付的，收货人的签收时间为交付时间。电子合同的标的为提供服务的，生成的电子凭证或者实物凭证中载明的时间为提供服务时间；前述凭证没有载明时间或者载明时间与实际提供服务时间不一致的，以实际提供服务的时间为准。

电子合同的标的物为采用在线传输方式交付的，合同标的物进入对方当事人指定的特定系统且能够检索识别的时间为交付时间。

电子合同当事人对交付商品或者提供服务的方式、时间另有约定的，按照其约定。

本条规定电子合同标的物交付时间和服务提供时间的确定。第一款第一句规定，采用物流方式交货的，以"收货人的签收时间"为交付时间。第二句前段规定，合同标的为提供服务的，"以生成的电子凭证或者实物凭证中载明的时间为提供服务时间"；第二句后段规定，前述凭证没有载明时间或者载明时间与实际提供服务时间不一致的，以实际提供服务的时间为准。第二款规定，电子合同的标的物为采用在线传输方式交付的，合同标的物进入对方当事人指定的特定系统且能够检索识别的时间为交付时间。第三款规定，电子合同当事人对交付商品或者提供服务的方式、时间另有约定的，按照其约定。条文规定明确具体，易于掌握。本条为新设规定。

第五百一十三条 【政府定价调整】

执行政府定价或者政府指导价的，在合同约定的交付期限内政府价格调整时，按照交付时的价格计价。逾期交付标的物的，遇价格上涨时，按照原价格执行；价格下降时，按照新价格执行。逾期提取标的物或者逾期付款的，遇价格上涨时，按照新价格执行；价格下降时，按照原价格执行。

本条规定执行政府定价或者政府指导价的合同，在合同约定的交付期限内政府调整价格时，如何确定合同的价格。第一句规定，如约交付，按照交付时的价格。第二句规定，逾期交付，遇价格上涨，按照原价格；遇价格下跌，按照新价格。第三句规定，逾期提取标的物或者逾期付款的，遇价格上涨时，按照新价格；如价格下跌，按照原价格。从第二句、第三句的规定看，体现使违约（逾期）一方承担价格变动的不利后果的立法目的。本条沿用合同法第六十三条原文。

第五百一十四条　【法定货币】

以支付金钱为内容的债，除法律另有规定或者当事人另有约定外，债权人可以请求债务人以实际履行地的法定货币履行。

以给付金钱为内容的债权债务，称为货币之债。若当事人对于给付货币已有明确的约定，基于意思自治的原则，立法不宜干预而应尊重当事人的约定。但如法律对应给付货币种类有特别规定，理当遵守法律的规定。货币之债，如当事人对于支付的货币种类没有约定，法律对于支付货币的种类也未有规定，则该合同债务究应以何种货币履行？为方便债务之履行，有必要由立法对货币种类加以规定。本条规定，除法律另有规定或者当事人另有约定外，债务人应当给付实际履行地的法定货币。所谓法律另有规定或者当事人另有约定，指法律规定或者当事人约定用实际履行地法定货币之外的货币（外币）履行。本条为新设规定。

第五百一十五条 【选择之债】

标的有多项而债务人只需履行其中一项的，债务人享有选择权；但是，法律另有规定、当事人另有约定或者另有交易习惯的除外。

享有选择权的当事人在约定期限内或者履行期限届满未作选择，经催告后在合理期限内仍未选择的，选择权转移至对方。

本条第一款是关于选择之债的选择权归属的规定。所谓选择之债，指债的给付标的有多项而债务人只需履行其中一项的债权债务。选择之债的首要问题是，应当由谁选择给付标的。此选择标的之权，称为选择权。本条第一款规定，选择之债的给付标的的选择权，归债务人享有。此为原则规定。本款设有"但书"规定，"法律另有规定、

当事人另有约定或者另有交易习惯的除外"。亦即，对于选择权的归属，法律另有规定、当事人另有约定或者另有交易习惯的，则属于前述（债务人享有选择权）原则之例外。即按照法律规定、当事人约定或者交易习惯，由债权人（或者第三人）享有选择权。

选择之债的标的为复数，且履行选择之债前必先确定选择之债的标的（使选择之债转化为特定之债）。为避免债务人和债权人之间产生不必要的争执，立法例多设有确定选择权归属的标准。如德国民法典第262条规定，于数项给付中仅能选定履行其中一项的，在产生疑问时，选择权属于债务人。瑞士债务法第72条规定，一债权有数种给付且只需要履行其中一种给付的，选择权归债务人，但交易有不同要求的除外。日本民法典第406条规定，债权的标的，得由数个给付中依选择确定时，其选择权属于债务人。

本条第二款规定，享有选择权的当事人在约定期限内或者履行期限届满未作选择，经催告后在合理期限内仍未选择的，选择权转移至对方。此是关于选择权移转的规定。因选择权人不行使选择权，致使选择之债（不能转化为特定之债）不能履行，故法律规定选择权移转于相对人。选择权移转的条件是，选择权人"在约定期限内或者履行期限届满未作选择，经催告后在合理期限内仍未选择"。所谓"约定期限"，指合同约定的"选择权行使期限"，选择权人在该期限内"未作选择"（未行使选择权）。所谓"履行期限届满"，指"合同债务的履行期限届满"。按照本款规定，如合同约定"选择权行使期限"，则在该期限内选择权人未作选择，选择权即移转于相对人、由相对人行使选择权；如合同未约定选择权行使期限，则在合同债务履行期限届满，经相对人催告（催告选择权人行使选择权）后经合理期限而选择权人仍未作选择时，选择权移转于相对人、由相对人行使选择权。

选择之债因选择权人不行使选择权而未能转变为特定之债，使债的履行成为不能，将妨碍交易秩序、损害相对方当事人的利益。即在享有选择权的债权人不行使选择权时，债务人无法履行自己的债务；在享有选择权的债务人不行使选择权时，债权人将会因债的给付标的不能确定而无法请求强制实际履行。因此，在选择权人不行使选择权时，立法例均规定选择权移转于相对方当事人。根据民法原理并参考德国、日本及我国台湾地区等相关规定，增设本条规定。

第五百一十六条 【选择权行使】

当事人行使选择权应当及时通知对方，通知到达对方时，标的确定。标的确定后不得变更，但是经对方同意的除外。

可选择的标的发生不能履行情形的，享有选择权的当事人不得选择不能履行的标的，但是该不能履行的情形是由对方造成的除外。

本条是关于选择权行使的规定。选择权属于形成权之一种，选择权的行使应当以通知方式为之。选择权行使通知，属于准民事法律行为（意思通知），通知到达相对人时发生的效力（即标的确定）。本条第一款规定，当事人行使选择权应当及时通知对方，该通知到达相对人时发生标的确定的效力。标的一经确定，选择权人不得变更（标的），但经相对方同意变更的除外。

本条第二款规定，可选择的标的发生不能履行情形的，

"享有选择权的当事人不得选择不能履行的标的，但是该不能履行的情形是由对方造成的除外"。此项规定的依据是诚信原则。可选择标的中有的发生履行不能，依据诚信原则的要求，选择权人不得（故意）选择陷于履行不能的标的（使债务履行成为不能）。但如该项标的陷于不能履行是由相对方所造成，则许可选择权人选择该陷于不能履行的标的，以惩罚故意造成该项标的陷于不能履行的相对方当事人。按照民法原理并参考立法例，增设本条。

第五百一十七条 【按份债权、按份债务】

债权人为二人以上，标的可分，按照份额各自享有债权的，为按份债权；债务人为二人以上，标的可分，按照份额各自负担债务的，为按份债务。

按份债权人或者按份债务人的份额难以确定的，视为份额相同。

本条是关于按份之债的规定。第一款规定按份债权、按份债务的定义，第二款规定份额的确定。所谓按份之债，是指债的复数主体各自按照确定的份额分享债权或分担债

务的债。数个债权人就各自应当分享的债权份额有要求和接受清偿的权利，称为按份债权；数个债务人就各自应当承担的债务份额负担的清偿义务，称为按份债务。按份之债的效力因复数主体的债权债务份额是否确定而有所不同。

复数主体的债权或者债务份额可以确定的，债权人或者债务人各自按其确定的份额分享债权或者分担债务。复数主体的债权或者债务份额，或者因法律的规定而确定，或者因债的性质而确定，或者因当事人的意思表示而确定，各当事人均应按照确定的份额享有债权或者分担债务。复数主体的债权或者债务份额未约定或者约定不明的，债权人或者债务人各自平均分享债权或者分担债务。按份之债的债权人只能就属于自己的份额享有请求权，按份之债的债务人只就自己的份额负担清偿义务。

按照民法原理，按份之债是相对于连带之债而言的，按份之债与连带之债，同属复数主体的债。立法应当对按份之债的对内和对外效力作出规定，以便复数主体的各当事人明确自己的债权份额或者债务份额，以利于债权人行使债权或者债务人履行债务。民法通则第八十六条规定："债权人为二人以上的，按照确定的份额分享权利。债务人为二人以上的，按照确定的份额分担义务。"本条以民法通则第八十六条规定为基础，参考德国、日本等立法例予以补充完善。

- -

第五百一十八条 【连带债权、连带债务】

债权人为二人以上，部分或者全部债权人均可以请求债务人履行债务的，为连带债权；债务人为二人以上，债权人可以请求部分或者全部债务人履行全部债务的，为连带债务。

连带债权或者连带债务，由法律规定或者当事人约定。

- -

所谓在连带之债，指债权人或者债务人为数人，各债权人均得请求债务人履行全部债务，各债务人均负有履行全部债务的义务，且全部债务因一次全部履行而消灭。罗马法上的连带之债，分为单纯连带之债与共同连带之债。但近现代民法，不区分单纯连带之债与共同连带之债，法国、德国、瑞士、日本等立法例均是如此。民法通则亦仅规定一种连带之债，而不区分单纯连带与共同连带。法律规定连带之债的目的，在于保障债权人的利益。

在连带债务中，每一个债务人对于全部债务都负有清偿义务，债权人可以选择向最具清偿能力的债务人请求清偿，实际上是以全体债务人的全部资产作为履行债务的担保，其中一个债务人陷于无资力，不致影响债权人的债权之实现。但在连带债权，因数债权人中的任一债权人均可单独向债务人请求全部给付，如受领全部给付的债权人嗣后陷于无资力或者不诚实，难免损害其他债权人的利益，且任一债权人与债务人之间的事项，对于其他债权人亦发生效力。可见，连带债权对债权人不利。故在实践中连带债权较少见，且未如连带债务之重要。各立法例往往着重规定连带债务，而对连带债权的规定比较简略。日本民法典甚至仅规定连带债务，而对连带债权不作规定。本条系将连带债权和连带债务一并规定。

本条第一款第一句规定连带债权的定义，"债权人为二人以上，部分或者全部债权人均可以请求债务人履行债务的，为连带债权"。按照规定，连带债权，是指数个债权人均得请求债务人为全部给付的债权。连带债权的债务人可以为一人，也可以为数人。连带债权的债务人为数人的，各债务人对债权人是否承担连带债务，依照其明示或法律规定予以判断。连带债权的任一债权人请求债务人给付全部债务的，债务人应当向其给付全部债务。债务人拒绝给付、给付迟延或者部分给付的，应当对各连带债权人承担债务不履行的责任。连带债权的各债权人享有相同的权利，故各连带债权人均可单独对债务人行使权利。任一连带债权人向债务人行使全部债权，而债务人清偿全部债务的，债务人的债务将归于消灭。根据民法原理并参考法国、德国、我国台湾地区等相关规定，规定连带债权定义。

本条第一款第二句规定连带债务的定义，"债务人为二人以上，债权人可以请求部分或者全部债务人履行全部债务的，为连带债务"。依此规定，连带债务是多个债务人对债权人均承担清偿全部债务之责任的债务。连带债务的债务人为多数，即承担债务清偿责任的当事人为二人或二人以上。连带债务的各债务人对债权人承担清偿全部债务的责任，而不论债务人之间是否就其清偿债务有所约定；债权人可以对连带债务人中的任一债务人请求清偿全部债务，被请求的债务人应当清偿全部债务。连带债务，因一个债务人清偿全部债务而消灭，连带债务的任何一个债务人清偿了债务或者为其他行为（诸如提存、抵销等）消灭债务的，其他连带债务人的债务归于消灭。连带债务人中的一人或者数人部分履行连带债务的，各连带债务人对未履行的债务部分，仍然承担连带履行义务。未履行的债务部分，并不因连带债务人的部分履行而受影响。

本条第二款规定："连带债权或者连带债务，由法律规定或者当事人约定。"连带债权和连带债务，属于多数人债权债务。如前所述，连带债权对于债权人并不有利，其重要性及实际生活中的采用远不及连带债务。连带债务人的各债务人对债权人承担同一债务的全部给付义务，债权人居于可以选择请求任一债务人或者全体债务人履行全部或者部分债务的优越地位。鉴于债法的任意性及充分尊重当事人的意思自治，本款特别规定，连带债权、连带债务只能由法律规定或者当事人约定。法律规定连带债务，例如本法侵权责任编关于主观共同侵权行为（第一千一百六十八条）、教唆和帮助（第一千一百六十九条）、共同危险行为（第一千一百七十条）、客观共同侵权行为（第一千一百七十一条）等规定；当事人约定连带债务，例如本法合同编第三人加入债务（第五百五十二条）、连带责任保证（第六百八十八条）等。凡法律未规定且当事人亦未约定连带债务的，为按份债务。换言之，连带债权、连带债务，不得由法庭通过解释认定。起草人以民法通则的有关规定为基础，参考法国、德国、瑞士及我国台湾地区相关规定，增设本条。

第五百一十九条 【份额确定、追偿权】

连带债务人之间的份额难以确定的，视为份额相同。

实际承担债务超过自己份额的连带债务人，有权就超出部分在其他连带债务人未履行的份额范围内向其追偿，并相应地享有债权人的权利，但是不得损害债权人的利益。其他连带债务人对债权人的抗辩，可以向该债务人主张。

被追偿的连带债务人不能履行其应分担份额的，其他连带债务人应当在相应范围内按比例分担。

按照意思自治原则，各连带债务人相互间如何分担连带债务，应取决于各连带债务人的约定。连带债务人之间未有约定的，各连带债务人应当平均分担债务，即由各连带债务人负担相同的债务份额。本条第一款规定："连带债务人之间的份额难以确定的，视为份额相同。"所谓

"份额相同"，指对于连带债务本金、约定利息、迟延利息、损害赔偿、违约金、债权人实现债权的费用等，由各连带债务人平均分担。但因一连带债务人的原因所造成的损害赔偿责任或增加的费用，应当由该债务人自行承担，不得转嫁给其他连带债务人分担。例如，连带债务人履行债务存在瑕疵造成债权人损害的，该债务人应当单独对债权人承担损害赔偿责任。

本条第二款规定连带债务人的求偿权和代位权。所谓连带债务人的求偿权，是指一连带债务人的清偿债务行为（超出自己应负担的债务份额）而使得其他连带债务人的债务归于消灭的，对其他连带债务人有请求其偿还应当分担的债务部分的权利。连带债务人行使求偿权的范围，限于其他连带债务人应当分担的债务份额部分。所谓债务人的代位权，指该连带债务人，对其他连带债务人应当分担的债务份额部分（即连带债务人行使求偿权的范围），享有债权人的权利。

本条第二款前段规定："实际承担债务超过自己份额的连带债务人，有权就超出部分在其他连带债务人未履行的份额范围内向其追偿，并相应地享有债权人的权利。"

据此规定，连带债务人对其他连带债务人，可以直接行使求偿权而实现其求偿利益，更可以代位债权人的权利以实现其求偿利益。但其行使求偿权和代位权，不得损害债权人的利益；如其他债务人对于债权人有抗辩权，也当然可以向其主张抗辩。故第二款后段规定，连带债务人行使求偿权和代位权，"不得损害债权人的利益。其他连带债务人对债权人的抗辩，可以向该债务人主张"。

连带债务的特殊性质和功能，在于由各连带债务人的资力担保债务之履行、保障债权人权利之实现。故承担超出自己负担份额债务的连带债务人对于其他连带债务人行使求偿权，如被追偿的连带债务人不能履行其负担的债务份额，亦应由其他被追偿的连带债务人分担。故本条第三款规定："被追偿的连带债务人不能履行其应分担份额的，其他连带债务人应当在相应范围内按比例分担。"

概而言之，本条为补充连带债务人约定之不足，特设连带债务人负担债务份额的确定原则；又鉴于连带债务人履行债务超出自己负担份额部分，应当由其他连带债务人补偿，故规定其享有对其他连带债务人的求偿权；为保障此求偿权的实现，进而赋予求偿权人以代位权。根据民法原理并参考德国、瑞士及我国台湾地区相关规定，增设本条。

第五百二十条　【履行、抵销、提存、免除、混同的效力】

部分连带债务人履行、抵销债务或者提存标的物的，其他债务人对债权人的债务在相应范围内消灭；该债务人可以依据前条规定向其他债务人追偿。

部分连带债务人的债务被债权人免除的，在该连带债务人应当承担的份额范围内，其他债务人对债权人的债务消灭。

部分连带债务人的债务与债权人的债权同归于一人的，在扣除该债务人应当承担的份额后，债权人对其他债务人的债权继续存在。

债权人对部分连带债务人的给付受领迟延的，对其他连带债务人发生效力。

连带债务具有相同的目的，可因任一连带债务人的行为或者原因导致连带债务因目的实现而归于消灭。本条第

169

一款规定，因任一连带债务人的履行、抵销、提存标的物行为，及债权人免除债务，或者主体混同，而导致连带债务消灭，其他连带债务人所负担的债务也因目的实现而归于消灭。该连带债务人可以依据前条规定向其他债务人追偿。

本条第二款是对第一款规定中的"免除"的补充规定。即部分连带债务人的债务被债权人免除的，在该连带债务人应当承担的份额范围内，其他债务人对债权人的债务消灭。换言之，债权人不得请求其他连带债务人承担该连带债务人（已被免除）的债务份额，

本条第三款规定（第一款条文未提及的）"混同"的效力。此所谓混同，指"主体混同"，非"客体混同"（第三百二十二条）。即"部分连带债务人的债务与债权人的债权同归于一人"。按照第三款规定，部分连带债务人与债权人发生主体混同情形，"在扣除该债务人应当承担的份额后，债权人对其他债务人的债权继续存在"。换言之，混同仅导致发生混同的债务人所负担的债务份额部分消灭，超出该债务人负担份额部分的连带债务（即其他连带债务人负担债务份额部分）并不消灭。

本条第四款规定债权人受领迟延的效力，即"债权人对部分连带债务人的给付受领迟延的，对其他连带债务人发生效力"。债权人受领迟延，指债务人按照约定履行债务而债权人无正当理由拒绝接受。债权人受领迟延的效力，按照本法第五百八十九条的规定，指由债权人负担因其受领迟延所增加的履行费用，及受领迟延期间债务人无须支付利息。根据民法原理并参考德国及我国台湾地区、澳门特别行政区相关规定，增设本条规定。

第五百二十一条 【连带债权份额及参照适用】

连带债权人之间的份额难以确定的，视为份额相同。

实际受领债权的连带债权人，应当按比例向其他连带债权人返还。

连带债权参照适用本章连带债务的有关规定。

连带债权人之间如何分享债权，取决于连带债权人的意思。依照意思自治原则，各连带债权人可以就连带债权的分享作出约定。连带债权人对连带债权的分享没有约定的，则各连带债权人应当平均分享连带债权。故本条第一款规定：

"连带债权人之间的份额难以确定的，视为份额相同。"第二款进一步规定："实际受领债权的连带债权人，应当按比例向其他连带债权人返还。"需注意本条第三款关于参照适用连带债务的规定。所谓"参照适用本章连带债务的有关规定"，实际是参照适用前条（第五百二十条）关于履行、抵销、提存、免除和混同的规定。此不赘述。根据民法原理并参考德国及我国台湾地区相关规定，增设本条。

第五百二十二条 【约定向第三人履行】

当事人约定由债务人向第三人履行债务，债务人未向第三人履行债务或者履行债务不符合约定的，应当向债权人承担违约责任。

法律规定或者当事人约定第三人可以直接请求债务人向其履行债务，第三人未在合理期限内明确拒绝，债务人未向第三人履行债务或者履行债务不符合约定的，第三人可以请求债务人承担违约责任；债务人对债权人的抗辩，可以向第三人主张。

本条规定"向第三人履行的合同"。这种合同在社会生活中很常见，例如与保险公司签订的以第三人为受益人的保险合同、与邮局或者快递公司签订的邮寄或快递包裹的合同、与运输公司签订的货物运输合同等。这类合同的特殊性在于，接受债务人履行（受领标的物）的第三人，不是合同当事人。此属于合同相对性原则（第四百六十五条）的一种例外。

此种合同的一个重要问题是，合同约定的第三人虽然有权接受债务人履行（受领标的物），因其毕竟不是合同当事人（债权人），发生债务不履行的情形，该第三人是否可以追究债务人违约责任？鉴于合同编第八百五十条第一款规定的强制实际履行，属于违约责任形式之一种，因此于债务人违约情形，该第三人是否可以作为原告向法院请求强制债务人向自己实际履行？此外，这类案件还涉及以下问题：在债务人起诉（本诉或者反诉）债权人的诉讼中，可否将该第三人列为共同被告？在债权人作为原告起诉债务人的诉讼中，该第三人可否加入诉讼作为共同原告？

本条第一款规定："当事人约定由债务人向第三人履行债务，债务人未向第三人履行债务或者履行债务不符合约定的，应当向债权人承担违约责任。"按照第一款规定，发生债务人违约（未向第三人履行或者履行不符合约定），应当由债权人行使追究债务人违约责任的诉权。《合同法司法解释（二）》对此作出解释：人民法院审理向第三人履行的合同案件，可以根据具体案情，将合同约定的第三人列为无独立请求权的第三人，但不得依职权将其列为该合同诉讼案件的被告或者有独立请求权的第三人。此所谓"根据具体案情"，应当理解为"具体案情需要"，亦即法庭将该第三人列为无独立请求权第三人的目的是为了查清案情，如果该第三人不加入诉讼亦可查清具体案情，法庭就无须依职权将该第三人纳入诉讼。至于债权人起诉时主动将该第三人列为诉讼第三人，或者请求将该第三人列为诉讼第三人，则法庭应当准许，自不待言。但债务人，无论本诉或者反诉，是否可将该第三人作为被告？这一问题尚未明确。

本条第二款规定："法律规定或者当事人约定第三人可以直接请求债务人向其履行债务，第三人未在合理期限内明确拒绝，债务人未向第三人履行债务或者履行债务不符合约定的，第三人可以请求债务人承担违约责任；债务人对债权人的抗辩，可以向第三人主张。"依据本款规定，在具备两个条件的情形，第三人可以行使追究债务人违约责任的诉权。条件之一是，"法律规定或者当事人约定第三人可以直接请求债务人向其履行债务"；条件之二是，"第三人未在合理期限内明确拒绝"。按照前述《合同法司法解释（二）》，既然债权人行使追究债务人违约责任的诉权情形，法庭可以根据案情需要，依职权将第三人列为无独立请求权的第三人，则在第三人行使追究债务人违约责任的诉权情形，法庭亦可以根据案情需要将债权人列为无独立请求权的第三人。本款既然规定第三人可以行使追究债务人违约责任的诉权，则第三人也应当可依据第五百八十条第一款的规定，请求法庭强制债务人向自己实际履行债务。在第三人行使诉权情形，如"债务人对债权人的抗辩，可以向第三人主张"，自不待言。此外，如债务人针对原告（第三人）提起反诉，如将债权人作为反诉共同被告或者诉讼第三人，似应无不可。

本条规定向第三人履行的合同，即立法例所谓"利益第三人契约"。合同法第六十四条仅有一款。起草人在合同法第六十四条基础上增加第二款，规定第三人可以行使追究债务人违约责任的诉权。这样规定，方便当事人行使诉权、方便法庭裁判，且符合民法原理。请特别注意，本条第一款为原则规定，第二款为特别规定，按照特别法优先适用原则（第十一条），应当优先适用第二款；只在案件事实不符合第二款规定要件时，才能够适用第一款。

第五百二十三条　【约定由第三人履行】

当事人约定由第三人向债权人履行债务，第三人不履行债务或者履行债务不符合约定的，债务人应当向债权人承担违约责任。

本条规定"由第三人履行的合同"。双方当事人在合同中约定，由第三人向债权人履行债务，该第三人通常与合同债务人之间存在某种合同关系或者组织关系，实际是由该第三人代替债务人履行债务。由第三人履行的合同，也属于合同相对性原则（第四百六十五条）之一种例外。

例如，电影学院与制片人订立演出合同，约定由电影学院的某个学生出演电视剧中的角色；建设单位与建筑公司订立建设工程承包合同，约定由与建筑公司有挂靠关系的某个施工队承担建筑施工；经销商与买受人订立销售合同，约定由自己经销产品的生产商直接向买受人交付货物。这类合同中，约定履行债务的人（学生、施工队、生产商）既不是合同当事人（债务人），也不是合同债务人的代理人。合同约定其应履行的债务，本不是自己的债务，而是合同当事人（债务人）的债务。理论上称为"履行辅助人"。

这类合同需要解决的一个重要问题是，当合同约定的第三人不履行债务或者履行债务不符合约定时，债权人应当以谁为被告追究其违约责任？对此，本条明文规定，应当以债务人作为被告，由债务人向债权人承担违约责任。20 世纪 90 年代北京某法院审理过一个演出合同纠纷案，某电影学院与原告订立演出合同，约定由在校学生赵某参加原告的演出，赵某因故未能出演，法院判决由某电影学院承担违约责任。

本条明确了由第三人履行合同发生违约时，应由合同债务人而不是该第三人作为被告，对债权人承担违约责任。但在债权人起诉债务人的违约责任诉讼中，法院可否依职权将该第三人列为诉讼第三人？《合同法司法解释（二）》

解释说：人民法院审理由第三人履行的合同案件，可以根据具体案情，将合同约定的第三人列为无独立请求权的第三人，但不得依职权将其列为该合同诉讼案件的被告或者有独立请求权的第三人。所谓"根据具体案情"，应指查明案件事实的需要，即将该第三人列为诉讼第三人是为了查明案件事实；如不将该第三人列为诉讼第三人亦可查明案件事实，即应认为"根据具体案情"无须将该第三人列为诉讼第三人。

应特别注意这样一类建设工程承包合同纠纷案件，订立建设工程承包合同的建筑公司（承包人）自己并不实际承担建筑施工，实际承担建筑施工的是与承包人有挂靠关系的没有订约资质的施工队（第三人），合同相对方（发包人）对此是明知的，虽然合同上很可能没有明文提及该第三人。法院裁判实践，认为这类案型属于本条规定的由第三人履行的合同。这类案件审理中遇到的一个法律问题是，实际承担建筑施工的施工队在诉讼中的法律地位问题。

如果严格解释本条及《合同法司法解释（二）》，实际承担建筑施工的施工队属于履行债务的第三人，在诉讼中的地位是"无独立请求权第三人"，不能作为"有独立请求权的第三人"，更不能作为诉讼的"原告"。但人民法院裁判实践，不仅认可实际承担建筑施工的施工队作为"有独立请求权的第三人"参加诉讼，而且认可实际承担建筑施工的施工队可以作为"原告"对发包人提起追索承包费的违约诉讼。① 此实践做法，体现了特殊保护实际承担建筑施工任务的建筑工人（大多数是农民工）劳动报酬请求权的政策目的，值得肯定。但需特别注意，此基于特殊政策目的之特殊实践做法，不应适用于建设工程承包合同之外的其他由第三人履行的合同，理由是不存在此特殊政策目的。本条沿用合同法第六十五条原文。

---

① 《最高人民法院关于审理建设工程施工合同纠纷案件适用法律问题的解释》（法释〔2004〕14 号）第二十六条规定：实际施工人以发包人、转包人、违法分包人为被告起诉的，人民法院应当依法受理。实际施工人以发包人为被告主张权利的，人民法院可以追加转包人或者违法分包人为本案当事人。发包人只在欠付工程价款范围内对实际施工人承担责任。《最高人民法院关于建设工程施工合同纠纷案件适用法律问题的解释（二）》（法释〔2018〕20 号）第二十四条规定：实际施工人以发包人为被告主张权利的，人民法院应当追加转包人或者违法分包人为本案第三人，在查明发包人欠付转包人或者违法分包人建设工程价款的数额后，判决发包人在欠付建设工程价款范围内对实际施工人承担责任。

第五百二十四条　【第三人代替履行】

债务人不履行债务，第三人对履行该债务具有合法利益的，第三人有权向债权人代为履行；但是，根据债务性质、按照当事人约定或者依照法律规定只能由债务人履行的除外。

债权人接受第三人履行后，其对债务人的债权转让给第三人，但是债务人和第三人另有约定的除外。

本条规定第三人代替履行。按照本条规定，"债务人不履行债务，第三人对履行该债务具有合法利益的，第三人有权向债权人代为履行"。后面"但书"规定，"根据债务性质、按照当事人约定或者依照法律规定只能由债务人履行的除外"。第三人代替履行是一个崭新的制度。也属于合同相对性原则（第四百六十五条）的一个例外。简而言之，债务人不能履行债务，第三人代替债务人履行，是不是任何第三人都可以代替债务人履行？当然不是。第三人代替债务人履行债务，须具备一个"法定条件"，即该"第三人对履行该债务具有合法利益"。按照条文，具备此项法定条件的第三人"有权向债权人代为履行"。可见，

代替债务人履行债务，是具备法定条件的第三人的一项权利。对于该第三人代替债务人履行债务，债权人不得拒绝受领。此项权利，可称为"代位履行权"，即代替债务人的地位履行债务之权利。在"代位"这一点，与债权人代位权类似。

按照条文，第三人代替履行的法定条件是"第三人对履行该债务具有合法利益"。所谓"合法利益"，首先是"财产利益"（经济利益）。最典型的例子是负担抵押权的不动产（房屋或者建设用地使用权）转让。权利人用自己的房产或者建设用地使用权抵押借款，于还清借款之前将房产或者土地使用权转让给第三人。第三人受让的房产或者建设用地使用权上附有银行抵押权，妨碍受让房产或者土地使用权的产权过户及使用，因此该第三人对"履行（出让人欠银行的）债务具有合法（财产）利益"。其次，也包括身份利益。常见的例子是父母替子女清偿债务、孩子在外边欠的债，父母替孩子还债可不可以？当然可以。因为父母（第三人）对履行（孩子欠的）债务具有合法（身份）利益。

本条第二款规定，债权人接受第三人履行后，其对债务人的债权转让给第三人，但是债务人和第三人另有约定的除外。按照民法原理，第三人代替债务人履行债务后，即取代债权人的地位，发生债权转让（第五百四十五条）的效果。鉴于此债权转让的原因，系第三人代替债务人履行的事实行为符合于法律规定（本条），故属于"法定债权转让"，而非"约定债权转让"（第五百四十五条）。依前面的例子，甲向工商银行按揭买房，在还清银行按揭借款之前，将房屋出卖给第三人乙。因甲尚欠银行30万元，乙所购买房屋上存在银行的抵押权。因该抵押权的存在妨碍乙办理产权过户以取得房屋所有权。故第三人乙对于履行按揭人甲欠银行（债权人）的30万元债务具有合法利益。因此，第三人乙有权以自己名义代替债务人甲向银行履行该30万元债务，债权人银行对此不得拒绝。债权人银行接受第三人乙履行该30万元债务后，依据本款规定，银行对债务人甲的30万元债权即转让给第三人乙。质言之，原债务人甲欠银行30万元债务，现在变成债务人甲欠第三人乙30万元债务。即发生了债权人的变更。

需注意，第三人代替履行发生（法定）债权转让的效果，此为原则。第二款"但书"规定，"但是债务人和第三人另有约定的"（不发生债权转让的效果），属于例外。例如，甲公司用建设用地使用权向银行抵押借款，在还请银行借款之前，将该附有银行抵押权的建设用地使用权转让给乙公司。出让人甲公司与受让人乙公司约定，由乙公司代替甲公司清偿甲公司尚欠银行的500万元债务，该500万元再从（乙公司应付甲公司的）土地使用权转让价款中扣除。则甲乙之间的此项约定，即属于本款"但书"规定的（债务人与当事人另有约定）的例外，乙公司代替履行（甲公司欠银行的）债务后，不发生（法定）债权转让的效果。再如前面提到父母代替子女履行子女欠银行的债务，往往不发生（法定）债权转让的效果。但按照社会生活经验，父母代替子女履行债务，特别是父母代替未成年子女履行债务，不太可能与子女（另有）约定（不发生债权转让的效果）。故于父母代替子女履行债务的情形，应当对本款"但书"规定作弹性解释，解释为第三人（父母）与债务人（子女）"另有约定或者另有习惯"。

最后补充一点，本条规定的第三人代替履行，属于事实行为。需当事人将债务人欠债权人的30万元汇入债务人的账户，才发生第三人代替履行的效力。第三人向债权人表示代替债务人履行债务，或者第三人与债务人约定代替债务人履行债务，均不发生第三人代替履行的效力。这种情形，可以发生第三人加入债务的效力（第五百五十二条），自不待言。

第五百二十五条　【同时履行抗辩权】

当事人互负债务，没有先后履行顺序的，应当同时履行。一方在对方履行之前有权拒绝其履行请求。一方在对方履行债务不符合约定时，有权拒绝其相应的履行请求。

在理解本条同时履行抗辩权之前，有必要先了解一下抗辩和抗辩权概念。在民事诉讼中，被告用一个正当理由对抗原告诉讼请求，称为抗辩。被告用来抗辩的正当理由，称为抗辩事由。抗辩事由，可以是某种事实，也可以是某项权利，因此分为"事实的抗辩"与"权利的抗辩"。

事实的抗辩，属于诉讼上的抗辩，例如在违约责任诉讼中，被告主张合同不成立、合同未生效、合同因违法无效，或者主张合同已经撤销、合同已经解除、合同已经履行完毕，均属于事实的抗辩。事实的抗辩，涉及原告的诉讼请求（请求权）之是否成立，本属于法庭依职权审查的范围，被告有抗辩事由而未主张事实的抗辩，法庭应当主动审查或者予以释明。

权利的抗辩，属于实体的抗辩，是指被告用法律规定的某项权利对抗原告的诉讼请求，实质是权利行使行为，被告有完全的处分自由。被告有某项权利而未主张权利抗辩，应视为其放弃权利，法庭不得主动审查，也不得予以释明。

法律规定可以用来对抗原告诉讼请求的权利，有的直接以抗辩权为名，如本条同时履行抗辩权、第五百二十六条后履行抗辩权、第五百二十七条不安抗辩权、第六百八十七条一般保证人的先诉抗辩权，民法总则第一百九十二条诉讼时效抗辩权；有的不称为抗辩权，属于法律赋予当事人要求免除责任、减轻责任的权利，可称为实质上的抗辩权，如第五百八十五条第二款规定的违约金调整抗辩、第五百八十四条末句不可预见规则抗辩、第五百九十一条扩大损失抗辩，以及总则编第一百三十七条诉讼时效经过免责抗辩、第一百七十六条自甘冒险免责抗辩、第一百八十条不可抗力免责抗辩、第一百八十一条正当防卫免责抗辩、第一百八十二条紧急避险免责抗辩及侵权责任编第一百七十三条过失相抵规则抗辩等。

"抗辩"与"反诉"的差别如下：所谓"反诉"，是相对于原告的"本诉"而言的概念。例如原告起诉被告侵犯其著作权，请求法院追究被告侵犯著作权的侵权责任，这就是"本诉"；被告在进行答辩中诉原告侵犯其名誉权，请求法院追究原告侵犯名誉权的侵权责任，就是"反诉"。再如，原告起诉被告拖欠货款，要求法院追究被告违约责任，这是"本诉"；被告反过来起诉原告产品质量不合格，要求法院追究原告瑕疵担保责任，这叫"反诉"。可见，"反诉"是被告针对原告提出的、与原告的诉讼请求相反的诉讼请求，而"抗辩"则是被告针对原告的诉讼请求，用一个正当理由予以对抗，两者是不同的法律概念。

但应注意的是，某些"事由"既可以作为"抗辩"主张，也可以作为"反诉"提起。这就需要了解法庭如何对待抗辩和反诉：对于被告主张的"抗辩"，法庭必须予以审查，如果经审查认为"抗辩理由"成立，将会作出有利于被告的判决；而对于被告提出的"反诉"，法庭有权决定与"本诉"合并审理或者不合并审理，如果法庭决定不合并审理，则法庭只审理"本诉"，很可能作出有利于原告、不利于被告的判决。因此，当某项事由既可以作为抗辩主张，也可以作为反诉提起时，被告应当结合具体案情，考虑法庭可能的态度，慎重选择。下面讲抗辩权。

本条关于同时履行抗辩权的规定理解如下：本条的适用范围是"双务合同"。合同法理论上，以当事人双方均负担义务或者仅当事人一方负担义务为标准，区分为双务合同与单务合同。需特别说明，条文"当事人互负债务"一语不准确，因为本条规定的同时履行抗辩权，以及第五百二十六条后履行抗辩权、第五百二十七条、第五百二十八条关于不安抗辩权，均仅适用于双务合同。

条文只提及"当事人互负债务"，未特别强调"在一个合同关系中"，易引起误解。在一个合同关系中，双方当事人互负债务，这就是"双务合同"，才能够适用本条及后面条文规定的抗辩权。如果不强调"一个合同关系"，只说"当事人互负债务"，则一方是借款合同上的债务，另一方是租赁合同上的债务，甚至一方是合同上的债务，另一方是侵权责任的债务，能不能够行使同时履行抗辩权或者别的抗辩权呢？当然不行。因此，本条应当理解为

"在一个合同关系中，当事人双方互负债务"（即双务合同），正确阐释本条同时履行抗辩权（及后面的后履行抗辩权和不安抗辩权）的适用范围。

本条第一句规定双务合同的履行原则，在双务合同中，如当事人未在合同中约定债务履行的先后顺序，即应当同时履行。理论上称为双务合同的同时履行原则。此同时履行原则，是同时履行抗辩权的前提条件。因为有双务合同的同时履行原则，才发生双务合同当事人的同时履行抗辩权。

本条第二句规定双务合同的同时履行抗辩权：双务合同，如果当事人未约定债务履行的先后顺序，则按照同时履行原则，当事人在对方履行债务之前，有权拒绝对方的履行要求。例如，货物买卖合同，未约定履行顺序，出卖人在买受人付款之前，有权拒绝交货；买受人在出卖人交货之前，有权拒绝付款。反面言之，按照同时履行原则，任何一方当事人，要求对方履行债务，均须以履行自己负担的债务为条件。买受人要求对方交货，必须自己先付款，买受人自己不付款，出卖人有权不交货；出卖人要求对方付款，必须自己先交货，出卖人自己不交货，买受人有权不付款。双方均可以对方未履行债务为由，拒绝履行自己负担的债务，这就叫行使同时履行抗辩权。

　　法庭审理双务合同纠纷案件，查明当事人未在合同中约定先后履行顺序，双方当事人均以对方未履行债务为由拒绝履行自己负担的债务，应当认定双方当事人拒绝履行债务属于同时履行抗辩权之正当行使，均不构成违约，而应依据本条第一句的规定，作出同时履行债务的判决，责令当事人双方同时履行自己负担的债务。例如，货物买卖合同，法庭判决双方当事人同时履行，责令出卖人将货物交给法庭指定的保管场所，责令买受人将货款汇入法庭指定的账户，然后在法庭主持之下使出卖人得到货款、买受人得到货物。

　　但在现实生活中，双务合同的当事人通常都会在合同中约定双方履行债务的先后顺序，例如货物买卖合同，通常会约定"款到付货"即买受人先付款，或者"货到付款"即出卖人先交货。如果有这样的履行顺序的约定，当然就排除了本条同时履行原则和同时履行抗辩权的适用，而应当适用本法第五百二十六条或者第五百二十七条、第五百二十八条的规定。

　　请特别注意，按照法律规定，所谓同时履行抗辩权，是合同关系上的对抗权，其法律效力是：对抗合同对方当事人的履行请求，并使自己拒绝履行债务的行为不构成违约。因此，同时履行抗辩权，仅可以用来对抗合同对方当事人的履行请求。当事人可不可以用这种同时履行抗辩权对抗法庭（生效判决确定）的履行命令？当然不可以。法庭生效判决所确定的履行命令，是由国家强制力保障其执行的，是当事人所难于抗拒的。这在合同法上没有明文规定，民法教科书也未专门讲到，因为这是不言而喻的！为什么国家要设立人民法院？为什么要制定民事诉讼法？为什么民事诉讼法要专设强制执行程序？不就是要通过国家强制力（公权力）强制当事人履行法庭的履行命令！有的同志认为，法庭判决双方当事人相互履行债务，或者判决双方恢复原状相互返还财产（或价款），如果判决中未确定先后顺序，当事人可以用所谓同时履行抗辩权予以对抗，当然是错误的。本条沿用合同法第六十六条原文。

第五百二十六条 【后履行抗辩权】

当事人互负债务，有先后履行顺序，应当先履行债务一方未履行的，后履行一方有权拒绝其履行请求。先履行一方履行债务不符合约定的，后履行一方有权拒绝其相应的履行请求。

本条规定被称为"后履行抗辩权"。按照本条，如果当事人双方在合同中约定了各自履行债务的先后顺序，则约定应先履行一方未履行时，约定后履行一方有权拒绝其履行要求。此项抗辩权，在大陆法系合同法中并不存在。因为，按照大陆法系合同法原理，既然合同对于履行顺序有约定，即应当严格按照合同约定顺序履行，这是意思自治原则（第五条）和合同履行原则（第五百零九条第一款）的要求。合同约定先履行一方未履行自己负担的债务，就无权要求后履行一方履行其债务，因后履行一方的债务尚未发生应履行的效力，这是理所当然、不言自明之理。合同法制定中，参考借鉴《国际商事合同通则》第7.1.3条第（2）项规定，增设本条规定"后履行抗辩权"。

《国际商事合同通则》第7.1.3条（拒绝履行）规定：

"（1）凡当事人各方应同时履行合同义务的，任何一方当事人可在另一方当事人提供履行前拒绝履行；（2）凡当事人各方应相继履行合同义务的，后履行一方当事人可在应先行履行的一方当事人完成履行之前拒绝履行。"其中，第一项相当于合同法前条的规定；第二项即是本条后履行抗辩权的原型。

合同法增设本条关于后履行抗辩权的规定，按照大陆法系合同法原理，似有多此一举之嫌。但结合我国地域广大、人口众多、人民群众法律知识不足的国情考虑，本条明确规定，在合同约定先履行一方未履行债务时，后履行一方在约定履行期限到来时拒绝履行其债务不构成违约，属于抗辩权之正当行使，对于指导当事人正确履行义务、行使权利及人民法院裁判合同案件，应有其实践意义。本条沿用合同法第六十七条原文。

第五百二十七条　【不安抗辩权（一）】

应当先履行债务的当事人，有确切证据证明对方有下列情形之一的，可以中止履行：

（一）经营状况严重恶化；

（二）转移财产、抽逃资金，以逃避债务；

（三）丧失商业信誉；

（四）有丧失或者可能丧失履行债务能力的其他情形。

当事人没有确切证据中止履行的，应当承担违约责任。

本条及第五百二十八条规定双务合同的不安抗辩权。前面的第五百二十六条规定后履行抗辩权，所解决的是，如果合同约定应先履行的一方当事人不履行，则合同约定后履行的一方当事人行使后履行抗辩权，拒绝自己的履行。可见，所谓后履行抗辩权的立法目的，在于保护合同约定后履行一方当事人的合法利益。而本条及第五百二十八条规定"不安抗辩权"，其立法目的则是保护合同约定应先履行一方当事人的合法利益。

因为，既然合同约定了债务履行的先后顺序，则履行顺序在先的一方当事人应当先履行自己负担的债务，这是意思自治原则和合同履行原则的要求。通常情形下，应先履行一方当事人履行之后，后履行一方当事人即应当履行；如果后履行一方当事人不履行，当然构成违约，已先履行债务的一方当事人有权依据合同法第五百八十条的规定诉请强制其实际履行，或者依据第五百七十七条的规定诉请追究其违约责任。

但也可能发生异常情形，即应先履行一方在约定的履行期限到来之时，发现后履行一方已经丧失履行债务的能力，例如供方已经陷于停产而不可能交货、需方因资金链断裂而不可能付款，这种情形，应先履行一方是否应当严格按照合同约定履行自己负担的债务呢？如果他履行了自己的债务，例如供方按照合同约定交货之后，将因需方不能付款，而陷于货款得不到、货物收不回的困境；需方按照合同约定付款之后，将因供方无货可交，而陷于货物得不到、货款退不回的困境。这种异常情形下，法律对于先履行一方当事人应当有保护手段，这就是先履行一方的不安抗辩权。

本条规定不安抗辩权发生原因及滥用不安抗辩权的责任。约定先履行一方，按照约定应当先履行付款义务，但他注意到对方当事人已经陷于停产，如果按照合同约定付款之后，对方很可能不能交货，而面临"款货两空"的危险，任谁也无法心安。所以，针对这种特定情形，专门用来保护先履行一方当事人合法利益，使其规避"款货两空"危险的法律手段，就叫"不安抗辩权"。本条第一款规定不安抗辩权的发生原因：（1）后履行一方经营状况严重恶化；（3）后履行一方转移财产、抽逃资金，以逃避债务；（3）后履行一方丧失商业信誉；（4）后履行一方有丧失或者可能丧失履行债务能力的其他情形。依据本条第一款规定，有这四种情形之一的，应先履行一方当事人即可行使不安抗辩权（中止自己的履行）。

为了防止不安抗辩权被滥用，例如，以行使不安抗辩权为借口掩盖其不能履行债务（违约）之实，本条第一款规定，就是否属于行使不安抗辩权发生争议时，须由行使不安抗辩权的当事人，对于不安抗辩权发生原因之存在，负担举证责任。行使不安抗辩权的一方，应举出"确切证据证明"不安抗辩权发生原因的存在。如果不能举出"确切证据证明"存在本条第一款规定的四种情形之一，即应认定先履行一方中止履行债务的行为构成违约，而否定其所谓行使不安抗辩权。因此，本条第二款进一步明确规定，如先履行一方"没有确切证据"证明不安抗辩权发生原因的存在，其中止履行债务即构成违约，应当承担违约责任。本条沿用合同法第六十八条原文。

第五百二十八条 【不安抗辩权（二）】

当事人依据前条规定中止履行的，应当及时通知对方。对方提供适当担保的，应当恢复履行。中止履行后，对方在合理期限内未恢复履行能力且未提供适当担保的，视为以自己的行为表明不履行主要债务，中止履行的一方可以解除合同并可以请求对方承担违约责任。

按照合同法原理，不安抗辩权的法律效力，包含中止履行和解除合同两个层次，因此不安抗辩权之行使，亦应分为"两步走"：第一步，中止履行；第二步，解除合同。不安抗辩权第一个层次的法律效力，已经规定在第五百二十七条第一款：应当先履行债务的当事人，有确切证据证明对方有发生不安抗辩权的四种法定情形之一的，可以中止履行。但是，先履行一方当事人行使不安抗辩权中止履行，是否需要通知对方？中止履行后对方当事人可以采取什么措施？以及中止履行后对方不采取措施怎么办，亦即具备什么条件才能行使不安抗辩权之第二步（解除合同）？这些问题规定在本条。

本条第一句规定，行使不安抗辩权中止履行的当事人，应当履行通知义务。即当事人行使不安抗辩权中止债务履行，应当及时通知对方。此项"通知"，性质上属于"意思通知"，即将行使不安抗辩权中止自己债务履行之意思，告知对方当事人，以便对方当事人了解并采取相应的措施，避免给对方造成不应有的损害。

应特别注意，此项"通知"不仅是行使不安抗辩权的当事人应履行的"义务"，并且是当事人行使不安抗辩权的"形式要件"。应先履行一方于合同约定履行期限到来时中止履行（不履行债务），究竟是不能履行（违约）抑或是行使不安抗辩权，相对方当事人不可能了解，因此法律要求行使不安抗辩权的当事人必须向对方发此项"通知"，明确告知对方自己中止履行（不履行债务）属于行使不安抗辩权。不仅如此，该项"通知"，也是诉讼中判断当事人行使不安抗辩权的关键"证据"。法庭先审查中止履行一方是否发出此项"通知",如查明确曾发出此项"通知",即认定属于不安抗辩权之行使;再审查中止履行一方是否依法享有不安抗辩权,如查明"有确切证据"证明存在不安抗辩权法定原因之一,即认定当事人中止履行,属于不安抗辩权之正当行使。反之,法庭一旦查明中止履行一方未发出此项"通知",即应认定其中止履行(不履行债务)构成违约行为,而无须再审查其是否享有不安抗辩权。

本条第二句规定对方当事人可以采取的救济措施,亦即对方当事人得到通知,知道先履行一方中止履行属于不安抗辩权之行使后,可以通过提供适当担保,要求先履行一方恢复履行。"提供适当担保"是终止不安抗辩权行使的"要件",只要对方提供了适当担保,中止履行一方就应当恢复履行,因为对方提供适当担保,已经化解了先履行一方面临的不能获得对待给付的风险。换言之,一旦对方提供适当担保,先履行一方的不安抗辩权即归于消灭,他必须恢复其债务之履行,即使在自己恢复履行后,对方不能履行(违约),也只能执行担保,而不能再行使不安抗辩权解除合同。

　　例如，买卖合同约定"款到付货"，应当先履行付款义务的需方，有确切证据证明供方陷于经营状况严重恶化、丧失履行能力，因此依据第五百二十七条规定行使不安抗辩权中止付款，即在约定付款期限到来时不予付款，则按照本条第一句的规定，他应当履行通知义务，告知供方自己不予付款属于行使不安抗辩权，当然他也可以在通知中要求供方提供担保作为自己付款的条件。按照本条第二句的规定，供方可以向需方提供担保，担保在需方付款之后，自己能够履行交货义务或承担违约责任，据此要求需方恢复付款义务之履行。如果供方提供了适当的担保，则行使不安抗辩权中止付款义务的需方，就应当恢复履行，向供方支付货款。因为不安抗辩权已因对方提供适当担保而归于消灭，如果他不恢复履行（向供方付款），将构成违约。

　　本条第三句规定，先履行一方行使不安抗辩权中止履行（并及时通知对方）后，对方当事人在一个合理期限内，既没有恢复履行能力，也没有提供适当担保的，先履行一方可以解除合同。解除合同是不安抗辩权第二层次的效力。第一层次的效力中止履行，只是暂停债务履行，并不影响合同关系对双方当事人的拘束力。如果中止履行一段时间后，对方既没有提供适当的担保，又没有恢复履行能力，这时先履行一方可以在已经中止履行的基础上，行使不安抗辩权的第二步解除合同，消灭合同关系。在这种情形中，赋予先履行一方解除合同的权利，消灭实际上已不可能继续维持的合同关系，使双方当事人（享有不安抗辩权一方和丧失履行能力的相对方）及时获得解脱，避免造成更为严重的损失。

需注意的是，当事人行使不安抗辩权第二步解除合同，应具备的要件是：应先履行一方已依据本法第五百二十七条的规定行使不安抗辩权中止履行债务，并及时向相对方发出通知；相对方在一个合理期限内既未恢复履行能力，也未提供适当担保。其中，未提供适当担保和未恢复履行能力，属于事实问题，易于判断；唯"合理期限"属于不确定概念，因为立法者难于确定一个具体期限。于当事人双方就是否"在合理期限内"发生争议时，法庭应当遵循本法第一百四十二条规定的意思表示的解释规则，按照涉案合同的目的、交易习惯及诚实信用原则，予以认定。

应特别注意，先履行一方依据本条第三句规定"解除合同"，应当解释为不安抗辩权所内含的一项法定解除权，与本法第五百六十三条规定的法定解除权性质相同，应准用法定解除权有关规定。例如，中止履行一方解除合同，应准用第五百六十五条的规定，向对方发解除权行使通知，通知到达对方时合同解除，对方有异议的，任何一方均可以请求人民法院或者仲裁机构确认解除行为的效力；准用第五百六十六条的规定，合同解除后，双方均终止履行，基于不安抗辩权解除合同一方并有权要求相对方赔偿损失。本条沿用合同法第六十九条原文。

第五百二十九条　【债权人分立、合并等未通知债务人】

债权人分立、合并或者变更住所没有通知债务人，致使履行债务发生困难的，债务人可以中止履行或者将标的物提存。

本条规定因债权人分立、合并或者变更住所未通知债务人，致债务人难于履行债务情形，债务人可以中止履行债务或者将标的物提存。条文"债务人可以中止履行"，实际是债务人难于履行、不知道向何人（何地）履行而不得不暂停履行。此种情形下，债务人中止履行，是不得已的，与行使权利无关。但是，此种债务人难于履行债务之事实状态长期持续，对于债务人自己也不利，因此本条规定，债务人可以依据第五百七十条的规定，"将标的物提存"，以消灭（终止）合同关系。本条沿用合同法第七十条原文。

第五百三十条 【债务提前履行】

债权人可以拒绝债务人提前履行债务，但是提前履行不损害债权人利益的除外。

债务人提前履行债务给债权人增加的费用，由债务人负担。

本条规定债务提前履行。第一款规定，债权人可以拒绝债务人提前履行债务。此符合本法第五百零九条关于合同履行原则的要求。且债务人提前履行债务，也可能对于债权人不利或者不便（如存放、保管标的物困难）。需注意条文"可以拒绝"一语，明示拒绝债务人提前履行并非债权人的"权利"。第一款特设"但书"规定，"提前履行不损害债权人利益的除外"，依据此项规定，如果提前履行"不损害债权人利益"，债权人不得加以拒绝。表明本

法在债务提前履行问题上的立法政策是，尽可能兼顾双方
当事人的利益。但是，提前履行债务毕竟与合同关于履行
时间的约定不符，故应当认为，提前履行即使不损害债权
人利益，如果债权人仍然予以拒绝，也并不构成违约且无
须对此承担什么责任。本条第二款规定，债务人提前履行
债务，给债权人增加的费用，例如存放、保管标的物的费
用，应当由债务人承担。其理自明，毋庸赘述。本条系合
同法第七十一条原文。

第五百三十一条　【债务部分履行】

债权人可以拒绝债务人部分履行债务，但是部分履行
不损害债权人利益的除外。

债务人部分履行债务给债权人增加的费用，由债务人
负担。

本条规定债务部分履行。此所谓"债务部分履行"，
不同于"分期履行的债务"。债务部分履行，指按照合同
性质、目的和当事人约定，债务本应当作为一个整体一次
性履行，而债务人要求分批、分次履行。"债务部分履行"

与前条"债务提前履行"类似，故本条规定与前条关于债务提前履行的规则相同。理由见前条解读，此不赘述。本条系合同法第七十二条原文。

第五百三十二条 【当事人一方姓名等变更】

合同生效后，当事人不得因姓名、名称的变更或者法定代表人、负责人、承办人的变动而不履行合同义务。

按照民法原理，合同生效即产生对双方当事人的拘束力（第四百六十五条），此"拘束力"，系以国家公权力予以保障，唯当事人严格按照合同约定履行债务终止合同关系或者依据法律的规定解除合同关系，可以从中解脱。此即罗马法所谓"债是法锁"之本意。当事人一方姓名、名称变更或者法定代表人、负责人、承办人的变动，当然不影响合同"拘束力"。鉴于新中国成立后有较长一段时期实行计划经济，改革开放后才逐渐推行合同制度，民法精神、合同观念有待逐渐培育，早期确曾发生当事人因姓名、名称变更或者法定代表人等变动而拒绝履行合同债务的情况，故合同法特设此项规定。本条沿用合同法第七十六条原文。

第五百三十三条 【情事变更原则】

合同成立后，合同的基础条件发生了当事人在订立合同时无法预见的、不属于商业风险的重大变化，继续履行合同对于当事人一方明显不公平的，受不利影响的当事人可以与对方重新协商；在合理期限内协商不成的，当事人可以请求人民法院或者仲裁机构变更或者解除合同。

人民法院或者仲裁机构应当结合案件的实际情况，根据公平原则变更或者解除合同。

本条规定情事变更原则。自罗马法以来合同法上本无所谓情事变更原则。传统法律思想坚持形式主义合同观念，只须双方当事人达成合意即可产生当事人所追求的法律效果。至于此合意基于何种情事、何种前提及其内容是否合于公平，均非所问。合同成立之后，无论出现何种客观情况异常变化，均不影响合同法律效力。立法和理论坚持要求双方当事人严格履行合同义务，此即所谓"契约必须严守原则"。

进入 20 世纪，人类历史经历三次重大事变，即两次世界大战和 20 世纪 30 年代的经济大危机，促成法律思想的转变。第一次世界大战后，由于交通运输破坏、物价暴涨、货币严重贬值、市场情况剧烈变动，使许多合同无法依约履行、法院面临许多不能按照现行法或者先例裁判的案件。即发生所谓"法律不足"问题。在此历史背景之下，民法学者借鉴历史上的"情事不变条款"理论，提出情事变更原则的各种学说，经法院采为裁判理由，使情事变更原则具有法律约束力。实践表明，情事变更原则赋予法庭直接干预当事人之间合同关系的"公平裁量权"，使合同法能够适应社会经济发展变化，更好地协调当事人之间的利益冲突，维护市场经济秩序。

现今情事变更原则已经在现代债法上居于越来越重要的地位。若干有代表性的民法典和国际公约都明文规定了情事变更原则。例如，《美国合同法（第二次重述）》第265条、《联合国国际货物销售合同公约》第79条、《联合国国际商事合同通则》第6.2.2条及第6.2.3条、《欧洲合同法通则》第6.111条、德国民法典第313条、我国台湾地区"民法"第327条，等等。《欧洲合同法通则》第6：111条规定："（2）如果由于情事变更使合同履行变得格外艰难，当事人应进行磋商以改订合同或者解除合同：a. 情事变更发生在合同成立之后；b. 当事人不能合理预见；并且，c. 风险不应由不利方承担。（3）合理期间未达成合意，法庭可确定时间、条件解除合同或者改订合同，以公平分摊损失和收益。"

情事变更与不可抗力的区别如下：（1）两者虽均构成履行障碍，但程度不同。不可抗力已经构成履行不能，而情事变更并未得到履行不能的程度，仍属于可能履行，只是其履行极为艰难并导致显失公平；（2）不可抗力属于确定概念，本法第一百八十条设有不可抗力的定义，而情事变更属于不确定概念，法律上难于规定其内涵和外延；（3）不可抗力属于法定免责事由，当事人只需举证证明不可抗力导致合同履行不能，即可获得免责，法庭对于是否免责无裁量余地；情事变更不是法定免责事由，其本质在于使当事人享有请求变更或者解除合同的请求权，并同时授予法庭"公平裁量权"；（4）不可抗力的效力系当然发生，情事变更的效力非当然发生，是否构成情事变更，是否变更合同或者解除合同，及变更或者解除的条件，取决于法庭的裁量。

合同法草案规定了情事变更原则，但在全国人大大会审议中被删除。理由是担心情事变更原则被滥用。鉴于因情事变更发生的合同纠纷案件的裁判需要统一裁判标准，《合同法司法解释（二）》第二十六条创设情事变更解释规则。起草人以该项司法解释为基础，根据民法原理并参考立法例予以修改，设立本条规定。

按照本条第一款规定，情事变更须具备以下要件：（1）合同的基础条件发生重大变化。所谓"合同的基础条件"，指当事人缔结合同关系的基础条件（客观条件），因存在此基础条件当事人才缔结此合同关系；若此基础条件不存在，当事人绝不会缔结此合同关系。所谓"基础条件发生重大变化"，指双方当事人赖以缔结合同关系的"基础条件"所发生的变化达到这样的程度，即如当事人预见到这样的变化（程度）就不会缔结该合同关系，至少是不会按照原合同内容缔结该合同关系。法庭在判断某些客观情况是否属于合同的基础条件，以及基础条件是否发生"重大变化"时，应当采用"富有经验的诚信商人"标准。（2）（合同基础条件的重大变化）发生在合同成立之后。此项要件容易认定。（3）（对合同基础条件的重大变化）双方当事人不能合理预见。此项要件，亦应采用"富有经验的诚信商人"标准判断。（4）（合同基础条件的重大变化）不属于商业风险。此项要件实际与第三项要件相同，如果双方当事人能够合理预见，即属于商业风险；不能合理预见，即不属于商业风险。（5）继续履行合同对当事人一方显失公平。此所谓"显失公平"，指在合同基础条件发生重大变化的情况下，要求按照合同约定履行义务，将使一方当事人成本剧增或者收益剧减、根本改变（打破）双方利益均衡。满足以上五项要件，即构成情事变更。

按照本条第一款规定，情事变更的效力，分为两个层次：第一层次的效力是，受不利影响的当事人可以与相对方当事人重新协商，以改订合同。从情事变更原则的立法目的解释，要求与相对方重新协商以改订合同，属于受不利影响依法当事人的权利，相对方不得拒绝。如相对方当事人违背诚信原则拒绝协商或者中断协商，应当对因此造成对方的损失承担赔偿责任。补充一句，所谓"改订合同"，主要是"改订"合同价格条件。第二个层次的效力：如合理期限内协商不成，任何一方均可请求法院或者仲裁机构变更合同内容或者解除合同。

本条第二款规定："法院或者仲裁机构应当结合案件

的实际情况，根据公平原则变更或者解除合同。"需特别注意，所谓"根据公平原则变更或者解除合同"，指按照公平原则确定变更的条件或者解除的条件。参考前引《欧洲合同法通则》第 6.111 条的规定，指法庭通过确定变更条件或者解除的条件，在双方当事人之间"公平分摊（因情事变更造成的）损失和收益"，以恢复当事人之间的利益均衡。条文"结合案件的实际情况"，应主要指本案合同的性质在发生情事变更情况下是否可能通过改订合同内容而维持合同关系。如属于长期合同，通常双方当事人希望继续维持合同关系，故法庭应当尽量改订合同（内容），只在无通过改订合同内容继续维持合同关系可能的情形，才考虑判决或者裁定解除合同。

第五百三十四条 【市场监管部门的职权】

对当事人利用合同实施危害国家利益、社会公共利益行为的，市场监督管理和其他有关行政主管部门依照法律、行政法规的规定负责监督处理。

本条规定市场监督管理和其他有关行政部门，对于当事人利用合同危害国家利益和社会公共利益行为，依法监督处理。属于授权性规定。本条以合同法第一百二十七条规定为基础。

第五章　合同的保全

第五百三十五条　【债权人代位权】

因债务人怠于行使其债权或者与该债权有关的从权利，影响债权人的到期债权实现的，债权人可以向人民法院请求以自己的名义代位行使债务人对相对人的权利，但是该权利专属于债务人自身的除外。

代位权的行使范围以债权人的到期债权为限。债权人行使代位权的必要费用，由债务人负担。

相对人对债务人的抗辩，可以向债权人主张。

本条规定债权人代位权。因债务人怠于行使其对于次债务人的到期债权，对债权人造成损害的，债权人可以请求人民法院以自己的名义代位行使债务人的债权。所针对的是所谓"三角债"的关系。甲、乙、丙三方当事人，丙欠乙的债，乙欠甲的债，甲是乙的债权人，乙是丙的债权人，构成典型的"三角债"。按照债法一般原理，亦即合同相对性原则（第四百六十五条），债权人甲只能向法院起诉自己的债务人乙，而不能起诉乙的债务人丙。因为丙不在甲乙之间的债权债务关系之中，不受甲乙之间的债权债务关系的拘束。只能是甲起诉自己的债务人乙，乙起诉自己的债务人丙，甲不能起诉丙，除非乙将自己对于丙的债权转让给甲（第五百四十五条）。

假设丙欠乙 50 万元，乙欠甲 50 万元，而乙没有别的财产。按照常理，乙从次债务人丙讨回自己的 50 万元，不就可以清偿自己欠甲的 50 万元了吗？但现实生活中确有这样的情况，乙不主动向丙追讨那 50 万元，当然也就不能清偿自己欠甲的 50 万元债务。这种情形下，甲明知乙的账户没钱，就是把乙告到法院也难获清偿。甲当然可以找乙协商，要求乙将对于丙的 50 万债权转让给自己，但如果乙不愿意签订债权转让协议怎么办呢？这就是债权人甲面临的困境。

我国在 20 世纪 80 年代后期直到 90 年代，经济生活中发生企业相互拖欠货款、企业拖欠银行贷款即所谓"三角债"的问题，以致妨碍了国民经济发展，相关部门曾先后两次采取行政措施"清理三角债"。因此，立法机关采纳民法学者建议，参考借鉴发达国家和地区的立法经验，特别创设债权人代位权制度（本条），以实现破解"三角债"社会问题的政策目的。债权人代位权制度，赋予债权人代位行使自己的债务人（对次债务人）的债权，对债权人给予特别保护，属于债的相对性原理的一个例外。

回到上述丙欠乙 50 万元、乙欠甲 50 万元的例子，如果乙怠于行使对丙的 50 万债权，乙当时又没有别的财产，这就损害了债权人甲的利益（使甲对乙的 50 万债权不能获得清偿），这种情形下，根据本条关于债权人代位权的规定，甲就可以直接向法院起诉乙的债务人丙。甲行使的不是自己的债权，而是自己的债务人乙的债权。而甲既未从乙受让该项债权，亦未接受乙的委托，甲起诉丙的根据何在？根据法律规定，甲以自己的名义代位行使自己的债务人乙对丙的债权，就叫债权人代位权。债权人代位权诉讼中，甲是原告，丙是被告，而乙则被列为第三人。债权人甲提起代位权诉讼，未将债务人乙列为第三人的，人民法院应当追加债务人乙为第三人。

按照本条第一款及《最高人民法院关于适用〈中华人民共和国合同法〉若干问题的解释（一）》（以下简称《合同法司法解释（一）》）的规定，发生债权人代位权的要件如下：（1）须债权人对债务人享有债权，债务人对次债务人享有债权。亦即债权人、债务人、次债务人之间构成三角债关系。且鉴于本法创设债权人代位权的政策目的，债权人对债务人的债权，及债务人对次债务人的债权，均应解释为，属于"以金钱给付为内容的债权"；（2）债务人对次债务人的债权，非专属于债务人自身的债权。所谓"专属于债务人自身的债权"，是指"身份关系上的扶养（抚养、赡养）请求权、继承关系上的给付请求权，以及劳动报酬、退休金、养老金、抚恤金、安置费、人寿保险、人身伤害赔偿请求权等权利"；（3）债权人对债务人的债权，及债务人对次债务人的债权，均已到期（履行期限已经到来）。仅债权人对债务人的债权到期，而债务人对次债务人的债务未到期，或者债务人对次债务人的债权到期，而债权人对债务人的债权未到期，均不符合债权人代位权的要件；（4）须债务人怠于行使其对次债务人的债权。所谓"怠于行使"其对次债务人的债权，是指"债务人不以诉讼方式或者仲裁方式"向次债务人主张债权，其是否在诉讼或者仲裁方式之外，曾口头或书面向次债务人主张债权，在所不论。诉讼中，被告（次债务人）否认债务人"怠于行使"其到期债权的，应当承担举证责任；（5）须因债务人怠于行使其对次债务人的债权，对债权人造成损害。即债务人"怠于行使"债权为原因，"债权人受损害"是结果，二者之间存在因果关系。此项要件如何判断？关键在于，债务人是否有其他财产可供清偿其对债权人的债务？如债务人有其他财产可供清偿债务，则其"怠于行使"债权，不会对债权人造成损害。反之，如债务人别无其他财产可供清偿对债权人的债务，则其"怠于行使"债权，致使债权人的债权未能实现，即对债权人造成损害，即应认定其"怠于行使"债权，造成债权人损害。如被告（次债务人）或第三人（债务人）主张抗辩"未造成债权人损害"，法庭应责令其举证证明债务人别有足以清偿对债权人债务的财产。如被告（次债务人）或第三人（债务人）举证证明了债务人"别有足以清偿对债权人债务的财产"，则法庭于认定抗辩理由成立的同时，应当对原告（债权人）释明，告知原告可以变更诉讼请求。原告（债权人）可以将原行使债权人代位权诉讼请求，变更为请求强制债务人履行债务（变更为以债务人为被告的履行债务之诉，次债务人退出诉讼）。

合同法颁布后，关于代位权行使效果之归属，即有两种不同解释意见：第一种意见认为，应归属于债务人，再由债务人的全体债权人按债权额比例分配，行使代位权的债权人不能优先受偿。因为债权人虽以自己的名义起诉，但所行使的不是自己的债权，而是债务人的债权，效果当然应归属于债务人。按照传统民法理论，债权人代位权属于"债权保全"制度，性质上为"共同担保"制度，即通过债务人权利之代位行使，保全债务人的责任财产，维持其偿债能力，最终保护债务人的全体债权人的利益。按照债权平等原则，行使代位权的债权人只能与其他债权人一同平等地、按比例地受清偿各自的债权。第二种意见认为，应当归属于行使代位权的债权人，由其优先受偿。其根据在于，"代理受领"与"抵销权行使"相结合之法理构成，即代位债权人既然以自己名义行使债务人的债权，理当"代理受领"债权行使之效果，然后再将自己"代理受领"的金额与债务人欠自己的债务相互抵销，以实现自己债权的优先受偿。

考虑到合同法制定当时的背景，因所谓"三角债"社会问题之严重存在，已经严重影响市场经济的正常发展，立法者创设债权人代位权的政策目的，是要刺激、鼓励处于三角债关系中的债权人，积极主动地行使债权人代位权，以解开"三角债"的死结。假如采第一种解释，行使代位权的效果先归属于债务人，再由其全体债权人按债权额比例分配，则债权人无须行使代位权亦可坐享其利，而积极行使代位权的债权人反而得不偿失，必然挫伤债权人行使代位权的积极性，而导致该立法目的落空，且代位权诉讼实质上是由债权人代位提起的债权清偿之诉，并非破产诉讼，法院不必要也不应当通知债务人的其他债权人加入诉讼，而启动一个破产或者清产还债程序（债务人的其他债权人可加入成为共同原告代位权诉讼，自不待言）。

上述两种解释意见虽均有其理由，但衡诸本法创设债权人代位权制度之立法目的，应当肯定，第二种解释意见更为可采。我们看到，《合同法司法解释（一）》第二十条规定："债权人向次债务人提起的代位权诉讼经人民法院审理后认定代位权成立的，由次债务人向债权人履行清偿义务，债权人与债务人、债务人与次债务人之间相应的债权债务关系即予消灭。"毫无疑问，采纳了上述第二种解释意见。民法典合同编立法者肯定此条解释，并将此条解释规定在第五百三十七条前段，成为正式的法律条文。债权人代位权制度已经不再是传统民法原来意义上的债权保全制度，已变更为一项特殊的债权清偿制度。

本条第二款规定："代位权的行使范围以债权人的到期债权为限。债权人行使代位权的必要费用，由债务人负担。"第三款规定："相对人对债务人的抗辩，可以向债权人主张。"指在债权人代位权诉讼中，作为被告的（债务人的）相对人，如对债务人（自己的债权人、本案第三人）享有抗辩权，现在可以对本案原告（债权人）主张该抗辩权。其理至明，毋庸赘言。

起草人以合同法第七十三条为基础，对第一款稍有修改，即"债务人怠于行使其到期债权，对债权人造成损害的"，改为"债务人怠于行使其债权或者与该债权有关的从权利，影响债权人的到期债权实现的"，第二款原文不变，并增加第三款关于抗辩权的规定，设为本条。

第五百三十六条 【期前代位权】

债权人的债权到期前，债务人的债权或者与该债权有关的从权利存在诉讼时效期间即将届满或者未及时申报破产债权等情形，影响债权人的债权实现的，债权人可以代位向债务人的相对人请求其向债务人履行、向破产管理人申报或者作出其他必要的行为。

本条规定期前代位权。按照本条规定，债权人（对债务人）的债权到期前，债务人（对相对人）的债权或者与该债权有关的从权利存在诉讼时效即将届满或者未及时申报破产债权等情形，影响债权人的债权实现的，债权人可以代位向债务人的相对人请求其向债务人履行（债务）、向破产管理人申报（债权）或者作出其他必要的行为。实际规定了两项"代位权"：一是债权人以自己的名义（代位债务人）向法院起诉债务人的相对人。此与前条规定的债权人代位权稍有差别，因债权人对债务人的债权尚未到期，故只能请求被告（债务人的相对人）向债务人（本案为第三人）履行债务，而不得请求其向自己履行债务。二是债权人以自己的名义（代位债务人）向（债务人的相对人的）破产管理人申报（债务人对相对人的）债权。至于条文所谓"作出其他必要的行为"，应指对（债务人的相对人的）财产采取（诉讼或者诉前）保全措施无疑。

第五百三十七条　【代位权的效果】

人民法院认定代位权成立的，由债务人的相对人向债权人履行义务，债权人接受履行后，债权人与债务人、债务人与相对人之间相应的权利义务终止。债务人对相对人的债权或者与该债权有关的从权利被采取保全、执行措施，或者债务人破产的，依照相关法律的规定处理。

本条规定债权人代位权行使的效果。前段是以《合同法司法解释（一）》第二十条为基础。该条规定："债权人向次债务人提起的代位权诉讼经人民法院审理后认定代位权成立的，由次债务人向债权人履行清偿义务，债权人与债务人、债务人与次债务人之间相应的债权债务关系即予消灭。"现在的条文仅有个别文字调整。本条后段为新增，即"债务人对相对人的债权或者与该债权有关的从权利被采取保全、执行措施，或者债务人破产的，依照相关法律的规定处理"。按照这一规定，如果债务人对相对人的债权或者与该债权有关的从权利（或权利标的）已经被法院采取保全、执行措施，则债权人应当依照有关强制执行的法律规定，向保全或者执行法院主张权利；如债务人已经破产，则债权人应当依照破产法的规定主张权利。

第五百三十八条　【债权人撤销权（一）】

债务人以放弃其债权、放弃债权担保、无偿转让财产等方式无偿处分财产权益，或者恶意延长其到期债权的履行期限，影响债权人的债权实现的，债权人可以请求人民法院撤销债务人的行为。

本条规定债权人撤销权。按照民法意思自治原则，债务人作为民事主体，当然可以自由处分自己的财产（和财产权利），包括有偿转让（出卖财产给他人）、无偿转让

（将财产赠与他人）和放弃债权（免除他人债务）。但此财产处分自由并非不受限制，法律不允许债务人滥用财产处分自由以损害债权人的利益，不允许一边拖欠债权人的债，一边无偿处分自己的财产或财产权利。故民法立法例有债权人撤销权制度。债权人撤销权的实质，就是对债务人财产处分自由的限制。关键在于，债务人是否有别的财产足以清偿对债权人的债务。如果债务人还有别的、足以清偿对债权人的债务的财产，则债务人的财产处分行为将不受限制；反之，如果债务人没有别的、足以清偿对债权人的债务的财产，而任意处分自己的财产，损害债权人利益（使其债权不能获得清偿），则债权人即可行使债权人撤销权，撤销债务人的财产处分行为。

根据本条规定，所谓债权人撤销权，是法律赋予债权人据以撤销债务人财产处分行为的权利，性质上属于形成权。债权人行使债权人撤销权，撤销债务人的财产处分行为，使债务人处分行为（转让财产的合同和免除债务的单方行为）归于无效，其效力及于该处分行为的相对人，使该相对人丧失既得之权利和利益，可知债权人撤销权，亦属于合同相对性原则之一种例外。有鉴于此，本条明文规定，债权人撤销权之行使必须采取诉讼方式，债权人向人民法院提起撤销权行使之诉，应将所欲撤销财产处分行为的相对人列为诉讼第三人。

按照本条规定，债权人撤销权的构成要件如下：（1）须债务人有"放弃其债权、放弃债权担保、无偿转让财产等方式无偿处分财产权益，或者恶意延长其到期债权的履行期限"的行为。此项要件称为"行为要件"；（2）须债务人以放弃其债权、放弃债权担保、无偿转让财产等方式无偿处分财产权益，或者恶意延长其到期债权的履行期限，"对债权人造成损害"。此项要件称为"损害事实要件"。同时具备此两项要件（行为要件和损害事实要件），即发生债权人撤销权，受损害的债权人可以依据本条向人民法院起诉、请求人民法院撤销债务人的行为。债权人撤销权，性质上属于一种形成权，故撤销权行使之诉，属于形成之诉。债权人撤销权行使之诉，应以债务人为被告，并将债务人行为的相对人作为诉讼第三人。债权人未将债务人行为的相对人作为诉讼第三人的，法庭应依职权将该相对人列为诉讼第三人。

法庭审理撤销权行使诉讼案件，关键在于如何判断

"损害事实要件"？判断标准是，债务人是否另有其他财产可供清偿其对债权人的债务？如债务人有其他财产可供清偿债务，则其无偿处分财产行为（"放弃其债权、放弃债权担保、无偿转让财产等方式无偿处分财产权益，或者恶意延长其到期债权的履行期限"），不会对债权人造成损害。反之，如债务人别无其他财产可供清偿对债权人的债务，则其无偿处分财产行为，致使债权人的债权未能实现，即应认定"损害事实要件"存在。被告（债务人）或第三人（无偿处分行为之相对人）就此项要件主张抗辩的，法庭应责令其举证证明"债务人别有足以清偿对债权人债务的财产"，如被告（债务人）或第三人（无偿处分行为之相对人）举证证明了债务人"别有足以清偿对债权人债务的财产"，则法庭于认定抗辩理由成立之同时，应当对原告（债权人）释明，告知原告可以变更诉讼请求。这种情形下，原告（债权人）可以将原行使债权人撤销权撤销债务人处分行为之诉讼请求，变更为请求法院判决债务人履行债务（以债务人为被告、无偿处分行为之相对人退出诉讼）之诉讼请求。经法庭释明债权人不予变更的，即判决驳回其请求。

第五百三十九条 【债权人撤销权（二）】

债务人以明显不合理的低价转让财产、以明显不合理的高价受让他人财产或者为他人的债务提供担保，影响债权人的债权实现，债务人的相对人知道或者应当知道该情形的，债权人可以请求人民法院撤销债务人的行为。

本条规定："债务人以明显不合理的低价转让财产、以明显不合理的高价受让他人财产或者为他人的债务提供担保，影响债权人的债权实现，债务人的相对人知道或者应当知道该情形的，债权人可以请求人民法院撤销债务人的行为。"本条规定撤销权的客体为债务人有偿财产行为，而与前条撤销权的客体为债务人的无偿处分行为不同。按照民法原理及本法关于权利自由行使原则（第一百三十条），债务人作为财产权人，当然有权转让其财产，且债务人转让财产，如属于正常的市场交易行为，并不会损害债权人的利益。因为他转让了财产，收回了价款，可以用收取的价款清偿对债权人的债务。需注意，本条规定的转让财产行为，不是正常的市场交易行为，而是意图通过背离市场价格的明显不合理低价转让财产、以明显不合理的高价受让财产，以达到损害债权人（使其债权不能获得清偿）的不正当目的。例如价值上百万、几百万的房屋，象征性的几万、十几万就卖了，不是卖给不相识的买受人，而是卖给他的亲戚朋友，或者价值甚低的财产却以数十万、上百万的高价购进，不是从不相识的出卖人购买，而是从自己的亲戚朋友手中购买。显而易见，这不是正常的市场交易行为。法律绝不允许债务人以这种不正常的财产转让行为损害债权人利益。但考虑到这种情形，债务人的行为毕竟采取了市场交易的形式，属于有偿转让（受让）财产，而与无偿处分财产不同，因此法律规定债权人撤销权的构成要件，应比无偿处分情形更为严格，以避免损及相对人正当利益、市场交易正常秩序。

按照本条规定，债务人有偿财产行为情形债权人撤销权的构成要件如下：

第一，须债务人有"以明显不合理的低价转让财产、以明显不合理的高价受让他人财产"的行为。此项要件，称为行为要件。所谓"明显不合理的低价""明显不合理的高价"，属于"不确定法律概念"。鉴于社会生活复杂，立法者没有办法规定一个明确、具体的判断标准，不得已采用不确定法律概念，将具体判断委托给审理案件的法庭。首先判断是否构成"低价"（或者"高价"）？应与当时当地市场价格对照，转让价格低于市场价格，即构成"低价"；高于市场价格，即构成"高价"。这一步判断比较容易。考虑到市场经济条件下，与计划经济实行国家定价的情形不同，具体交易行为的价格不可能与市场价格相同，绝不能因为交易价格低于市场价格或者高于市场价格，就撤销该交易行为。应当予以撤销的所谓"低价"转让或者"高价"受让，需达到"明显不合理"的程度，故条文规定为"明显不合理的低价""明显不合理的高价"。

判断一项转让之"低价"或者"高价"，究属"合理"或者"明显不合理"，应当以交易当地"一般经营者"（相当于民法理论上所谓"理智人"）的判断为准，当地"一般经营者"可能接受的"低价"或者"高价"，属于"合理的低价"或者"合理的高价"；反之。交易当地"一般经营者"不可能接受的"低价"或者"高价"，即应属于"不合理的低价"或者"不合理的高价"。又考虑到，具体交易的当事人，其谈判能力和经验可能与"一般经营者"有差距，不符合理论上所谓"理智人"标准，或者有不得已之急迫事由，也可能接受"不合理的低价"或者"不合理的高价"。仅因"不合理的低价"或者"不合理的高价"即撤销该转让或者受让行为，有悖于维护市场交易安全之价值取向，故进一步予以限制，本条规定需达到"明显不合理的低价"或者"明显不合理的高价"，才能予以撤销。此所谓"明显不合理的低价"或者"明显不合理的高价"，应指即使考虑到与"一般经营者"在谈判能力和经验上的差距，以及有不得已之急迫事由，也无论如何难于接受的"低价"或者"高价"。

如上所述，条文之所以采用"明显不合理的低价"、"明显不合理的高价"的不确定法律概念，不仅反映立法者能力之局限，而且说明设立一个统一的具体判断标准之不可能和不合理，因此将具体案件情形之判断，委托给审理案件的法庭。《合同法司法解释（二）》针对此项要件，作出解释："人民法院应当以交易当地一般经营者的判断，并参考交易当时交易地的物价部门指导价或者市场交易价，结合其他相关因素综合考虑予以确认"，当然是正确的。但该司法解释，却又试图替社会生活中纷繁复杂、千差万别、形形色色的案件，设立一个统一的判断标准："转让价格达不到交易时交易地的指导价或者市场交易价百分之七十的，一般可以视为明显不合理的低价；对转让价格高于当地指导价或者市场交易价百分之三十的，一般可以视为明显不合理的高价。"此统一判断标准，固然具有可操作性，但其本身的"合理性"却大可存疑。

第二，须债务人以明显不合理的低价转让财产、以明显不合理的高价受让他人财产，"影响债权人的债权实现"。此"影响债权人的债权实现"，与前条所谓"对债权人造成损害"同其意义。此项要件，称为"损害事实要件"。判断的标准是，债务人是否有其他财产可供清偿其对债权人的债务？如债务人还有其他财产可供清偿债务，则其"以明显不合理的低价转让财产、以明显不合理的高价受让财产"的行为，不会影响"债权人的债权实现"。反之，如债务人别无其他财产可供清偿对债权人的债务，则其"以明显不合理的低价转让财产、以明显不合理的高价受让财产"的行为，即应肯定"影响债权人的债权实现"。被告（债务人）或第三人（转让行为之相对人）就此项要件主张抗辩的，法庭应责令其举证证明"债务人别有足以清偿对债权人债务的财产"，如被告（债务人）或第三人（转让行为之相对人）举证证明了债务人"别有足以清偿对债权人债务的财产"，则法庭于认定抗辩理由成立之同时，应当对原告（债权人）释明，告知原告可以变更诉讼请求。这种情形，原告（债权人）可以将原行使债权人撤销权诉讼请求，变更为请求法院判决债务人履行债务（以债务人为被告、转让行为之相对人退出诉讼）之诉讼请求。经法庭释明而债权人不予变更的，应当判决驳回其请求。

第三，"债务人的相对人知道或者应当知道"债务人以明显不合理的低价转让财产、以明显不合理的高价受让财产的行为，"影响债权人的债权实现"。此项要件，称为"相对人明知要件"。如前所述，针对债务人无偿处分财产行为的债权人撤销权，仅须两项构成要件（行为要件和损害事实要件）即可成立。因本条规定的债务人行为毕竟具有市场交易的形式，为避免损及相对人正当利益、市场交易秩序，故增加第三项要件。条文中的"债务人的相对人"，应当解释为，债务人"以明显不合理的低价转让财产"的"受让人"（买受人），以及"以明显不合理的高价受让财产"的"转让人"（出卖人）。条文"知道或者应当知道该情形"中的"该情形",应当解释为,该相对人知道债务人"以明显不合理的低价转让财产、以明显不合理的高价受让财产"的行为,"影响债权人的债权实现"。相对人是否知道,属于主观心理状态,难于要求原告(债权人)举证证明,当然也不应要求债务人的相对人予以反证,应当由法庭结合本案具体情形,依据一般社会生活经验进行判断。按照一般社会生活经验,任何人转让财产或者受让财产,如果相对方不是自己的亲戚朋友,都不可能接受"明显不合理的"低价或者高价。唯有相对方是自己的亲戚朋友时,才有可能接受"明显不合理的"低价或者高价。因此,如果查明受让人或者出让人是债务人的亲戚朋友,则按照一般社会生活经验,应当认定该受让人或者出让人"知道或者应当知道""影响债权人的债权实现"。此即程序法教科书所谓"经验法则",《最高人民法院关于民事诉讼证据的若干规定》谓为根据"日常生活经验法则推定"。

但需注意,于"债务人为他人的债务提供担保"情形,如何判断该相对人(被保证人、抵押权人)"知道或者应当知道"此担保行为"影响债权人的债权实现"?其接受债务人提供担保纯属于市场行为,与前述与债务人以

"明显不合理"的价格进行交易（获得不正当利益）的相对人比较，接受债务人提供担保的相对人并未获得不正当利益，仅接受债务人提供担保也并未减少债务人的责任财产。请特别注意，《合同法司法解释（二）》第十九条，在解释合同法第七十四条规定的"明显不合理的低价"如何判断时，采目的性扩张解释方法，将债务人以"明显不合理的高价收购他人财产"，纳入债权人撤销权的适用范围。即"债务人以明显不合理的高价收购他人财产，人民法院可以根据债权人的申请，参照合同法第七十四条的规定予以撤销"。但该司法解释，并未提及债务人"为他人债务提供担保"。本条规定债务人"为他人债务提供担保"，致使为他人债务提供保证担保，债权人亦可行使撤销权，确有可议之处。

按照民法原理和社会生活经验，为他人提供担保（包括人的担保和物的担保），其中，为他人债务提供物的担保（抵押、质押），因抵押权、质权之存在，将限制担保财产的处分，确有影响债权人的债权实现之虞，但为他人债务提供保证担保中须法院责令保证人承担保证责任的判决生效并予执行，才造成债务人可资履行债务的责任财产减少。此与"明显不合理的低价转让财产""明显不合理的高价购买他人财产"的行为一经实施，立即造成债务人可资履行债务的责任财产减少，是完全不同的。因此，仅仅是债务人"为他人债务提供保证担保"的行为，而尚未执行此项担保，不可能因此造成债务人责任财产减少，故不具备前述第二项"损害事实要件"（"影响债权人的债权实现"）。换言之，如果债务人责任财产已经减少、债权人的债权实现已经受到影响，其与债务人"为他人债务提供保证担保"（此项担保尚未执行）之间，不存在因果关系！

概而言之，起草人在合同法第七十四条关于"明显不合理的低价转让财产"的规定和最高人民法院关于"明显不合理的高价收购条人财产"的司法解释基础上创设第五百三十九条时，增加"为他人债务提供担保"，与本条债权人撤销权的立法目的相左。特此建议法庭于适用本条时，采用目的性限缩解释方法，将债务人"为他人债务提供担保，解释为'为他人债务提供物的担保（抵押、质押）'，而将为他人债务提供保证担保"行为案型，排除于本条债权人撤销权的适用范围之外。

裁判实务中还发生这样的问题：法院审理债权人撤销

权诉讼，经审理查明，符合本条规定的构成要件，法庭本应依法作出撤销该财产转让行为（"明显不合理的低价"转让或者"明显不合理的高价"受让）的判决，但是该"明显不合理低价"转让财产的受让人或者"明显不合理的高价"受让财产的出让人（本案诉讼第三人）主动提出，自愿将"明显不合理的低价"补足到正常的价格或者将"明显不合理的高价"减少到正常的价格，使该财产转让行为有效，以排除债权人行使撤销权，法庭是否允许？

这是立法者未预见到的问题，我的意见是：法庭应当允许。因为这样做对债权人没有害处，与债权人撤销权的立法目的，并不违背。前面谈到，合同法创设债权人撤销权的立法目的是应对债务人赖账，通过撤销债务人意图赖账的财产转让（或受让）行为，以维持债务人的偿债能力，最终保障债权人的债权实现。现在受让人提出自愿将不合理低价补足到正常价格或者出让人提出自愿将不合理高价减少到正常价格，当然可以用受让人补足或者出让人退还的与正常价格价款的差额，清偿债务人拖欠债权人的债务，以实现同一立法目的。这种情形中，法庭应通过释明，使债权人将撤销权诉讼变更为债务清偿诉讼，判决该受让人或者出让人向原告债权人支付正常价格与原转让价格的差额。

第五百四十条　【撤销权的范围与费用负担】

撤销权的行使范围以债权人的债权为限。债权人行使撤销权的必要费用，由债务人负担。

本条规定撤销权的行使范围及行使费用负担。与第五百三十五条第二款代位权的行使范围和销售费用负担相同。此不赘述。本条沿用合同法第七十四条第二款原文。

第五百四十一条　【除斥期间】

撤销权自债权人知道或者应当知道撤销事由之日起一年内行使。自债务人的行为发生之日起五年内没有行使撤销权的，该撤销权消灭。

债权人撤销权，性质上属于形成权，而形成权应受除斥期间的限制。即使债务人有放弃债权、无偿转让财产或者以明显不合理的价格转让或者受让财产的行为，如果该行为之发生已经过了很长的时间，债权人一直没有行使债权人撤销权，则基于维持社会关系稳定的考虑，不应再允许债权人行使撤销权。对债权人撤销权行使的这一时间限制，称为除斥期间。除斥期间与诉讼时效，均属于对权利行使的时间限制。二者适用的权利不同，除斥期间适用于形成权，诉讼时效适用于请求权。诉讼时效期间，可以发生中止、中断和延长，期间是可变的。除斥期间，无所谓中止、中断和延长，属于不变期间。除斥期间一旦开始计算，就不停地计算下去，直至期间届满权利即消灭。

根据本条的规定，债权人撤销权的除斥期间，因起算点不同，而有两种期间：一年期间与五年期间。一年期间，自债权人知道或者应当知道撤销事由之日起算，一年期间届满而债权人未行使撤销权的，该撤销权消灭。五年期间，自债务人的行为（撤销事由）发生之日起算，五年期间届满而债权人未行使撤销权的，该撤销权消灭。本条沿用合同法第七十五条原文。

第五百四十二条　【撤销权行使的效果】

债务人影响债权人的债权实现的行为被撤销的，自始没有法律约束力。

本条规定债权人撤销权行使的效果。人民法院受理债权人提起的撤销权行使之诉，经法庭审查符合第五百三十八条、第五百三十九条规定的构成要件的，当然应作出债权人胜诉的判决，即判决撤销债务人实施的影响债权人的债权实现的行为。至于撤销的效果，应当适用本法第一百五十五条、第一百五十七条关于民事法律行为"被撤销"的效果的规定。按照第一百五十五条规定，债务人的行为被撤销的，其行为"自始没有法律约束力"。如果债务人的行为属于"放弃债权"或者"放弃债权担保"，则视为自始未放弃，亦即该债权或者债权担保仍然有效；如果属于"延长债务履行期限"，则视为自始未延长，即恢复原履行期限；如果属于无偿转让财产（赠与），则视为该无偿转让行为（赠与）自始无效，再依据第一百五十七条的规定，判决受让人（受赠人）返还该财产；如果属于有偿转让或者受让财产，则视为该转让或者受让行为自始无效，再依据第一百五十七条的规定，判决当事人双方相互返还取得的财产或者价款。

债权人撤销权行使之目的，在于撤销债务人此前实施的行为，恢复债务人的责任财产（偿债能力）。债权人向人民法院起诉请求撤销债务人财产处分行为的同时，当然可以请求判决债务人履行债务或者追究其违约责任。因此，法庭审查符合债权人撤销权构成要件情形，应当在判决撤销债务人财产处分行为的同时，一并判决债务人履行债务或者承担违约责任。本条为合同编新增规定。

第六章 合同的变更和转让

第五百四十三条 【合同变更】

当事人协商一致，可以变更合同。

民法理论关于合同变更，有主体变更与内容变更之分。本条规定的合同变更，仅指合同内容的变更，不涉及主体的变更。主体变更，本法称为债权转让（第五百四十五条）与债务转移（第五百五十一条）。

本条第一款规定，当事人协商一致，可以变更合同。

这是关于合同变更的原则，即必须当事人双方协商一致，才能变更合同内容。既然当事人双方协商一致成立合同，当事人双方协商一致当然可以变更合同，这是理所当然、自不待言的。但并不是说，本条明文规定合同变更的原则，不必要或者没有意义。此项原则规定的意义在于，合同变更必须当事人双方协商一致，仅当事人一方不能变更合同，当事人双方协商未达成一致，也不能变更合同。裁判实践中，法庭可以本条作为判断是否发生合同变更的裁判根据。

合同变更的实质是，当事人双方订立一个新合同，以取代原合同。因此，当事人双方协商变更合同，应遵循本法关于合同成立的要约承诺规则，法庭判断当事人双方是否达成变更合同的协议，亦即判断取代原合同的新合同是否成立，亦应依据本法关于合同成立的要约承诺规则。此外，还有一个问题，即法律、行政法规对于某类合同的成立，规定应当办理批准手续，往往规定这类合同的变更，也应当办理批准等手续。因此，本法五百零二条第三款明确规定，法律、行政法规规定变更合同应当办理批准等手续的，依照其规定。本条沿用合同法第七十七条第一款原文。合同法第七十七条第二款已并入第五百零二条第三款。

第五百四十四条　【推定未变更】

当事人对合同变更的内容约定不明确的，推定为未变更。

本条规定合同变更后的内容不明确如何处理。前面已经谈到，合同变更的实质，是当事人双方订立一个新合同，以代替原来的合同。合同变更前，双方当事人受原合同关系的拘束；合同变更后，原合同关系已经消灭，双方当事人应受新合同关系的拘束，即按照变更后的合同内容履行。这就可能发生一个问题，万一变更后的合同内容约定不明确怎么办？本条就解决这个问题，条文比较简洁："当事人对合同变更的内容约定不明确的，推定为未变更"。

请注意，条文规定"当事人对合同变更的内容约定不明确的"，即变更后的新合同内容约定不明确，"推定"为未变更，而不是"视为"未变更。此项"推定"，属于可以推翻的推定。应当适用本法第五百一十条、第五百一十一条关于合同内容约定不明确情形的补救规则。即根据第五百一十条的规定，双方当事人对"约定不明确"的内容，如质量、价款或报酬、履行地点等内容，可以协议补充；不能达成补充协议的，可以按照合同有关条款或者交易习惯确定；如果依照第五百一十条的规定仍不能确定的，还可以按照第五百一十一条规定的有关补充标准，予以确定。只在依据第五百一十条规定的方法和第五百一十一条规定的补充标准，仍然不能确定时，才确定为"未变更"。

再有一个问题，条文"推定为未变更"，究竟是整个合同未变更，或者仅约定不明确的该项合同内容未变更？如果是前者，则当事人双方应当按照变更前的原合同履行；如果是后者，则双方当事人应该按照变更后的合同履行，仅其中约定不明确的该项内容，应当按照原合同约定的相应内容履行。应当肯定，本条规定并不明确，上述两种理解均有其理由。

这里有必要联系到本法第四百七十条关于合同内容的规定。该条规定"合同的内容由当事人约定"，然后列举了"一般包括"的八项条款。其中，第一项当事人的名称或者姓名和住所、第二项标的、第三项数量，属于"主要条款"；其余的条款，包括第四项质量，第五项价款或者报酬，第六项履行期限、地点和方式，第七项违约责任，第八项解决争议的方法，均属于"一般条款"。按照合同法原理，"主要条款"是合同成立所必须具备的内容，任何一项"主要条款"未约定或者约定不明确，均将影响合同的成立；"一般条款"不是合同成立所必须具备的内容，"一般条款"未约定或者约定不明确，不影响合同的成立。

因为本条条文只说"合同变更的内容约定不明确的，推定为未变更"，没有明文规定为"推定为合同未变更"，这就给裁判实践预留下灵活性：如果属于合同"主要条款"的内容约定不明确，并且不能通过适用第五百一十条、第五百一十一条的规定予以确定，法庭即应判决"合同未变更"，责令当事人按照原合同履行；如果属于合同"一般条款"的内容约定不明确，并且不能通过适用第六五百一十条、第五百一十一条规定的方法予以确定，则法庭应判决该"约定不明确的"内容未变更，当事人应当按照变更后的新合同履行，仅该项不明确的内容，按照原合同的约定履行。本条沿用合同法第七十八条原文。

第五百四十五条 【债权转让】

债权人可以将债权的全部或者部分转让给第三人，但是有下列情形之一的除外：

（一）根据债权性质不得转让；

（二）按照当事人约定不得转让；

（三）依照法律规定不得转让。

当事人约定非金钱债权不得转让的，不得对抗善意第三人。当事人约定金钱债权不得转让的，不得对抗第三人。

下面的条文是关于债权转让、债务转移和债权债务一并转让的规定。需要说明的是，关于债权转让、债务转移和债权债务一并转让，合同法制定之前的三个合同法均未设规定，仅民法通则有一个概括性条文。即民法通则第九十一条："合同一方将合同的权利、义务全部或者部分转让给第三人的，应当取得合同另一方的同意，并不得牟利。"这个条文存在的问题是，未区分债权转让、债务转移和债权债务一并转让，而一律规定必须取得合同相对方的同意，并且规定不得牟利。显而易见，反映了计划经济时期的法律思想及受到当时民法理论研究水准的局限。合同法起草人，在民法通则第九十一条的规定基础上，总结民法通则实施以来的裁判实践经验和理论研究成果，参考借鉴发达国家和地区的立法经验，删去"不得牟利"这一限制条件，并明确区分债权转让、债务转移和债权债务一并转让，分别规定其生效条件。补充说明，本法所谓债权转让，民法理论称为"债权让与"；债务转移，民法理论称为"债务承担"；债权债务一并转让，民法理论称为"债权债务概括转让"。

本条是关于债权转让的原则规定。本条第一款规定，"债权人可以将债权的全部或部分转让给第三人"，紧接着设"但书"规定了三项"例外情形"：第一项"根据债权性质不得转让"；第二项"按照当事人约定不得转让"；第三项"依照法律规定不得转让"。

本条第一款规定债权转让的原则，即债权以可以转让为原则，不可转让为例外。作为不可转让的例外，限于本款规定的三项情形。换言之，除本款规定的三项例外情形之外的债权，均可以转让。因此，人民法院审理债权转让的案件，首先要审查本案所转让的债权，是否属于本条第一款规定的三项例外情形。属于规定三项例外情形之一的，即应依据本法第一百五十三条第一款的规定，判决债权转让无效；不属于规定三项例外情形的，才进一步审查其债权转让合同（协议）是否成立、生效。

如何理解本条第一款规定的三项例外情形？其中第一项"根据债权性质不得转让"，究竟有哪些债权其性质决定不得转让？主要是债权债务与特定人密切联系的债权。例如四川高院请我讲课，订立了特定内容、特定时间、由我来讲课的合同，四川高院可不可以把合同债权转让给别的法院，让我到别的地方、别的法院去讲课？当然不可以。再有演出合同债权，好多年前北京曾经请帕瓦罗蒂到故宫博物院演唱，债权人某某演出公司可不可以把债权转让给某个地方的某个单位，叫帕瓦罗蒂到别的地方、别的单位去演唱？当然不可以。因为这类债权债务与特定人的人身密切联系，其债权性质决定债权不宜转让。除讲课合同债权、演出合同债权外，还有劳务合同债权、技术开发合同债权、咨询合同债权、出版合同债权、著作权合同债权，等等，均属于其性质决定不得转让的债权。为什么这类债权的性质决定不得转让？因为这类债权的转让，将侵害债务人的宪法权利（人身自由和思想自由）。

　　第二项"按照当事人的约定不得转让"，是指当事人订立合同时，在合同中约定该合同债权不得转让。合同中关于本合同债权不得转让的约定，称为禁止转让条款。判断是否属于"按照当事人的约定不得转让"的债权，法庭须审查合同书有无禁止转让条款：有即是，无则否。

　　第三项"依照法律规定不得转让"。需注意，条文所谓"依照法律规定不得转让"，是指法律规定某项"债权"不得转让，不同于法律规定某种"物"不得买卖（禁止流通物）。

　　本条第二款规定是对上述第二项"例外情形"的补充，即如果当事人在合同中约定本合同债权不得转让，此禁止债权转让条款（约定）是否具有对抗第三人的效力？按照合同相对性原则，此禁止转让条款对当事人双方具有拘束力，当事人一方（债权人）违反此项禁止转让条款，将债权转让给第三人，将构成违约行为无疑。现在的问题是，当事人一方或者双方可否以债权人违反该禁止转让条款（约定）为由，向法庭主张债权人与第三人之间的债权转让合同（协议）无效？换言之，当事人之间的禁止转让条款（约定）是否具有对抗第三人的效力？

请特别注意，第二款规定所针对的"债权"，是指无论其性质或者法律规定均不限制其转让的债权。质言之，仅指债权标的为给付金钱及金钱之外的特定物（动产、不动产）的债权。前者为"金钱债权"，后者为"非金钱债权"。按照民法原理，此两类债权的转让，均不会损害债务人利益，但其中非金钱债权转让可能增加债务人履行债务的困难（增加履行费用或者不便）。

从立法政策上考虑，对当事人禁止金钱债权转让的约定，不应当赋予其对抗第三人的效力；对当事人禁止非金钱债权转让的约定，可以赋予其对抗恶意第三人的效力。故第二款第一句规定，"当事人约定非金钱债权不得转让的，不得对抗善意第三人"，亦即可以对抗恶意第三人。第二句规定，"当事人约定金钱债权不得转让的，不得对抗第三人"，亦即该约定不具有对抗第三人（不论恶意、善意）的效力。起草人对合同法第七十九条稍作文字调整作为本条第一款，并增设第二款。

第五百四十六条　【债权转让的通知】

债权人转让债权，未通知债务人的，该转让对债务人不发生效力。

债权转让的通知不得撤销，但是经受让人同意的除外。

本条是关于债权转让通知的规定。特别要注意，本条并不涉及债权转让（合同）的生效。债权转让属于无名合同，当然须债权人与受让人（第三人）就转让债权达成协议（意思表示的一致）。鉴于债权人转让其债权不会对债务人造成损害之政策判断，因此废弃了民法通则第九十一条关于债权人转让债权须取得债务人同意的规定。换言之，债权转让合同（协议）之成立、生效，无须取得债务人同意。法庭判断某项债权转让协议之是否成立、生效，应当依据本法关于合同成立（合同编第二章）、合同生效（合同编第三章）的规定，自不待言。

本条规定，债权人转让权利应当通知债务人，未经通知该转让对债务人不发生效力。按照民法原理，此通知债务人的义务应当由让与人负担。于让与人怠于通知时，如受让人持有债权让与文件以及债权的有效证明文件向债务人主张债权的，应与让与通知具有同样的效力。这种情形下，债务人不能以未受通知为由拒绝向受让人履行债务。又如，此债权让与通知应当采用书面形式，但因债务人下落不明或者有其他正当理由，让与人或者受让人可以公告通知。公告期限届满，对债务人发生效力。

条文所谓"未经通知，该转让对债务人不发生效力"，并非债权转让不发生效力。根据本法第五百零二条第一款规定，债权转让协议（合同）一经成立，即在债权转让协议的当事人之间已经发生效力：原债权人（让与人）已经丧失债权，不再是该项债权的权利人；受让人已经取得债权，而成为新债权人。债权转让的受让人，既已成为该项合同债权的债权人，当然有权行使该债权，要求债务人向自己履行债务。但是，债务人并不知道该债权转让协议的订立和生效，他会按照新债权人的要求向其履行债务吗？

举例来说，债务人乙向银行甲借款 100 万元，即银行甲对债务人乙有 100 万元债权，银行甲与资产管理公司丙签订债权转让协议，将自己对债务人乙的该项债权转让给丙。银行甲与丙之间的债权转让协议已经生效，银行甲不再是该项债权的债权人，而丙已取代甲成为该项债权的债权人。债权人丙当然有权要求债务人乙向自己清偿该100万元债务。但是，债务人乙并不知道债权转让的事实，当然也就不会轻易把100万元还给丙，而坚持说自己只欠银行甲100万元，不欠丙任何债务。因此有必要通知债务人乙，告知银行甲已经将该项债权转让给了资产管理公司丙，债务人乙应当向新债权人丙而不再是向银行甲履行该100万元债务。这就是本条所要解决的问题：由谁通知债务人？该项通知的效力是什么？

按照本条第一款第一句规定，应当由转让债权的原债权人（银行甲）通知债务人乙，告知已将该100万元债权转让给了资产管理公司丙这一事实。此项"通知"属于事实通知，区别于权利行使之"意思通知"。债务人乙得到通知，了解发生债权转让事实，当然也就知道了自己必须向新债权人资产管理公司丙履行该项债务，而不应当向原债权人银行甲履行该项债务。

第二句规定，未经通知"该转让对债务人不发生效力"。可见此通知所具有的效力，是使让与人与受让人之间已经生效的债权转让的拘束力，以及于债权转让当事人之外的债务人。一经通知债务人乙，则甲与丙之间已经生效的债权转让对债务人乙发生拘束力，债务人乙必须向新债权人丙履行该 100 万元债务；未通知债务人乙，则甲与丙之间已经生效的债权转让，对债务人乙不发生拘束力，债务人乙有权以不知债权转让事实为由，拒绝资产管理公司丙的履行债务请求，而仍然向原债权人银行甲履行该项债务。换言之，如果债务人乙，在得到通知之前，已经向原债权人银行甲归还了该 100 万元借款本金和利息，则债务人乙将免于承担对新债权人资产管理公司丙的该项债务及违约责任；如果债务人乙，在得到通知之后，仍然将该 100 万元借款本金和利息归还给了已经不是债权人的银行甲，则债务人乙不能免除责任，他还须再向新债权人丙偿付 100 万元借款本金和利息。

按照本条第一款规定，债权转让通知送达债务人，债权转让已经对债务人生效，债务人即应向受让人（新债权人）履行债务，假如债权人又撤销该通知，将造成社会关系的混乱。因此，应当规定债权转让通知不得撤销，此项规定的目的，是避免给债务人履行债务造成困难。如果商得债务人同意，自应允许。这就是本条第二款的规定。另需补充说明，本条关于债权转让通知的规定，应仅适用于普通债权，不适用于票据债权（特殊债权）。票据债权的转让，应按照票据法的规定采用背书转让方式，而无须向债务人发债权转让通知。本条以合同法第八十条为基础稍作文字调整。

第五百四十七条 【从权利随之转让】

债权人转让债权的，受让人取得与债权有关的从权利，但是该从权利专属于债权人自身的除外。

受让人取得从权利不因该从权利未办理转移登记手续或者未转移占有而受到影响。

本条第一款规定："债权人转让债权的，受让人取得与债权有关的从权利。"所谓从权利，主要是指为担保主债权而设立的抵押权、质权和保证合同上的权利。按照民法关于合同之间、权利之间从属关系的原则，主合同的成立、生效，决定从合同的成立、生效；主权利转让，从权利原则上一并转让。抵押合同、质押合同、保证合同，是主合同的从合同；抵押权、质权、保证合同上的权利，是主债权的从权利。本法第四百零七条规定，"债权转让的，担保该债权的抵押权一并转让"。第四百二十一条规定，最高额抵押担保的债权确定前，部分债权转让的，最高额抵押权不随之转让。此项规定是抵押权随主债权一并转让原则之例外。第六百六十二条规定"保证合同是主债权债务合同的从合同"。[①] 依第六百九十六条规定的反对解释，债权转让，以通知保证人为条件，保证合同权利一并转让。最高额保证，参照最高额抵押的规定，于债权额确定前，部分债权转让的，最高额保证合同上的权利也不随之转让（第六百九十条第二款）。

---

① 需特别注意，"独立保函"与保证合同的区别，独立保函不具有从属性。《最高人民法院关于审理独立保函纠纷案件若干问题的规定》（法释〔2016〕24号）第一条规定：本规定所称的独立保函，是指银行或非银行金融机构作为开立人，以书面形式向受益人出具的，同意在受益人请求付款并提交符合保函要求的单据时，向其支付特定款项或在保函最高金额内付款的承诺。前款所称的单据，是指独立保函载明的受益人应提交的付款请求书、违约声明、第三方签发的文件、法院判决、仲裁裁决、汇票、发票等或表明发生付款到期事件的书面文件。第三条规定：保函具有下列情形之一，当事人主张保函性质为独立保函的，人民法院应予支持，但保函未载明据以付款的单据和最高金额的除外：（一）保函载明见索即付；（二）保函载明适用国际商会《见索即付保函统一规则》等独立保函交易示范规则；（三）根据保函文本内容，开立人的付款义务独立于基础交易关系及保函申请法律关系，其仅承担相符交单的付款责任。当事人以独立保函记载了对应的基础交易为由，主张该保函性质为一般保证或连带保证的，人民法院不予支持。当事人主张独立保函适用担保法关于一般保证或连带保证规定的，人民法院不予支持。

本条第一款"但书"规定，"该从权利专属于债权人自身的除外"。即专属于债权人自身的从权利，不随主债权转让一并转让。联系到第五百四十五条的规定，其性质和法律规定均不限制其转让的债权，仅仅是以给付金钱或者给付金钱之外的有体物（动产、不动产）的债权。这样的债权转让，怎么可能有专属于债权人自身的从权利？按照《合同法司法解释（一）》第十二条解释，所谓具有人身专属性的债权，是指"基于扶养关系、抚养关系、赡养关系、继承关系产生的给付请求权和劳动报酬、退休金、养老金、抚恤金、安置费、人寿保险、人身伤害赔偿请求权等权利"。这些专属性债权，是不可能成为金钱债权和给付有体物债权的从权利的。

如前所述，认为本条所谓"从权利"，主要是抵押权、质权、请求保证人承担保证责任的请求权，在立法例上亦有依据。例如，法国民法典第 1692 条规定："债权的买卖或让与，其标的包括保证、优先权及抵押权等从属于债权的权利。"德国民法典第 401 条规定："为担保债权而存在的抵押权、船舶抵押权或者质权，以及由为债权而设定的保证产生的权利，随被让与的债权而转移给新债权人。"

意大利民法典第 1263 条规定："根据转让的效力，债权的转移亦要将先取特权、人的担保和物的担保及其它从权利都转让给受让人。"① 此外，随同主债权一并转移的从权利，还有定金担保权（第五百八十六条、第五百八十七条）、违约金请求权（第五百八十五条）、利息请求权（第六百六十七条）。按照民法原理，违约损害赔偿金请求权，是主债权（遭遇违约情形）的转化形式，不应被视为主债权的从权利。概而言之，抵押权、质权、请求保证人承担保证责任请求权、定金担保权、违约金（包括罚息、滞纳金）请求权、利息请求权，这些从权利均不具有人身专属性，不属于本条"但书"所谓"专属于债权人自身的"从权利。本条第一款"但书"规定，似有无的放矢之嫌。

然则本条第一款规定的从权利随主债权一并转让原则，有没有例外呢？当然有其例外。前面已经谈及，作为担保

① 值得注意注意的是，法国、德国、意大利民法典对从权利随同主债权一并转移均未设"例外"。唯瑞士债务法和我国台湾地区"民法"设有"例外"。瑞士债务法第 170 条规定："债权的转让应当包括特别权利和从权利的转让，但与转让人的人身不可分的除外。"我国台湾地区"民法"第 295 条规定："让与债权时，该债权之担保及其它从属之权利，随同移转于受让人。但与让与人有不可分离之关系者，不在此限。"

主债权的最高额抵押权（第四百二十一条）、最高额质权（第四百三十九条）、最高额保证合同的保证责任请求权（第六百九十条第一款），以及债权转让未通知保证人、保证合同约定主债权不得转让（第六百九十六条）情形的保证责任请求权，均不随主债权一并转让。条文对此未设规定，构成法律漏洞。建议采体系解释和目的解释方法，补充此项漏洞，解释为：从权利具有本法第五百四十五条第一款规定的三种情形之一的，不得随主债权一并转让。

本条第二款为新设规定。所针对的是现实当中遇到的问题。即债权转让成立的时候，出让人将（作为从权利的）抵押权证交给受让人，双方并未到不动产登记机构办理变更登记。当受让人（新债权人）持债权转让协议书和抵押权证向法院申请执行抵押权时，法官往往以抵押权证所记载的名义抵押权人与申请不是同一人为由拒绝执行，要求申请人先到登记机构办理变更登记，将抵押权证记载的抵押权人（原债权人）变更为受让人、现在的债权人。办理变更登记之后，受让人凭债权转让文书和变更后的抵押权证申请执行，法院当然会予以执行。但是，自债权转让生效，到受让人到登记机构完成抵押权变更登记，这样一段或长或短的期间，可能发生各种意外情况，例如抵押物被转卖、被再次抵押、被法院查封甚至已被执行，等等。这样的情况一旦发生，受让人因债权转让所取得的抵押权（从权利）就有难于执行，甚至落空、使受让人遭受重大损失之虞。

为解决这个现实问题、保护债权转让的受让人的合法权益，本条第二款规定："受让人取得从权利不因该从权利未办理转移登记手续或者未转移占有而受到影响。"此项规定非常重要。所谓"不因该从权利未办理转移登记手续"而受到影响，指抵押权而言；所谓不因"未转移占有而受到影响"，指动产质权和权利质权而言。根据第二款规定，债权转让生效后，受让人没有办理抵押权的转移登记（变更登记），抵押权证上的名义抵押权人还是原债权人（出让人），对于受让人享有该抵押权不发生影响。如果从权利属于质权（动产质权或者权利质权），债权转让生效之时该质权已经转移到受让人名下，虽然受让人尚未取得对质物（动产或者权利凭证）的占有，对于受让人享有、行使该质权不发生影响。条文规定，"受让人取得从权利不因该从权利未办理转移登记手续或者未转移占有而受到影响"，其立法者意思是，债权转让一旦生效，受让人同时取得主债权和从权利（抵押权、质权），如果受让人马上向法院申请执行该从权利，执行法院必须给予执行，而不得因属于从权利的抵押权未办理变更登记、属于从权利的质权未移转质押物的占有，而拒绝予以执行。

第五百四十八条　【对让与人的抗辩】

债务人接到债权转让通知后，债务人对让与人的抗辩，可以向受让人主张。

本条是关于债权让与时债务人抗辩权的规定。债权让与后，债务人对让与人的抗辩，可以向受让人主张。此所谓可对让与人的抗辩，包括事实的抗辩，如主张债权不发生、债务未届履行期、债务诉讼时效届满等，以及抗辩权如同时履行抗辩权、后履行抗辩权、不安抗辩权。债务人原有可以对抗让与人的事实的抗辩和抗辩权，均可以用来对抗受让人的履行请求。

为避免债务人因债权让与而受损害，本条规定凡债务人得对抗让与人的一切抗辩，均得用以对抗受让人。因债务人行使抗辩权造成受让人的利益减少或者丧失，应依受让人与让与人之间的法律关系处理。如果债权转让为无偿，则受让人对让与人不享有求偿权；如属于有偿让与，则受让人有权请求让与人给予补偿。本条沿用合同法第八十二条原文。

第五百四十九条 【债务人的抵销】

有下列情形之一的，债务人可以向受让人主张抵销：

（一）债务人接到债权转让通知时，债务人对让与人享有债权，且债务人的债权先于转让的债权到期或者同时到期；

（二）债务人的债权与转让的债权是基于同一合同产生。

本条是关于债务人抵销权的规定。债务人对让与人享有债权，且其债权先于让与的债权到期或者与让与的债权同时到期的，债务人可以向受让人主张抵销，以消灭自己对于受让人的债务。债务人对于受让人的债务，在抵销的限度内消灭。债务人行使抵销权使受让人的权利缩减或者消灭的，应依受让人和让与人之间的关系处理。如为无偿让与，受让人不享有求偿权；如为有偿让与，受让人可请求让与人补偿。

按照民法原理，债务人对债权人享有对待债权，且自己的债权先于债权人的债权到期或者同时到期，债务人可以对受让人主张抵销。为使债务人的利益不受债权人让与债权的影响，大多数大陆法系国家和地区允许债务人以自己对于让与人的债权向受让人主张抵销。如德国民法典第406条规定："债务人也可以以自己对原债权人享有的债权向新债权人抵销，但债务人在取得该项债权时知道债权让与，或者该项债权在知道后才到清偿期并迟于被让与的债权到清偿期的除外。"瑞士债务法第169条第2款规定："如果反诉债权在转让债权之后才到期，即使该债权此时尚未到期，债务人也有权以之对债权人抵销。"我国台湾地区"民法"第299条第2款规定："债务人于受通知时，对于让与人有债权者，如其债权之清偿期，先于所让与之债权或同时届至者，债务人得对于受让人主张抵销。"

按照上述规定，债务人对债权转让之受让人主张抵销的唯一条件是"债务人自己的债权，先于转让的债权到期或者同时到期"。合同法第八十三条的规定与之相同。但合同编起草人却在此项条件之外增加第二项要件"债务人的债权与转让的债权是基于同一合同产生",易产生误解。按照本法第五百六十八条的规定,抵销的基本条件是,当事人互享债权(互负债务),其债权(债务)"的标的物种类、品质相同"。而"基于同一合同产生"的两项债权(债务),其"标的物种类、品质"是不同的。①

例如,基于同一买卖合同产生的两项债权:买受人乙请求出卖人甲交货的债权,与出卖人甲请求买受人乙付款的债权。假设出卖人甲将请求买受人乙付款的债权转让给

---

① 唯一例外是"借款合同"。借款合同,民法理论称为消费借贷合同(契约),本属于实践合同(要物契约),以出借人向借款人交付借款为合同成立条件,合同成立后仅借款人一方负担归还本金和利息的债务,故属于片务契约。但本法将借款合同区分为,金融机构为出借人的借款合同与自然人之间的借款合同,并规定金融机构为出借人的借款合同为诺成合同、双务合同;自然人之间的借款合同仍旧为实践合同、片务合同。是故,金融机构为出借人的借款合同,双方当事人的债权"标的物种类、品质相同",似符合"基于同一合同产生"要件。但是,这样的借款合同,借款人的目的是获得借款金额、出借人的目的是获取利息,并且合同一经成立总是出借人先拨付借款金额、借款人得到借款金额后才产生归还本金和利息的债务。因此,当出借人请求借款人归还本金和利息的债权发生之时,借款人请求出借人拨付借款金额的债权已经(因出借人履行拨付借款金额债务)消灭,当出借人将请求借款人归还借款本金和利息的债权转让给受让人时,债务人(借款人)已经不可能有"基于同一合同产生"的对待债权,可以用来与受让人取得的债权抵销。

受让人丙，债务人乙能够用自己对让与人（出卖人）甲的（请求甲交货的）债权，与受让人丙（因债权转让所取得的）请求债务人乙付款的债权抵销吗？这样的两项债权，其标的物的"种类、品质"不相同，一是金钱，一是货物，是绝不符合抵销的基本条件的。

也许有人注意到本法第五百六十九条规定，"当事人互负债务，标的物的种类、品质不相同的，经协商一致，也可以抵销"。请特别注意，依据该条规定，"标的物种类、品质不相同"，必须双方当事人"协商一致"，才能够"抵销"。这种情形的"抵销"，其根据是（双方当事人另外订立的）"抵销合同"，而不是"抵销权"。本法第五百六十八条和本条所规定的是"抵销权"。"抵销权"与"抵销合同"，是根本不同的法律概念。退而言之，买受人在订立买卖合同之后，再与出卖人"协商一致"，用自己请求出卖人交货的债权，与出卖人请求自己付款的债权"抵销"，是匪夷所思的。其唯一可能是根据本法第五百六十二条第一款的规定，"协商一致""解除合同"，而不是"协商一致""抵销"。

总而言之，债权转让后债务人主张抵销的唯一要件，是"债务人（对让与人）的债权先于转让的债权到期或者同时到期"，增加第二项要件（要求）"债务人的债权与转让的债权是基于同一合同产生"，违反本条规定"债务人抵销权"的立法目的和基本逻辑，构成"体系违反"。按照目的解释方法和逻辑解释方法，法庭于适用本条时，应当认为债务人对受让人主张抵销，仅须具备第一项要件即可。而视为"第二项"要件因构成"体系违反"而被（本条立法目的和基本逻辑所）废止。

第五百五十条　【履行费用】

因债权转让增加的履行费用，由让与人负担。

本条规定债权转让导致债务人增加的履行费用，应当由让与人负担。债权让与的利益为让与人或者受让人享有，故因此增加的履行费用应由让与人或者受让人负担。债务人请求补偿时，准用同时履行抗辩的规定，但增加的费用甚微者除外。因债权让与减少履行费用时，该利益由债务人享有，自不待言。本条为新增。

第五百五十一条　【债务转移的生效要件】

债务人将债务的全部或者部分转移给第三人的，应当经债权人同意。

债务人或者第三人可以催告债权人在合理期限内予以同意，债权人未作表示的，视为不同意。

本法所谓债务转移，在教科书上称为"债务承担"，即由合同关系之外的第三人代替债务人承担对债权人的债务。本条第一款规定："债务人将债务的全部或者部分转移给第三人的，应当经债权人同意。"此是债务转移（债务承担）的原则规定。按照这一原则规定，债务转移以债权人同意为生效要件。因为，从法律政策上考虑，债务转移，直接关系债权人利益，如果债务人将债务转移给一个没有清偿能力的人，将使债权人的债权不能获得清偿，严重损害债权人的利益。此与债权转让不会损害债务人利益不同。因此，按照本条规定，债务人要将债务转移给第三人，除债务人与该第三人就债务转移达成协议（意思表示的一致）之外，还必须经债权人同意，才发生债务转移的效力；如果债权人不同意，则债务人与第三人之间的债务转移协议不发生效力。

考虑到，债权人在被告知债务人与第三人达成债务转移协议后，如果一直不作表示（是否同意），将使债务人和第三人陷于进退不定之境地，不利于债务人和第三人的利益及法律关系的稳定，因此本条第二款规定，债务人或者第三人可以催告债权人于合理期限内（表示）同意，并规定（合理期限经过）债权人未作表示的，视为债权人不同意。由此可知，因债权人的同意，为债务转移之生效要件，关系债权人、债务人及第三人重大利益，要求债权人同意（意思表示），必须是明示。又考虑到此项"同意"表示，在诉讼中法庭判断债务转移是否生效的关键，应当要求采用书面形式。

下面就债务转移举一实例。甲乙之间有债权债务关系，乙欠甲100万元，即甲是债权人，乙是债务人。乙与第三人丙商定，由丙替乙清偿对债权人甲的100万元债务，得到债权人甲的同意。于是甲、乙、丙三方当事人签订了一份协议，明文规定：乙欠甲的100万元债务由丙负责偿还。债务人乙与第三人丙之间是一个委托合同，即乙委托丙替自己还债的合同，因为得到债权人甲的同意，已经发生债务转移的效力：这个债权债务关系的债权人仍然是甲，但债务人变更了，第三人丙取代乙的债务人地位，成为新债务人承担对债权人甲的 100 万元债务，原债务人乙不再负担对甲的债务，实际是乙从该项债权债务关系中退出。因此，债权人甲应当要求新债务人丙履行该 100 万元债务；如果丙不能清偿该 100 万元债务，则应追究丙的违约责任。当丙不能清偿该项债务时，债权人甲是否可以要求乙清偿该 100 万元债务或者追究乙的违约责任呢？当然不能。理由是：乙已经退出该项债权债务关系。请特别注意，这是债务转移，区别于由第三人履行债务的合同（第五百二十三条）和第三人债务加入（第五百六十二条）的关键。

前面已经讲到，按照第五百二十三条的规定，当事人约定由第三人向债权人履行债务，该债权债务关系的双方当事人均不变，该第三人并不是债务人，理论上称为债务人的"履行辅助人"。该第三人不履行债务时，债权人有权要求债务人履行或者追究债务人的违约责任。它与债务转移的区别在于：在约定由第三人履行债务，债务人的地位不变（根本不可能退出债权债务关系）；而在债务转移中，则原债务人从债权债务关系中退出。

第五百五十二条 【债务加入】

第三人与债务人约定加入债务并通知债权人，或者第三人向债权人表示愿意加入债务，债权人未在合理期限内明确拒绝的，债权人可以请求第三人在其愿意承担的债务范围内和债务人承担连带债务。

所谓"债务加入"，合同法本无明文规定，是人民法院裁判实践所创设的判例制度。见《最高人民法院公报》2012年第5期（总第187期）第7页，刊载最高人民法院民事判决书（2010）民提字第153号。判决书说："合同外的第三人向合同中的债权人承诺承担债务人义务的，如果没有充分的证据证明债权人同意债务转移给该第三人或者债务人退出合同关系，不宜轻易认定构成债务转移，一般应认定为债务加入。第三人向债权人表明债务加入的意思后，即使债权人未明确表示同意，但只要其未明确表示反对或未以行为表示反对，仍应当认定为债务加入成立，债权人可以依照债务加入关系向该第三人主张权利。"

由此可知，所谓债务加入，是指第三人（受债务人委

托或者未受委托）自愿代替债务人履行债务，因未经债权
人同意而不构成债务转移的情形，该第三人与债务人成为
共同连带债务人，对债权人承担连带责任。因此，债权人
可以单独请求该第三人履行债务，也可以同时请求该第三
人和债务人履行债务；如果单独请求该第三人履行债务，
而该第三人未履行时，还可以再请求债务人履行债务。债
务加入与债务转移的区别在于：在债务加入中，债务人并
不退出债权债务关系，而是与加入债务的第三人成为共同
连带债务人。顺便提及，因债务人承担债务在前，第三人
加入在后，对二者的诉讼时效起算时点不同，如债权人单
独起诉该第三人而不能获得清偿，再回过头来起诉债务人
时，如果对债务人的诉讼时效期间经过，债务人有权主张
免责抗辩。

　　现在回过头来说债务加入的构成要件，分为两种情形，
第一种，是"第三人与债务人约定加入债务并通知债权
人"。实际是第三人与债务人之间达成一个（第三人加入
债务的）协议（合同），从立法政策考虑，债务加入的结
果是，由一个债务人变更为两个债务人，两个债务人承担
连带债务，即由两个债务人的偿债能力确保债权人的债权

实现，对债权人有利而无害，因此本条不要求"债权人同意"，只需债务人将与第三人达成的此项约定（协议）"通知债权人"，即可发生债务加入的效力。此项"通知"为事实通知，如采用书面形式，到达债权人即发生效力；如采口头形式，须债权人"知道"即发生效力。第二种，是"第三人向债权人表示愿意加入债务，债权人未在合理期限内明确拒绝"。实际是第三人向债权人作出"愿意加入债务"的意思表示，而债权人"未在合理期限内明确拒绝"，即可发生债务加入的效力。因第三人加入债务对债权人有利而无害，故本条不要求取得债权人的"明示同意"。此第三人加入债务的表示，可解释为要约，债权人未明确拒绝，可解释为承诺。实际是第三人与债权人之间订立的一个合同。由此可见，债务加入是变更债的主体的合同（第三人与债务人之间的合同或者第三人与债权人之间的合同），与本法第五百二十四条规定的第三人代替履行债务属于事实行为，是不同的。

债务加入的效果是债务主体变更。债权债务关系由原来的一个债务人变成了两个债务人。条文中规定"第三人在其愿意承担的债务范围内和债务人承担连带债务"。由此可见，债务加入，因第三人承担债务范围不同，可以分为两种："第三人承担全部债务的债务加入"，以及"第三人承担部分债务的债务加入"。其中，第三人承担全部债务的债务加入，第三人与债务人承担连带债务；第三人承担部分债务的债务加入，债权人只能请求第三人承担其愿意承担的债务部分，该第三人与债务人承担按份债务。

第五百五十三条 【原债务人的抗辩】

债务人转移债务的，新债务人可以主张原债务人对债权人的抗辩；原债务人对债权人享有债权的，新债务人不得向债权人主张抵销。

本条前段规定，债务转移后，新债务人可以主张原债务人对债权人的抗辩。按照民法原理，债务转移的实质是债务主体变更，由新债务人取代原债务人的法律地位，原债务人从债权债务关系中退出，债务人享有的对于债权人的抗辩，属于债务人的利益，已于债务转移时一并移转于新债务人。因此，原债务人对债权人享有的抗辩，新债务人均可向债权人主张。此与债权转让情形下，债务人对让

与人（原债权人）的抗辩，可以向受让人（新债权人）主张相同。

另需注意，债务转移，第三人愿意承担原债务人的债务，当有其特别的原因。例如赠与、消灭自己对债务人所负债务、对债务人发生债权等，属于债务转移的原因关系。此原因关系因有瑕疵而被确认无效或者被撤销，是否影响债务转移的有效？为保护债权人的正当利益不受意外损害，应当采债务转移无因性理论，认为债务转移之原因关系之无效或者撤销不影响债务转移的有效。故新债务人不得以自己与原债务人之间的原因法律关系不成立、不生效、无效、被撤销以及原债务人违约等情势，对抗债权人的履行请求。

此外，如债务人移转已超过诉讼时效期间的债务，按照本法总则编第一百九十二条第二款的规定，发生"义务人同意履行"的效力，应从债务转移生效时重新计算时效，新债务人当然不能主张时效期间经过的抗辩，自不待言。

本条后段规定，原债务人对债权人享有债权的，新债务人不得向债权人主张抵销。按照民法原理，原债务人对债权人的抗辩（包括事实的抗辩和抗辩权），是基于原债务人与债权人之间同一债权债务关系产生的、属于原债务人的利益，故随债务的转移一并转移、归新债务人享有；但原债务人享有的、可以用来与债权人的债权主张抵销的债权，并非基于原债务人与债权人之间同一债权债务关系所产生，而是基于原债务人与债权人之间别的、不同的债权债务关系所产生的权利，不在债务转移的效力范围。故新债务人绝无因原债务人对债权人享有该项债权而对债权人主张抵销的理由。假如允许新债务人以属于原债务人的债权主张抵销，无异于允许新债务人为自己利益而擅自处分他人的权利、侵犯他人合法权益，是私法自治原则和法治秩序所绝不容许的。因此本条后段明文规定，新债务人不得以原债务人对债权人享有的债权，对债权人主张抵销。本条前段沿用合同法第八十五条原文，后段为新设。

第五百五十四条 【从债务】

债务人转移债务的，新债务人应当承担与主债务有关的从债务，但是该从债务专属于原债务人自身的除外。

本条规定债务转移情形，丛债务随主债务一并转归新债务人承担。其理由与从权利随主债权转让一并转让相同。毋庸赘言。本条沿用合同法第八十六条。

第五百五十五条 【债权债务一并转让】

当事人一方经对方同意，可以将自己在合同中的权利和义务一并转让给第三人。

本条规定债权债务一并转让。当事人将自己在合同上的权利和义务一并转让给第三人，理论上称为债权债务概括转让。本条规定，债权债务概括转让，必须经合同对方当事人同意。因为债务转移须经债权人同意，概括转让中包含了债务转移，由此须以相对人同意为生效要件。本条沿用合同法第八十八条原文。

第五百五十六条 【债权债务一并转让的法律适用】

合同的权利和义务一并转让的，适用债权转让、债务转移的有关规定。

　　因为概括转让既包含债权转让，也包含债务转移，因此，本条规定应当分别适用本法关于债权转让、债务转移的具体规定。本条为合同法第八十九条删去该条所援引的法条。

第七章 合同的权利义务终止

第五百五十七条 【债权债务终止情形】

有下列情形之一的，债权债务终止：

（一）债务已经履行；

（二）债务相互抵销；

（三）债务人依法将标的物提存；

（四）债权人免除债务；

（五）债权债务同归于一人；

（六）法律规定或者当事人约定终止的其他情形。

合同解除的，该合同的权利义务关系终止。

本条第一款规定了合同权利义务终止的原因，列举了六项原因。第一项原因，债务已经按照约定履行。合同既然已经履行了，当然权利义务终止，至于怎么样履行，要适用第四章关于合同履行的规则，这里就不讲了。第二项原因，债务相互抵销，即用相互抵销的方法消灭债权债务。关于抵销权和协议抵销规定在本法五百六十八条、第五百六十九条。第三项原因，是债务人依法将标的物提存。提存规则规定在第五百七十条至第五百七十三条。第四项原因是债权人免除债务。第五项原因是债权债务同归于一人，即主体混同。第六项法律规定或者当事人约定终止的其他情形。

本条第二款规定，合同解除，其合同权利义务终止。合同的解除非常重要，在本章的第五百六十二条至第五百六十六条有详细的规定，在后面详细讲解。本条在合同法第九十一条基础上稍作文字调整。

第五百五十八条　【后合同义务】

债权债务终止后，当事人应当遵循诚信等原则，根据交易习惯履行通知、协助、保密、旧物回收等义务。

本条是关于后合同（后契约）义务的规定。合同关系都消灭了，怎么还可能有这个义务呢？条文明示，这是按照诚信原则和交易习惯所产生的义务。义务的内容是通知、协助、保密，这与缔约过失责任所谓前合同义务是类似的，都是在合同上没有约定的情况下，法律强加给当事人的义务，在义务理论上叫作"后合同（后契约）义务"。这和传统的合同法理论是不一致的。

按照传统的合同法理论，合同关系一旦消灭，当事人之间就不存在任何义务。合同终止以后，如果其中一方遭受损害，那只能按照侵权责任法去得到保护。但根据侵权责任法去获得保护，在归责原则、责任要件、赔偿范围上对受害人不利，因此，随着合同法的发展，就把这样的案件纳入合同法的适用范围，用合同法来保护受害人、追究加害人的损害赔偿责任。要用合同法保护受害人，前提必须是加害人违反某种合同义务。鉴于合同关系终止当事人

281

之间已经不再有合同约定义务，于是法律规定当事人（依诚信原则和交易习惯）负有相互保护等后合同义务。

把"后合同义务"引入合同法，要解决什么案件呢？第一类案件，上海曾发生过这样的事实：上海一家有名的无线电厂，有它的拳头产品，其负责人被免职，该负责人离开该无线电厂后自己办了一个企业，还把原厂的一些技术员挖过去。新成立的企业生产原厂同样的产品，用原厂的技术生产同样的产品，很快就占领市场，挤占了原厂的市场份额，使原厂遭受了巨大的损害。后合同义务就可以用来解决这个案件。这个负责人离开了该无线电厂后，与该厂的聘用合同关系虽然消灭，但是依照法律的规定，按照诚信原则，他仍然负有保密的义务，在原来单位掌握的技术不得使用、泄露，否则给原单位造成的损害就要用这个制度来追究其损害赔偿责任。

除了这样的案件以外，还有日常生活中一些常见的案件。一个房屋租赁合同，合同关系消灭，承租人可能从事某种经营，他在搬家的时候写了一个启事，某某单位搬迁到了某街、某巷、某号、联系电话、联系人，贴在大门上。假设出租人看见了，心想"你租我这个房子，原先和我关系就不好，现在你搬走了，还在我的房门上贴这样的东西"，于是就给撕掉了。因此使承租人的某一个重要的联系中断，造成了一笔重大的损失，这个时候，承租人按照侵权制度去起诉对他不利，现在他就可以按照本条规定起诉这个出租人，追究他的损害赔偿责任。

还有其他的一类案件更普遍。就是某人在某个单位任职多年，后来他要跳槽，负责人不同意，假设此人就采取了不太正确的办法，跑到负责人的家里去软磨硬泡，时间一长，和负责人的关系就搞得非常僵。最后就让他离职了。他离职以后，他原来的社会联系，如电话、挂号信、电报还会送到原来的单位，原单位的同志讨厌他，因此明明知道他已就职某单位，知道他的电话号码也不告诉邮递员，信送来的时候，在上面批一个"本单位查无此人"，或者更有甚者，把他的电报、挂号信往废纸篓里一丢。假设由于这样轻率的处理，给那位离职的同志造成重大的损害。这样的情况下，如果按照传统的侵权责任法去起诉，就要告丢他信件的人，但这个人他不一定找得到，即使找到了，要证明这个人是故意丢他的信件也很难，就是证明了故意或者有过失，责任成立，该同事很可能赔不起。现在他就能按照本条起诉原单位，追究其违反后合同义务的损害赔偿责任。

请特别注意，《合同法司法解释（二）》做了解释："当事人一方违反合同法第九十二条规定的义务，给对方当事人造成损失，对方当事人请求赔偿实际损失的，人民法院应当支持。"按照此项解释，违反后合同义务的损害赔偿责任，只是赔偿实际损失（不包括可得利益损失）。这是与违反合同约定义务和附随义务的违约责任的区别所在。本条在合同法第九十二条规定基础上稍作文字调整。

第五百五十九条 【从权利同时消灭】

债权债务终止时，债权的从权利同时消灭，但是法律另有规定或者当事人另有约定的除外。

本条规定债权债务终止，从权利同时消灭。按照权利相互间的主从关系，主权利消灭，从权利与之一并消灭。此系原则。本条"但书"规定此原则之例外，即"法律另有规定或者当事人另有约定的除外。"例如，抵押权、质权和保证合同上的权利，属于受担保债权的从权利，受担保债权消灭（条文所谓债权债务终止），作为从权利的抵押权、质权和保证合同上的权利一并消灭。但在最高额抵押权、最高额质权和最高额保证，受担保的某一项债权消灭，作为从权利的最高额抵押权、最高额质权和最高额保证上的权利并不随之消灭。此即本条"法律另有规定或者当事人另有约定"的例外。本条为新增。

第五百六十条 【清偿顺序】

债务人对同一债权人负担的数项债务种类相同，债务人的给付不足以清偿全部债务的，除当事人另有约定外，由债务人在清偿时指定其履行的债务。

债务人未作指定的，应当优先履行已经到期的债务；数项债务均到期的，优先履行对债权人缺乏担保或者担保最少的债务；均无担保或者担保相等的，优先履行债务人负担较重的债务；负担相同的，按照债务到期的先后顺序履行；到期时间相同的，按照债务比例履行。

本条规定债务清偿顺序。即债务人对同一债权人负担数宗同种类债务，而债务人的履行不足以清偿全部债务时，决定该履行抵充某宗或某几宗债务的规则。按照本条规定，适用本条清偿顺序，必须具备如下要件：第一，必须是债务人对同一债权人负担数宗债务。第二，必须是数宗债务的给付种类相同。第三，必须是清偿人所提出的给付不足以清偿全部债务。

按照民法原理，清偿顺序分为指定清偿顺序和法定清偿顺序。本条第一款规定指定清偿顺序。依第一款规定，清偿顺序的指定权归清偿人（债务人）。由清偿人指定其给付系清偿何种债务。这种指定，在性质上属于形成权的行使，应向清偿受领人以意思表示为之，一经指定，清偿人不得撤销。指定的时期是在清偿之时。

本条第二款规定法定清偿顺序。即清偿人于清偿债务时，未指定清偿的债务的，应依本条第二款规定的顺序清偿债务。即"应当优先履行已经到期的债务；数项债务均到期的，优先履行对债权人缺乏担保或者担保最少的债务；均无担保或者担保相等的，优先履行债务人负担较重的债务；负担相同的，按照债务到期的先后顺序履行；到期时间相同的，按照债务比例履行"。

按照第二款规定的法定清偿顺序：（1）债务人应当优

先清偿已届清偿期的债务，只有将这样的债务清偿以后，才可以清偿其他债务；（2）数宗债务均到期的，优先清偿无担保或者担保最少的债务。即无担保债务优先于有担保的债务；担保最少的债务，优先于担保较多的债务；（3）均无担保或者担保相等的，优先清偿对债务人负担较重的债务。所谓"负担较重"，应指债务标的数额而言。（4）负担相同的，按照债务到期的先后顺序清偿；到期时间相同的，按照债务比例清偿。补充一点，虽债务均有担保但担保种类不同，一为物的担保（抵押权或者质权），一为人的担保（保证），即使担保债务数额相等，亦应优先清偿采用人的担保（保证）的债务，其理由是物的担保较人的担保更为可靠。

合同法未规定债务清偿顺序。为方便债务清偿并兼顾债权人、债务人双方利益，根据民法原理并参考法国、德国、瑞士、日本及我国台湾地区相关规定，增设本条规定。

第五百六十一条 【利息、费用和主债务】

债务人在履行主债务外还应当支付利息和实现债权的有关费用，其给付不足以清偿全部债务的，除当事人另有约定外，应当按照下列顺序履行：

（一）实现债权的有关费用；

（二）利息；

（三）主债务。

本条是关于费用、利息与原本债务清偿顺序的规定。按照本条规定，其给付不足以清偿全部债务的，除当事人另有约定外，应当按照下列顺序履行：（1）实现债权的有关费用；（2）利息；（3）主债务。条文所称"费用"，指清偿费用（履行费用），即为清偿债务而支付的必要费用。如受托人为委托人支出的保管费用、垫付费用、诉讼费用、执行费用，双务合同的一方迟延受领时，他方支出的保管费用，以及债权人为债务人垫付的订约费用等。这些费用是债权人就债务人应负责的事由而支付的，所以自应尽先予以清偿。所谓"利息"，包括约定利息和法定利息。利息是债权人预计的收益，也应先于原本债务（主债务）清

偿。主债务的清偿应在最后。

除原本债务（主债务）外，需要支付利息与费用的，如果债务人的给付，不足以清偿全部债务时，为保护债权人利益，须由法律明确规定清偿顺序。合同法未有规定。起草人参考法国、德国、瑞士、日本及我国台湾地区相关规定，增设本条。

第五百六十二条　【协议解除、约定解除权】

当事人协商一致，可以解除合同。

当事人可以约定一方解除合同的事由。解除合同的事由发生时，解除权人可以解除合同。

本条第一款规定："当事人协商一致，可以解除合同。"按照本法第四百六十四条第一款规定的合同定义，合同是当事人设立、变更、终止民事法律关系的协议。故本条第一款规定的双方协商一致解除合同，即是当事人协商一致终止民事法律关系的合同。用一个新的合同终止原来的合同，这个新的合同的成立、生效当然也要遵循本法关于合同成立、生效的规则。这种解除合同的方式，叫作

协商解除，双方当事人就解除合同进行协商，协议一经达成、生效，原来的合同就被解除（消灭）。这是第一种解除合同的途径。

顺便指出，解除合同的协议须采用书面形式，此解除合同的协议书的名称，应当是"解除某某合同的协议（书）"，而不宜称为"补充协议（书）"。因为"补充协议"的内容是对原合同内容的补充或者变更，"补充协议"成立生效，原合同关系并不消灭（只是合同内容变更）。实务中有的当事人将"解除合同的协议"称为"补充协议"，被法庭认为原合同并未消灭，使当事人一方遭受不利后果。协议解除是第二种解除合同的途径（第一种途径是合同附解除条件）。

本条第二款规定约定解除权。在讲解约定解除权之前，请先看民法典第一百五十八条规定民事法律行为附条件。当事人在订立合同的时候可以附加上一个条件来决定合同的效力，分为生效条件（停止条件）和解除条件。如约定将来发生某种事实，或者不发生某种事实，合同的效力就发生（生效），叫生效条件（停止条件）；如约定将来发生某种事实，或者不发生某种事实，合同的效力就消灭（失效），叫"解除条件"。民法典第一百五十八条第三句规定："附解除条件的民事法律行为，自条件成就时失效。"现在特别要注意"解除条件"与本条第二款"约定解除权"的区别。

本条第二款规定："当事人可以约定一方解除合同的事由。解除合同的事由发生时，解除权人可以解除合同。"请特别注意，这里规定的"解除合同的事由"和第一百五十八条规定的合同"附解除条件"，两者并不相同。按照第一百五十八条第三句规定，附解除条件的合同，条件一旦成就，合同就消灭（失效）。而按照本条第二款规定，并不是约定事由一旦发生，合同就马上消灭，而是约定事由发生时，当事人一方发生解除权，须解除权人行使解除权，该合同才消灭；如解除权人不行使权利，则该合同不消灭。这就是合同附解除条件与约定解除权的区别所在。

既然有了"附解除条件"，为什么还要搞一个"解除合同的事由"（约定解除权）呢？这是因为从立法政策上考虑，按照附解除条件，条件一成就合同就消灭，当事人没有任何回旋的余地，当事人即使想保留这个合同的效力，他也无能为力。因此法律上有另外一个制度，叫作约定解除权。即本条第二款规定，当事人约定"一方解除合同的事由"，约定事由一旦发生，即发生一方的解除权，解除权人可以根据自己的利益考虑，要消灭合同就行使解除权，要保留合同就放弃解除权。约定解除权这个制度，比附解除条件制度，有更大的回旋余地，使当事人比较主动，这是这个制度存在的理由。

鉴于社会生活和市场经济的不确定性，当事人订立合同所欲实现的目的未必总能够如愿以偿。当合同目的确定不能实现（目的落空）时，双方通过协商未必能够达成解除合同的协议。如果订立合同时即已经预见到将来可能发生目的不能实现的情况，通过在合同中约定解除权的事由，即可使当事人通过行使约定解除权从目的确定不能实现的合同关系中脱身，而尽量避免或者减少所遭受的损失。

本条以合同法第九十三条规定为基础，第一款为原文，第二款将"约定一方解除合同的条件"改为"约定一方解除合同的事由"，并将"条件成就"改为"事由发生"。显然是为了避免与合同"附解除条件"发生混淆。在合同附解除条件，所谓"条件"，指将来是否发生不确定的客观情况。但此"解除合同的事由"，所谓"事由"究何所指？按照本款规定约定解除权的立法者意思以及社会生活经验，当事人既可以约定"将来是否发生不确定的客观情况"之发生或者不发生作为"一方解除合同的事由",也可以约定将来当事人一方的违约行为之发生作为"一方解除合同的事由"。可见,此"事由"的文义比"条件"宽泛,包括将来是否发生不确定的客观情况(同"条件")和主观情况(违约行为)。

实务中的一个问题是,当事人可否约定"轻微的违约"甚至"微不足道的违约"作为约定解除权的"事由"?所谓"轻微违约",是指不构成根本违约的违约行为。"根本违约"(fundamental breach),或称"重大的契约违反",本属于英美法上的概念,后为《联合国国际货物销售合同公约》第25条所采,进而对其他国家和地区的立法及学说产生不同程度的影响。我国涉外经济合同法第二十九条、合同法第九十四条参考公约和英美法,以根本违约为解除权发生原因。本法坚持既有立场,强调解除权的发生属根本违约,轻微违约不许解除合同。按照诚实信用原则,"轻微违约,视为不违约"。从立法例上看,德国民法第323条第5款明确规定:"违约并非重大时不得解除合同。"《国际商事合同通则》第71.5条(4)规定,如果属于"轻微违约",则不适用本条第（3）项关于解除合同的规定。因此，如当事人约定"轻微违约"甚至"微不足道的违约"作为"一方解除合同的事由"（约定解除权的"事由"），则法庭应当根据诚信原则（民法典第七条）确认该约定无效。

第五百六十三条　【法定解除权】

有下列情形之一的，当事人可以解除合同：

（一）因不可抗力致使不能实现合同目的；

（二）在履行期限届满前，当事人一方明确表示或者以自己的行为表明不履行主要债务；

（三）当事人一方迟延履行主要债务，经催告后在合理期限内仍未履行；

（四）当事人一方迟延履行债务或者有其他违约行为致使不能实现合同目的；

（五）法律规定的其他情形。

以持续履行的债务为内容的不定期合同，当事人可以随时解除合同，但是应当在合理期限之前通知对方。

本条是关于法定解除权的规定。本条规定，"有下列

情形之一的，当事人可以解除合同"，下面规定了五种情形。本条规定与第五百六十二条第二款的规定，在行使"解除权"消灭合同关系上是一致的。按照本条规定，有了法定"情形之一"，当事人就有了解除权，如果行使解除权，合同就消灭；如果不行使解除权，合同就不消灭。差别在于第五百六十二条第二款的解除权是当事人约定的，因此叫约定解除权，而本条的解除权是法律规定的，叫法定解除权。

　　本条规定了发生法定解除权发生的五种"情形"，即发生法定解除权的五项"法定事由"（"法定原因"）。只需具备其中一项"法定事由"，即可发生法定解除权。

　　先看第一项法定事由，"因不可抗力致使不能实现合同目的"。根据民法通则和原来的三个合同法，发生不可抗力，当事人可以要求免责。但以不可抗力作为免责事由是被动的，要等到对方起诉到法院追究他的违约责任时，他才能将不可抗力作为法定免责的理由主张免责。对方什么时候起诉呢？在诉讼时效期间之内对方都可以起诉，如果对方一直不起诉，他就要一直等着，这个合同关系还存在，还不消灭，这样当事人就处在不利的地位。现在本条规定，不可抗力是发生法定解除权的法定事由。如果发生了不可抗力导致合同目的落空，当事人就无须等待相对方起诉，他可以主动地行使解除权，终止合同关系，这就避免了处于被动地位。这里有一个问题，在发生不可抗力的情况下是一方有法定解除权，还是双方有法定解除权？例如，1998 年长江流域发生大洪水，把工厂的厂房都淹了，供方不能履行交货义务，这时他当然有法定解除权。如果需方知道长江流域发生大洪水，把供方的厂房淹了，需方可不可以行使解除权呢？应该是可以的。按照合同法原理，因发生不可抗力致合同目的落空（目的不能实现），双方当事人都享有法定解除权。

下面请看第二项法定事由，"在履行期限届满之前，当事人一方明确表示或者以自己的行为表明不履行主要债务"，这种情况下对方当事人有法定解除权。例如，购销合同 3 月份签订，合同约定的履行期限是 5 月底，到了 4 月供方说不履行合同了。要按照传统的制度，需方要等到 5 月底履行期届满才能解除合同，才可以向法院起诉、追究供方的违约责任。他在 4 月份已经知道供方将不交货了，他可不可以另外到市场上去签订合同，购买同样的产品呢？

如果他另外签订了合同，购买了同样的产品，他又担心供方万一到了 5 月底又交货了，因为合同关系还存在，供方交货，他还非接受不可，因此这种情况下，需方就处于一种非常被动的地位。现在按照本条规定的第二种情形，只要供方明确宣布不履行或者有事实表明他将不履行，对方就可以行使法定解除权、解除合同。大陆法系传统民法立法和理论上并没有此项制度，本条第二项规定，是借鉴英美法上的"预期违约"制度。在规定的履行期限到来之前，合同一方预先表示或者以行为表明将不履行合同，即所谓"预期违约"，这种情况下对方就可以（不必等待履行期到来）立即解除合同或者追究其违约责任。本条规定预期违约法定解除权。关于预期违约追究违约责任，规定在本法第五百七十八条。

第三种情形，条文规定"当事人一方迟延履行主要债务，经催告后在合理期限内仍未履行"，这种情况下，对方有法定解除权。这是关于"根本违约"解除合同的规定。英美法和国际公约所谓"根本违约"，中国法称为"不履行主要债务"，指将导致合同目的不能实现（目的落空）的违约行为。按照这个条文的规定，假设购销合同的供方在合同期满没有交货，需方还不能够解除合同，需方应该向供方发一个催告通知，催告供方尽快交货，或者指定一个期限，要求对方交货，这就叫履行催告。催告中所指定期限（合同约定履行期届满后延长的期限）叫"恩惠期"。发了这个催告通知之后，在指定的期限或者一个合理的期限内供方仍然没有履行，才发生需方的法定解除权。这个制度使在一方迟延履行的情况下的法定解除权变得比较符合人情。这个制度也是改变了传统大陆法上的制度。

按照大陆法系传统立法和理论，如果合同规定了履行期限，就要严格地按照这个履行期限，如果到了期限不履行，那么对方就可以立即行使解除权，不需要发什么催告通知。理论上叫"期限代人催告"。这一点反映了不发达的市场经济的要求。在这样的市场经济条件下，一个当事人同时只有一两份合同，如果有三五份合同就不得了了，当事人必须做到随时小心谨慎，使合同履行不要超过期限。而在现代市场经济条件下，那些企业手里面同时何止有几十份合同，有的企业甚至有上百份合同。企业签订的合同太多，稍不留意哪一份合同就超过了履行期限，超过了一天、两天，对方当事人就解除合同，固然会对超过方当事人造成重大的损害，对解除合同一方也未尝有多大的利益。因此合同法起草人借鉴了英美法上的制度，规定在这种情况下，对方应该给予催告，催告后在指定的期限或者合理期限内仍没有履行的，才发生法定解除权。这符合现代市场经济的要求。

下面看发生法定解除权的第四种情况，"当事人一方迟延履行债务或者有其他违约行为致使不能实现合同目的"。这种情形马上发生法定解除权，不需要发催告通知。这是考虑到有一类合同关系很特殊，只要超过了某个期限，当事人的目的就不能实现。举例来说，中国人过春节，非常隆重，商场为了准备供应春节市场的商品，订了好多采购合同，假设这些合同都到大年三十才把货物送来，甚至大年初一才送到商场，货物卖给谁啊？就卖不出去了。因此这样的合同一旦超过约定期限，合同的目的就不能实现，这样的合同就不能再规定什么履行催告，不能再给一个"恩惠期"，只要履行期满，构成迟延，就发生法定解除权。

再看第五项"法律规定的其他情形"，指第二分编典型合同关于法定解除权的具体规定。例如本法第六百一十条规定，买卖合同标的物质量不合格致使合同目的不能实现的，买受人可以解除合同；第六百三十四条规定，分期付款买卖买受人未支付到期价款达到全部价款的五分之一，经催告后在合理期限内仍未支付的，出卖人可以解除合同；第七百五十二条规定，融资租赁合同承租人欠付租金经催告后在合理期限内仍不支付的，出租人可以解除合同。在别的合同类型还有同样的规定。

请特别注意本法第七百八十七条的规定，承揽合同的"定作人在承揽人完成工作前可以随时解除合同"。这是传统民法所谓（定作人）任意解除权。本法关于典型合同的规定中，唯有承揽合同的定作人有这样毫无限制的任意解除权，解除合同不需要任何理由，并且第八百零八条规定，建设工程合同可以适用承揽合同的有关规定。可见第七百八十七条规定的定作人任意解除权，还可以适用于建设工程合同。这就更不得了了。建设工程合同，建一个大楼，修一条高速公路，架设一座桥梁，只要工程未最后完工，发包人都可以随时解除合同，将承包方撵走。这合适吗？这非常不合适。虽然德国民法典、日本民法典，还有我国台湾地区"民法"都有关于任意解除权的规定，但这反映

的是一百多年前的不发达的市场经济条件下的情况。现代
市场经济条件下，无论承揽合同或者建设工程合同，要解
除合同，都一定要有正当理由。所谓正当理由，即符合本
法第五百六十二条第二款约定解除权、第五百六十三条法
定解除权的规定。现在第七百八十七条规定的定作人任意
解除权制度，与现代化市场经济规律、现代民法基本原则
和基本精神不相适应，因此，建议法庭在解释适用第七百
八十七条时，不拘泥于条文用语，解释为：定作人在承揽
人完成工作前，有正当理由的，可以随时解除合同；合同
解除后的恢复原状、采取补救措施以及赔偿损失，应当适
用第五百六十六条的规定。

现在回到第五百六十三条法定解除权。这里没有讲到
部分履行，合同一部分已经履行，还有一部分没有履行，
这种情形发生法定解除权，是解除全部还是只解除没有履
行的部分呢？这在合同法第一个草案有专条规定，对于一
部分已经履行的合同行使解除权，要看已经履行的部分对
相对人有利益还是没有利益，如果已经履行的部分对相对
人有利益，就只能解除没有履行的部分；如果已经履行的
部分对相对人没有利益，就可以解除全部，即对已经履行

的部分恢复原状、退货退款。什么叫"有利益",什么叫"没有利益"呢?以购销合同来说,如果50吨钢材的合同,交了30吨,还欠20吨没有交,如果已经交的30吨需方已经用在生产上,早已经生产出成品、半成品了,我们就说这已经履行的30吨钢材对需方有利益,因此只能够解除没有交货的20吨。如果是一个生产线设备的购销合同,供方交了其中的几台设备,需方拿了这几台设备配不成套,市场上又没有什么通用的设备拿来配套,这在法律上就叫作对需方没有利益,因此需方可以全部解除,已经交的设备作退货处理。这是部分履行情形的解除,现在的条文(第五百六十三条)没有规定,形成法律漏洞。以上介绍的合同法第一个草案的规定,可作法理援用以补充此项漏洞。

本条第二款规定:"以持续履行的债务为内容的不定期合同,当事人可以随时解除合同,但是应当在合理期限之前通知对方。"不定期合同,当事人双方均可随时解除合同,是不定期合同性质使然。

关于本条的最后一个问题,谁行使解除权?我们看本条条文,"有下列情形之一的,当事人可以解除合同",没有说哪一方可以解除、解除权归哪一方？按照旧的民法教科书，法定解除权被认为是对违约方的惩罚措施、对守约方的救济手段，因此唯有守约方、受害方享有法定解除权，违约方不享有法定解除权。这种理论没有准确理解法定解除权的立法目的，将合同解除、解除的效果及对违约方的制裁混为一谈，当然是错误的。实则，法定解除权制度与对违约方的制裁无关。如前所述，法定解除权制度的立法目的，是使双方当事人尽快从已经死亡的（目的不能实现的、目的落空的）合同关系中解脱出来，并且具有促进市场经济流转的意义。合同解除的效果，双方恢复原状及违约方赔偿守约方所受损失，规定在本法第五百六十六条。因此，法定解除权之享有和行使，不应限于守约、受损害方当事人，而取决于合同目的是否能够实现。

按照对本条规定的目的解释，凡属于导致合同目的不能实现的情形（事由），法定解除权归双方当事人享有、行使；未导致合同目的不能实现的情形（事由），仅守约方、受损害方当事人享有、行使法定解除权。本条第一项，不可抗力导致合同目的不能实现，双方当事人都可以行使法定解除权；第二项"预期违约"和第三项"根本违约"，合同目的并未落空，仅守约方当事人可以行使法定解除权；第四项"迟延履行即其他违约行为"导致合同目的落空，双方当事人（守约方、违约方）均可以行使法定解除权，现实中有这样的案件，违约方自己违约导致合同不能履行，因相对方未行使解除权，违约方自己行使解除权获得法院支持；第五项"法律规定的其他情形"，也按照同一原则处理。本条第一款沿用合同法第九十四条原文，第二款为新增。

第五百六十四条　【除斥期间】

法律规定或者当事人约定解除权行使期限，期限届满当事人不行使的，该权利消灭。

法律没有规定或者当事人没有约定解除权行使期限，自解除权人知道或者应当知道解除事由之日起一年内不行使，或者经对方催告后在合理期限内不行使的，该权利消灭。

本条是关于解除权除斥期间的规定。第一款规定，有法律规定或者当事人约定解除权行使的期限的，有解除权的当事人超过期限没有行使，解除权就消灭。这第一款非常容易理解。第二款规定，法律没有规定或者当事人没有约定解除权行使期限，自解除权人知道或者应当知道解除事由之日起一年内不行使，或者经对方催告后在合理期限内不行使的，该权利消灭。解除权属于形成权，其存续须受除斥期间的限制。本条以合同法第九十五条为基础，第一款为原文，第二款用"一年期间"取代原规定的"催告"。条文易于理解，毋庸赘言。

第五百六十五条　【解除权行使、异议】

当事人一方依法主张解除合同的，应当通知对方。合同自通知到达对方时解除；通知载明债务人在一定期限内不履行债务则合同自动解除，债务人在该期限内未履行债务的，合同自通知载明的期限届满时解除。对方对解除合同有异议的，任何一方当事人均可以请求人民法院或者仲裁机构确认解除行为的效力。

当事人一方未通知对方，直接以提起诉讼或者申请仲裁的方式依法主张解除合同，人民法院或者仲裁机构确认该主张的，合同自起诉状副本或者仲裁申请书副本送达对方时解除。

本条第一款第一句规定解除权行使应当采用通知方式。此解除权行使通知，属于意思通知。第二句规定解除权行使通知的生效，条文将解除权行使通知分为两种，并分别规定其生效：其一，"单纯的解除权行使通知"到达对方时生效，即条文规定"合同自通知到达对方时解除"；其二，"附加履行催告的解除权行使通知"，即条文所谓"通知载明债务人在一定期限内不履行债务则合同自动解除"的解除权行使通知，此种通知到达对方时，仅发生通知载明的"履行期限"的开始计算的效力，尚不发生合同解除的效力，须通知载明的"履行期限"届满，方才发生合同解除的效力，即条文规定"债务人在该期限内未履行债务的，合同自通知载明的期限届满时解除"。

按照第一款第二句的规定，解除的效力从通知到达对方时或者通知载明的期限届满时发生。如果相对方有异议怎么办呢？例如，对方认为不符合约定解除权的事由，或者不符合法定解除权的情形，即条文所谓"对方对解除合同有异议"，这种异议（即争议）已经没有办法通过双方协商解决，只能请求人民法院或者仲裁机构解决。于是第一款第三句规定，"对方对解除合同有异议的，任何一方当事人均可以请求人民法院或者仲裁机构确认解除行为的效力"。依此规定，双方当事人均有诉权（或申请仲裁之权），此种诉讼（仲裁）的性质为"确认解除行为的效力"之诉（仲裁）。

需注意，本条第一款是以合同法第九十六条规定为基础，做了两项重要修改。第一项修改是增加了"附加履行催告的"通知形式，实际是允许解除权人将解除权行使通知与履行催告通知合二为一。但需注意，此"附加履行催告的解除权行使通知"，仅适用于第五百六十三条第三项规定的"根本违约"情形；而第一项"不可抗力"、第二项"预期违约"、第四项"其他违约致使不能实现合同目的"情形，均不存在发履行催告通知的必要性和可能性。至于第五项"法律规定的（法定解除权的）其他情形"，应当区别合同目的是否已经不能实现（目的落空），例如产品质量不符合约定致使合同目的不能实现（第六百一十条），亦不存在发履行催告通知的必要性；因一方违约尚未导致合同目的不能实现（目的未落空），如本法第六百三十四条及第七百五十二条规定情形，尚存在向违约方发履行催告通知的可能性和必要性。另外，按照本法第五百六十三条第三项规定，此履行催告通知，不同于合同约定履行期限届满前的提示（提醒）债务人履行债务的通知，通知所载明的（合同履行期限届满后增加的）履行期限，理论上称为"恩惠期"。此种"附加履行催告的"通知到达对方，并不立即发生合同解除的效力，须待载明的期限届满方才发生合同解除的效力。第一款第二句增加"附加履行催告的解除权行使通知"，并明确规定此种通知的生效，具有方便实务、减少争议的实际意义。

第二项修改是关于对方有异议时谁行使诉权。合同法第九十六条规定的是由异议方（相对方）向法院起诉或者提起仲裁，但未规定起诉或者申请仲裁的期限。于是实务中出现这样的情形，解除权人发出解除通知之后，合同已经解除，对方在经过相当长的时间，例如半年甚至更长的时间之后，突然向法院提起异议之诉或者向仲裁机构申请仲裁，对行使解除权一方非常不利，且不利于经济秩序稳定。因此，《合同法司法解释（二）》第二十四条作出解释："如果当事人预先约定了异议期间，在约定的异议期限届满后才提出异议并向人民法院起诉的，人民法院不予支持；当事人没有约定异议期间，在解除合同的通知到达之日起三个月以后才向人民法院起诉的，人民法院不予支持。"此项解释，创设三个月异议期间，补充合同法第九十六条的法律漏洞。请特别注意，起草人并没有采纳此项增设"异议期限"的司法解释，而是采取与之不同的方案，即本条第一款第三句规定："对方对解除合同有异议的，任何一方当事人均可以请求人民法院或者仲裁机构确认解除行为的效力。"此项规定，赋予双方当事人提起确认之诉（仲裁）的诉权，使行使解除权一方遇对方表示异议时，可以及时提起诉讼或者仲裁确认解除行为的效力，尽量避免出现合同效力是否消灭的不确定状态，不仅符合当事人双方的利益，也有利于法律秩序的稳定。

需注意，当事人的起诉状（或者仲裁申请书）上写的可能是违约诉讼（异议方起诉情形），虽以违约之诉的名义提起，实质上仍然是请求确认解除行为效力之诉。法院受理了这个案件审查什么？审查发出解除通知一方有没有解除权（约定或者法定解除权）。如果审查认定有解除权，就应该作出确认解除行为有效（合同已经解除）的判决，即在判决中确认合同在解除权人行使解除权的通知到达之时已经解除。如果审查认定发出解除通知一方当事人没有解除权，这个案件就有可能转化为违反合同的诉讼。没有解除权而解除合同，当然应该承担违约责任。如果异议方是原告，其起诉理由即主张被告无解除权、发解除通知构成违约，法庭审查确认被告方解除行为无效，即应判决被告承担违约责任；如果是行使解除权一方起诉请求确认解除行为的效力，被告方抗辩解除行为无效或者进而反诉其违约，如法庭审查确认解除行为无效，即应在判决否定解除行为效力的同时肯定被告方的抗辩或者反诉成立，责令双方继续履行合同或者判决原告对被告承担违约责任。概而言之，确认解除行为效力之诉，在法庭确认解除行为无效的情形，均无须让当事人变更诉讼请求。

本条第二款规定解除权人可以采用诉讼方式行使解除权并统一合同解除的时间。合同法第九十六条仅规定解除权行使采取通知方式。以通知方式行使解除权，通知到达相对方时合同解除，优点是非常简便。但是，对于一些内容复杂的合同而言，合同解除后的结算和清理，恢复原状乃至损害赔偿等善后工作仍须经由法院裁判或者仲裁裁决。因此，有的当事人（不采用通知方式）宁愿采用诉讼方式行使解除权。合同法生效之初，对于当事人以诉讼方式行使解除权的案件，曾有个别法院以不符合法律规定为由驳回起诉，而大多数法院依据"举轻明重"的法理受理这样的案件。但因法律未有明文规定，致使实务中发生法院判决书中合同解除时间不统一的问题。合同究竟自何时解除，是判决作出之时、判决生效之时还是起诉状副本送达被告之时，关系双方当事人重大利益。故本条增设第二款明文规定，当事人"直接以提起诉讼或者申请仲裁的方式依法主张解除合同"，人民法院或者仲裁机构确认该主张的，"合同自起诉状副本或者仲裁申请书副本送达对方时解除"。本款规定，一是明文规定解除权可以诉讼方式行使，二是统一规定合同解除的时间，具有重大实践意义。

第五百六十六条　【合同解除的后果】

合同解除后，尚未履行的，终止履行；已经履行的，根据履行情况和合同性质，当事人可以请求恢复原状或者采取其他补救措施，并有权请求赔偿损失。

合同因违约解除的，解除权人可以请求违约方承担违约责任，但是当事人另有约定的除外。

主合同解除后，担保人对债务人应当承担的民事责任仍应当承担担保责任，但是担保合同另有约定的除外。

本条规定合同解除的效果。第一款第一句规定，合同解除后，尚未履行的终止履行，这容易理解，也非常容易操作。问题是第二句，已经履行的这部分，条文表述就非常复杂。什么叫根据履行情况？什么是合同性质？还有当事人可以要求恢复原状，是不是说只要当事人要求恢复原状，法院就必须判决恢复原状？其他补救措施是指什么样的措施？所谓赔偿损失，究竟赔偿什么损失？这些都不清楚。

请注意，合同法草案这一章的标题是"合同消灭"，正式通过的合同法用"终止"概念取代"消灭"概念。按照民法原理，"终止"是一个特殊的概念。如果一个合同中途解除，从解除之时起（并溯及于成立之时）全部无效，已经履行的部分无效，没有履行部分的也无效，这就叫合同"解除"；如果从解除之时起只是向后无效（不具有溯及力），已经履行的部分有效，没有履行的部分无效，这就叫合同"终止"。之所以将合同解除的效果分成两种情况，是因为有一种合同类型，合同生效以后存在很长时间，在这个有效期间当中一方或者双方不停地履行义务。这种合同叫"继续性合同"。合伙合同、租赁合同、劳务合同、供电供水供气合同和订报刊的合同等，都是继续性合同。这种合同有一个共同的特点，一旦解除合同很难恢复原状。即使要勉强地恢复原状，结算和清理也非常困难。因此民法原理和立法例，将这类合同的解除叫作合同"终止"，仅解除之时尚未履行的部分无效，已经履行的部分完全有效。换言之，合同"解除"是溯及于成立之时无效，合同"终止"是解除之时起向后无效（其无效不具有溯及力）。合同"终止"，不仅回避了继续性合同恢复原状的困难，即使已经履行的部分有纠纷也不要紧，按照原先的合同约定也容易作出公平合理的判决。

现在我们用"终止"概念去表示合同关系消灭，把这两种解除效果混在一起，这就发生了合同法第九十七条关于已经履行的部分怎么处理这个难题。合伙合同、租赁合同已经履行的部分怎么恢复原状？怎么才能做到公平合理？补救的办法是最高人民法院作出司法解释，即承认继续性合同已经履行的部分有效。继续性合同已经履行的部分，按照合同的性质当事人不能要求恢复原状。

条文所谓"当事人可以请求恢复原状或者采取其他补救措施"，指非继续性合同的解除，通常产生当事人双方互负恢复原状的义务。于双方或者一方当事人已履行给付义务的情形，合同解除的效果，在使原合同关系消灭的同时也在当事人间确立相互返还的义务。民法理论认为，合同解除的效果在于，消灭当事人之间的"旧债"而代之以（恢复原状的）"新债"。恢复原状义务的内容，根据具体的合同、双方当事人履行状况而不同，概而言之：（1）从他方受领的标的物，应返还原物。需要说明的是，返还原物须以原物存在为前提；原物已不存在的，可按解除当时该物的价值予以补偿；如从他方受领的标的物为代替物，则只需返还同种、同等、同量的物即可，而不拘泥于原物。

（2）受领的标的物为金钱，应返还同数额金钱并附加自受领时起的利息。（3）受领的标的为劳务或者物的使用的，应作价偿还；（4）受领的标的物生有孳息的，于返还原物时，应一并返还其孳息；（5）就应返还的物已经支出了必要或有益费用的，有权在他方受返还时所得利益的限度内，请求返还；（6）应返还的物因毁损、灭失或其他事由不能返还的，应作价偿还。此种情形下，如合同关系中约定了对待给付，则应以该对待给付抵偿。

按照大陆法系民法原理，合同法所谓"赔偿损失"，分为两种：其一，赔偿"机会损失"，亦称"信赖损失"，即中国民法语境所谓"实际损失"；其二，赔偿"履行利益损失"，指赔偿如合同履行原告方所能够获得的利益，即中国民法语境所谓"实际损失加可得利益（损失）"。本条第一款所谓"并有权请求赔偿损失"究何所指？在因违约致发生解除权情形，可否于解除合同的同时请求违约责任的损害赔偿（赔偿履行利益损失）？

对此，大陆法系民法有不同立法例。按照原德国民法，合同解除与违约损害赔偿不能同时并存，当事人只能选择其一而请求（德国民法典原第 325 条、原第 326 条）。亦即合同解除只能请求机会损失赔偿，而不能请求履行利益赔偿（违约损害赔偿）。其理由是，违约损害赔偿须以合同关系有效存在为前提，合同解除已消灭合同关系，故只能请求因合同解除造成的损失（机会损失），不能请求违约损害赔偿（履行利益损失赔偿）。此种立法例因拘泥于逻辑，而忽视当事人之间的利益衡量，致对非违约方保护不力。故《德国债法现代化法》改变立场，明文规定在双务合同中，要求违约损害赔偿的权利不因合同解除而被排除，即在因违约发生解除权情形，当事人在行使解除权解除合同后，还可以主张违约（责任的）损害赔偿请求权（第325条）。按照法国民法，（违约导致的）合同解除并不排斥违约损害赔偿（法国民法典第1184条第2项）。其理由是，于债务人违约之时，（违约责任的）损害赔偿已经成立，虽债权人解除合同，该违约损害赔偿请求权并不因而消灭。但值得注意的是，瑞士债务法、荷兰民法典只允许债权人请求因合同解除所致损害的赔偿。

鉴于合同法第九十七条仅提及赔偿损失而未明文规定赔偿何种损失，致实务中多有争议。合同法起草人受原德国民法立法和理论影响，认为合同解除（即使因违约导致合同解除）情形，合同关系已经消灭，不存在违约损害赔偿的前提条件，因此只能赔偿机会损失（实际损失），不能赔偿履行利益损失。此种见解与瑞士债务法和荷兰民法典一致，而与法国民法典、（修改后的）德国民法典及国际公约的立场不符。[①] 故起草人改变立场，认为合同解除与违约损害赔偿均属于债务人违约所致，两项制度并非相互冲突。解除制度的目的是使债权人从合同关系中解脱出来，而违约损害赔偿在于填补债权人因对方违约所遭受的损失，故增设本条第二款规定。

本条第二款规定，"合同因违约解除的，解除权人可以请求违约方承担违约责任，但是当事人另有约定的除外"。条文所谓"请求违约方承担违约责任"，即请求违约损害赔偿（实际损失加可得利益）。需注意，并不是所有

---

① 《美国统一商法典》第 2 – 720 条规定：除非明显存在相反的意思表示，"解除"（discharge）或"取消"（rescission）合同或类似表示，不应被解释为放弃或解除就先前违约所作出的损害赔偿请求。

《联合国国际货物销售合同公约》第 81 条规定：宣告合同无效解除了双方在合同中的义务，但应负责的任何损害赔偿仍应负责。

《国际商事合同通则》第 7.3.5 条规定：（1）合同的终止解除双方当事人履行和接受未来履行的义务。（2）终止并不排除对不履行要求损害赔偿的权利。

的合同解除都可以请求违约方承担违约责任的损害赔偿，只是因违约导致合同解除情形，才可以请求违约方承担违约责任的损害赔偿。因此，根据第五百六十三条第一项（不可抗力）的规定解除合同情形，及根据第五百六十二条第二款约定客观情况（客观事由）发生解除合同情形，均不能请求违约责任的损害赔偿。

请注意本款"但书"规定"当事人另有约定的除外"。所谓"当事人另有约定"，指合同中关于"合同因违约解除违约方不承担违约责任"的约定。如有这样的约定，在因违约导致合同解除情形，非违约方仅可请求实际损失赔偿。顺便指出，因为本条新设第二款关于违约解除可追究违约责任的规定，则第一款所谓"并可以请求赔偿损失"，属于赔偿"机会损失"（实际损失），并与第二款规定构成一般法与特别法的逻辑关系；第二款自身亦有原则规定与例外规定的逻辑关系。因此在法律适用上，第二款优先于第一款适用；第二款"但书"例外规定优先于原则规定适用。

再看本条第三款的规定，"主合同解除后，担保人对债务人应当承担的民事责任仍应当承担担保责任，但是担保合同另有约定的除外"。按照民法主从关系原理，主合同有效，从合同有效；主合同无效，从合同无效。主合同因被解除而无效，从合同也应当一并无效。但《最高人民法院关于适用〈中华人民共和国担保法〉若干问题的解释》（法释〔2000〕44 号）第十条解释说："主合同解除后，担保人对债务人应当承担的民事责任仍应承担担保责任。但是，担保合同另有约定的除外。"本款规定即是该司法解释第十条的法律化。本款规定的实质是，主合同因被解除而无效情形，将"从合同（随之）无效"，改为"从合同（随之）变更"。换言之，主合同因被解除而无效，从合同并不随之无效，只是发生所担保债权的变更（内容变更），由原来担保主合同债权，变更为担保主合同解除后的恢复原状及损害赔偿债权。

按照主从关系原理，主合同被解除而无效，作为从合同的担保合同亦应无效；担保人在担保合同无效后，本不应当再承担担保责任。但从社会生活经验考虑，如果当初没有担保合同之订立，则债权人不可能同意与债务人签订主合同；这样看来，作为从合同的担保合同，反倒具有作为主合同的前提条件的意义。当初担保人不同意担保，债权人不会同意签订主合同、不会发生合同解除问题，现在依据本款规定，让担保人为债务人因主合同解除而承担的民事责任（指恢复原状及赔偿损失）承担担保责任，并设"但书"规定，为担保人于订立担保合同时排除此项担保责任预留可能性，应当认为已经兼顾到债权人和担保人双方的利益。故不得过分拘泥于关于主从关系的原理，而否定本款规定的合理性。

需注意，中国民法语境所谓"担保合同"，包括人的担保即保证合同，以及物的担保即抵押合同和质押合同。条文所谓"担保人"，应指保证人、抵押人、出质人。保证合同的保证人，必定是主合同当事人之外的第三人。在保证人对"债务人（因合同解除）应当承担的民事责任"承担保证责任之后，债权人对债务人的（民事责任）债权，将转归保证人享有，亦即保证人可以据以向债务人追偿。抵押担保和质押担保，在债务人以自己的财产设立抵押、质押担保的情形，担保人即是债务人自己；在第三人的财产设立抵押、质押担保的情形，担保人指该第三人（抵押人、出质人）。条文"担保人对债务人（因合同解除）应当承担的民事责任"承担担保责任，意思是债权人有权申请法院拍卖、变价抵押、质押财产并就其变价款优先受清偿。仅在第三人的财产设立抵押或者质押担保的情形，债权人对债务人的（民事责任）债权，转归该第三人享有，亦即该第三人据此有权向债务人追偿。

最后谈一下第三款"但书"规定"担保合同另有约定的除外"，不仅使本款规定担保人对债务人因主合同解除所承担的恢复原状和赔偿损失的民事责任，仍然承担担保责任，具有了进一步的合理性，同时为担保人预先排除此项责任预留下可能性。这就符合意思自治原则。这个"但书"规定非常重要。因此，如果读者是企业法务、法律顾问的话，在替企业签订保证合同、抵押合同的时候，就可以通过预先约定排除此项责任。

第五百六十七条　【结算清理条款】

合同的权利义务关系终止，不影响合同中结算和清理条款的效力。

本条规定："合同的权利义务关系终止，不影响合同中结算和清理条款的效力。"因为，结算和清理条款是本

合同之外的独立存在的合同，其目的和功能是在本合同终止（消灭）后，处理"善后事宜"。本合同有效期间，它不发生作用，只在本合同终止（消灭），它才发挥作用。可以认为，"结算与清理条款"本身，是区别于本合同的、以本合同终止（消灭）为停止条件（生效条件）的合同。因附带于本合同，类似于仲裁条款（解决争议方法的条款），有必要明确规定其不受本合同关系终止（消灭）的影响，以免为此发生争议。不仅"结算和清理条款"不受本合同关系终止（消灭）的影响，而且正是本合同关系终止（消灭）之日，才是"结算和清理条款"生效并发挥作用之时。顺便补充一点，如果合同当事人在订立合同时约定了"结算和清理条款"，法庭将依据该条款处理合同关系终止后的恢复原状和损失赔偿问题，而不适用本法第五百六十六条的规定；仅在没有"结算和清理条款"或者虽有"结算和清理条款"但依据该条款不能处理的事项，法庭才适用本法第五百六十六条。本条沿用合同法第九十八条原文。

第五百六十八条　【抵销权】

当事人互负债务，该债务的标的物种类、品质相同的，任何一方可以将自己的债务与对方的到期债务抵销；但是，根据债务性质、按照当事人约定或者依照法律规定不得抵销的除外。

当事人主张抵销的，应当通知对方。通知自到达对方时生效。抵销不得附条件或者附期限。

本条是关于抵销权的规定。第一款规定："当事人互负到期债务，该债务的标的物种类、品质相同的，任何一方可以将自己的债务与对方的债务抵销。"按照这个规定，抵销不仅是消灭债权债务的方法，也是当事人任何一方都有的权利，即抵销权。根据民法理论关于权利的分类，抵销权与撤销权、解除权同属于形成权，即权利人依自己的意思即可使自己与相对人之间的法律关系消灭的权利。

依本条第一款规定，抵销须具备下列要件：（1）须二人互负债务（互享债权）。抵销是以在对等数额内使双方债权债务消灭为目的，故以双方互享债权、互负债务为要件。当事人仅负债务而无债权，或者只有债权而未负债务，均不发生抵销的问题。二人互负债务，即债务的对立，由债权人方面主张，则为债权的对立。故债的双方当事人均可以主张抵销。其中，主张抵销一方的债权，学说上称为"主动债权"；被抵销一方的债权，称为"被动债权"。（2）须双方债务种类相同、品质相同。双方的债务须属于同种类给付，且标的物相同，才可以抵销。现实生活中最适于抵销的，是货币之债。（3）须二人的债务均届清偿期。条文"互负到期债务"即明示此旨。须双方的债务均届清偿期，才可以抵销。如果一方已届清偿期，另一方未届清偿期，则不得抵销。（4）须依债务的性质适于抵销。债务以适于抵销为原则，以不适于抵销为例外。不适于抵销的债务，即"但书"规定"依照法律规定或者按照合同性质不得抵销的"债务。

请注意本款"但书"规定，"但依照法律规定或者按照合同性质不得抵销的除外"，这是说什么样的债权债务不允许抵销。所谓"法律规定"不得抵销的债务，现今法律未有明文规定。鉴于法律禁止抵销，与禁止转让、禁止强制执行，其法律政策目的相同或者类似，故采目的解释方法，应当认为，凡法律禁止转让、禁止强制执行的债务，均属于法律规定不得抵销的债务。所谓"按照合同性质不得抵销的"债务，究何所指？所谓"合同性质"，应当解释为"按照债务性质"，因为本条所谓"互负债务"包括非合同债务在内。作为解释，我要告诉同志们，按照其性质不得抵销的债务，第一种是侵权行为产生的债务与合同产生的债务不得相互抵销。侵权行为产生的债务是为了弥补人身财产损害的，在有人身伤害的时候，是用作医药费、住院费、治疗费、丧葬费之用的，如果一下给他抵销了，叫他怎么办？因此从性质上说，侵权行为产生的债务和合同产生的债务不能相互抵销。第二种是抚恤金、退休金、扶养费等身份关系上的债务，不得与合同债务抵销。这是抚恤金、退休金、扶养费等身份关系上的债务的特殊性和目的所决定的，这里毋庸赘言。第三种是工资债务可不可以抵销？在合同法的草案上设有雇用合同一章，在这一章上规定，工资债务要抵销，每个月不得超过三分之一。为什么要设这个限制呢？就是要保护劳动者和他一家人的生活需要。合同法雇用合同这一章被删掉了，后来的劳动合同法对此未设规定。但劳动者保护属于现行宪法基本原则和公共秩序，故对劳动工资的抵销也一定要有限制。值得注意的是，本法第一千一百九十一条关于使用人责任规定，"用人单位承担侵权责任后，可以向有故意或者重大过失的工作人员追偿"，所谓"追偿"当然是从该工作人员工资中抵销（扣除），对工作人员工资的抵销（扣除）的限制，可以参考合同法草案的规定，以每个月不得超过三分之一为宜。

现在我们再来看抵销，本条第一款条文规定"债务的标的物种类、品质相同的"可以抵销，最适于抵销的实际上就是金钱债务。如果是种类债务要抵销，那么品种、质量都要相同，那就很难办，当然某些种类物还是可以抵销的。关于抵销，最常见的就是银行扣划企业账户上的资金。如某银行向某企业发放贷款，企业到期未还，该企业在银行有一个往来账户，某一天这个账户上进来了一笔钱，可能是企业的交易对方汇来的预付货款、定金，银行就把这笔钱从账户上扣掉了。在 20 世纪 80 代的时候各地法院都遇到这样的案件。交易对方就说，"我汇过去的钱是我的预付货款，是我的钱，银行凭什么扣呢？应该给我恢复原状"。最高人民法院征求学者的意见，法院内部也经过了斟酌，最后作出了一个表态，银行原则上可以扣企业账户上的资金，例外不能扣。例外是什么呢？如果在签订借款合同的时候银行作出过不经过企业同意就不能扣的承诺，它就不能扣。

银行扣划企业账户上的资金是什么行为？就是我们这里说的抵销。企业从银行贷款是企业欠了银行的债务，现在企业账户上有了一笔钱等于是银行欠了企业一笔债务，银行把它扣掉就是银行行使抵销权。抵销权是法定的权利，但是银行为了强调它的这项权利在贷款合同上专门列一个条文说如果企业借款到期不还，银行有权从企业账户上扣资金，这叫作抵销权条款。有的银行还进一步规定，如果银行扣了企业在一个账户上的资金还不够，还可以扣企业在银行的其他账户上的资金，直到扣完为止，这样的条款叫作结合账户条款。

企业为了保护自己的利益，在订立贷款合同的时候和银行协商订立一个条款，说银行只有在征得企业同意的情况下才能够扣划企业账户上的资金，这是限制银行抵销权的条款。请注意合同法实施以来的裁判实践，《合同法司法解释（二）》第二十三条解释说，对于依照合同法第九十九条的规定可以抵销的到期债权，当事人约定不得抵销的，人民法院可以认定该约定有效。此项解释，认可当事人在合同中约定对抵销权进行限制的条款有效，补充了法律的不足，具有重要意义。

现在还有一个问题，就是企业欠银行的钱超过了诉讼时效，银行向法院起诉，法院说超过了诉讼时效不予保护，驳回起诉，这时如果企业在银行有一个账户，某一天这个账户上进了一笔钱，银行可不可以扣？换言之，银行可不可以用自己对企业的超过了诉讼时效的债权来进行抵销？按照民法原理，诉讼时效的完成，不影响时效完成前已经适于抵销的债权的抵销。我国台湾地区"民法"第337条、澳门民法典第841条，以及德国民法典第215条、意大利民法典第1242条、日本民法典第508条、土库曼斯坦民法典第453条，均有明文规定。① 法国民法典虽无明文

---

① 德国民法典第215条规定：若请求权在第一次可为抵销或可为拒绝履行时，时效尚未届满，则请求权时效届满后，义务人仍可行使抵销权或留置权。日本民法典第508条规定：因时效而消灭的债权，如于其消灭之前适于抵销，其债权人可以实行抵销。土库曼斯坦民法典第453条规定：时效完成的债权，在其时效期间未届满时适合抵销者，亦得为抵销。我国台湾地区"民法"第337条规定：债之请求权虽经时效而消灭，如在时效未完成之前，其债务亦适于抵销者，亦得为抵销。澳门民法典第841条规定：债权之时效虽完成，但在该债权与另一债权可相互抵销之日尚未能主张该时效之完成者，则仍可做抵销。

规定，但依其第 1290 条的规定，"债的抵销得依法律之效力当然发生，即使债务人不知，亦然"，则时效完成前适于抵销的债务，自两债务并存时起，已当然发生抵销的法律效力，自然不受此后完成的时效的影响。

合同法草案参考日本法院的一个判决拟订了一个条文，这个条文规定，诉讼时效经过的债权，如果属于可以抵销的债权，仍然可以抵销。什么叫可以抵销的债权呢？就是按照合同法第九十九条规定可以抵销的债权。这是参考了日本的一个判决，特别是考虑到我们的诉讼时效太短，向银行贷款几十万、几百万超过了两年就可以堂堂正正地说有权不还，这无论如何是违背民法精神、违背公平正义、违背诚信原则的。我们现在的民法当中存在的一个突出问题是诉讼时效期间太短，这有害于市场经济，有害于对当事人的保护，有损于市场经济中的道德规则。因此立法的时候尽量想弥补它，就设计了这个条文。这个条文现在虽然被删掉了，但在现实中间一定会遇到这样的案件，可以将"时效经过的债权可以抵销"作为法理规则引用。我的意见是，我们的法院一定要考虑到我们的诉讼时效时间太短，要尽量保护债权人，应该认可这样的抵销。

《人民司法》2011 年第 4 期（总第 615 期）刊载福州市中级人民法院（2007）榕民初字第 575 号民事判决，认可诉讼时效期间届满的债权可以抵销。判决理由为：被告"享有的上述债权属于超过诉讼时效的自然债权，债权人丧失了通过诉讼程序强制债务人履行的权利，但债权人的实体债权仍然存在，在合同法第九十九条关于法定抵销权规定中没有相反的禁止性规定的情况下，当事人可以以诉讼时效已经届满的债权与对方的等额债权进行抵销。"可见，裁判实践已经肯定诉讼时效届满的债权可以抵销。

本条第二款规定抵销的行使方式。抵销权与撤销权、解除权同属于形成权。但它们的权利行使方式有区别。按照本法，撤销权必须以诉讼方式行使，解除权既可以通知方式行使，也可以诉讼方式行使；抵销权以通知方式行使。本款规定："当事人主张抵销的，应当通知对方。通知自到达对方时生效。抵销不得附条件或者附期限。"第一句规定抵销权行使须采用通知方式。此种通知，为意思通知。第二句规定抵销权行使通知，于到达相对方时生效。此所谓"生效"，即溯及于双方债务适于相互抵销之始发生（相互抵销而归于消灭）的效力。第三句规定，抵销权行使通知不得附条件或者附期限。如果允许抵销的通知附条件或者附期限，将使相对方陷于不确定的状态，有悖于抵销的本旨，故明文规定抵销的通知不得附条件或者附期限，以杜绝争议。但抵销权之行使仍可能发生争议，异议方当然可以向人民法院起诉，这样的诉讼属于抵销权行使行为效力确认之诉，与解除行为效力确认之诉同其性质。按照《合同法司法解释（二）》第二十四条解释，当事人对债务抵销虽有异议，但在约定的异议期限届满后才提出异议并向人民法院起诉的，人民法院不予支持；当事人没有约定异议期间，在债务抵销通知到达之日起三个月届满后向人民法院起诉的，人民法院不予支持。此项司法解释，值得重视。本条以合同法第九十九条为基础稍作文字调整。

第五百六十九条 【协议抵销】

当事人互负债务，标的物种类、品质不相同的，经协商一致，也可以抵销。

本条是关于协议抵销的规定。按照意思自治原则，互负债务的当事人双方，即便所负的债务给付种类、品质不同，也可通过协商达成协议来消灭各自所负的债务。依本条规定，当事人之间相互所负的债务，即便给付种类、品质不相同，如经双方协商一致，也可以抵销。这种情形的抵销，民法理论上称为任意抵销、协议抵销，实质是抵销合同。抵销合同的效力与法定抵销同，即消灭当事人之间同等数额之内的债务关系。因双方债务的种类、品质不同，当事人可以在抵销合同对如何处理相互间的债务差额作出约定，如果当事人对于抵销的债务差额没有明确约定的，则抵销的债务应视为同时消灭。本条沿用合同法第一百条原文。

第五百七十条　【提存条件】

有下列情形之一，难以履行债务的，债务人可以将标的物提存：

（一）债权人无正当理由拒绝受领；

（二）债权人下落不明；

（三）债权人死亡未确定继承人、遗产管理人，或者丧失民事行为能力未确定监护人；

（四）法律规定的其他情形。

标的物不适于提存或者提存费用过高的，债务人依法可以拍卖或者变卖标的物，提存所得的价款。

本条是关于提存要件的规定。债务人提出给付，而债权人无正当理由拒绝受领或者不能受领，致债务人无从给付，法律应允许债务人为债权人的利益而提存标的物，以消灭自己对债权人的债务。所谓提存，指清偿人以消灭债务为目的，将其给付物为债权人寄存于提存所的行为。按照本条第一款规定，有下列情形之一，难以履行债务的，债务人可以将标的物提存：（1）债权人无正当理由拒绝受领。债权人无正当理由拒绝受领，是指债权人应当能够受领而不受领。如果债权人有拒绝受领的正当理由，例如，债务人交付的标的物不符合约定的质量标准等，债务人不能通过提存标的物而消灭债务。（2）债权人下落不明。所谓债权人下落不明，是指债权人离开其向来的住所或者居所而不知其去向、生死不明的情况。当出现债权人下落不明的情况时，债务人可通过提存标的物于提存所而消灭债务。（3）债权人死亡未确定继承人、遗产管理人，或者丧失民事行为能力未确定监护人。债权人死亡未确定继承人、无遗产管理人，或者丧失民事行为能力未确定监护人，因无受领清偿人，致债务人不能清偿债务。这种情形，债务人可提存给付物以消灭自己的债务。（4）法律规定的其他情形。例如，本法物权编第五百五十三条第二款规定，取得抵押物所有权的第三人，可以提存抵押担保的债务金额而消灭抵押权。

本条第二款补充规定，标的物不适于提存或者提存费用过高的，债务人依法可以拍卖或者变卖标的物，提存所得的价款。条文所谓"不适于提存"，例如笨重物品，不便于提交保管；或者标的物有毁损、灭失的危险，例如肉类、蔬菜，易于腐败、变质。所谓"提存费用过高"，例如，牛、马等动物需要饲养费等。这些情形，清偿人可以申请履行地的基层人民法院将标的物拍卖，而提存其价款。如标的物有市场价格，人民法院应允许清偿人照市价将标的物出卖，而提存其价款。亦即，对于有市场价格的标的物，无须采取申请法院拍卖，而直接依据市场价格计算价款。本条以合同法第一百零一条规定为基础稍作文字调整。

第五百七十一条　【提存成立、效力】

债务人将标的物或者将标的物依法拍卖、变卖所得价款交付提存部门时，提存成立。

提存成立的，视为债务人在其提存范围内已经交付标的物。

本条规定提存的成立时间及其效力。按照第一款规定，债务人将给付标的物或者其价款"交付提存部门时"，提存成立。第二款规定提存的效力，即提存已经成立，"视为债务人在其提存范围内已经交付标的物"，亦即"视为"债务人在"提存范围内"的债务已经履行而消灭。为避免争议，增设本条。

第五百七十二条　【通知义务】

标的物提存后，债务人应当及时通知债权人或者债权人的继承人、遗产管理人、监护人、财产代管人。

本条规定债务人的通知义务。通知的对象为债权人，或者债权人死亡情形其继承人、遗产管理人，或者债权人丧失民事行为能力情形其监护人，或者债权人被宣告失踪情形其财产代管人。条文要求债务人于标的物提存后"及时"履行通知义务，通知应当指明提存所、提存标的物品质、数量。此提存通知，性质上为事实通知（观念通知），区别于意思通知（如抵销权行使通知）。本条以合同法第一百零二条基础稍作修改完善。

第五百七十三条　【风险负担】

标的物提存后，毁损、灭失的风险由债权人承担。提存期间，标的物的孳息归债权人所有。提存费用由债权人负担。

本条规定提存后的风险承担和孳息归属。请注意，民法上一提到"风险"这两个字，它是指与当事人无关的原因造成的财产毁损、灭失，如因不可抗力或者其他意外的事件造成财产毁损、灭失。如果毁损、灭失是提存部门保管不善造成的，提存部门当然要承担赔偿责任，如果与提存部门没有关系，这样的毁损、灭失就叫风险，在法律上叫风险负担。风险负担是合同法上的一个重要问题，在买

卖合同一章有详细的规定。提存以后风险负担采用的规则是一个传统的规则，叫作"所有权人承担风险原则"。债务人把标的物交到了提存部门，提存部门等于是代理债权人接受了标的物，标的物的所有权已经转归了债权人，债权人作为所有权人应该承担风险。本条第一句规定风险负担，第二句规定孳息归属。"提存期间，标的物的孳息归债权人所有"，如果标的物是金钱，它在提存期间的利息应该归债权人所有。债权人作为所有权人既享受利益也承担风险。第三句规定"提存费用"负担。债权人是提存物的所有权人，当然应当负担提存费用。本条沿用合同法第一百零三条原文。

第五百七十四条 【债权人提取提存物】

债权人可以随时领取提存物。但是，债权人对债务人负有到期债务的，在债权人未履行债务或者提供担保之前，提存部门根据债务人的要求应当拒绝其领取提存物。

债权人领取提存物的权利，自提存之日起五年内不行使而消灭，提存物扣除提存费用后归国家所有。但是，债权人未履行对债务人的到期债务，或者债权人向提存部门书面表示放弃领取提存物权利的，债务人负担提存费用后有权取回提存物。

本条第一款规定："债权人可以随时领取提存物，但债权人对债务人负有到期债务的，在债权人未履行债务或者提供担保之前，提存部门根据债务人的要求应当拒绝其领取提存物"。举例来说，一个购销合同，供方交货的时候找不到需方，即属于债权人下落不明，因此供方就把标的物提存，以消灭自己的债务。因需方还没有支付价款，供方就告诉提存部门，需方来提货的时候应该让其付款。这种情形下，需方去领取标的物的时候，提存部门就要叫他付款，如不交价款，就不给这个标的物。第二款规定债权人领取权的除斥期间为五年，自提存之日起算。超过五年的，提存物在扣除提存费用后归国家所有。请注意，第二款设有"但书"规定。依据"但书"规定，两种情形，债务人可以取回提存物：一是债权人未履行对债务人的到期债务，二是债权人书面表示放弃领取提存物的权利。债务人取回提存物须向提存部门支付保管费，自不待言。本条以合同法第一百零四条为基础，第一款为原文，第二款前段为原文、后段为新增。

第五百七十五条 【免除】

债权人免除债务人部分或者全部债务的，债权债务部分或者全部终止，但是债务人在合理期限内拒绝的除外。

本条规定债权人免除债务。各个国家和地区关于债务免除，有不同方案。其一，为"免除契约"。德国民法典第 397 条（免除契约：承认债务不存在）规定："债权人依契约免除债务人的债务者，债的关系消灭。债权人与债务人订立契约，承认债的关系不存在者，亦同。"瑞士债务法第 115 条（协议解除）规定："负担债务的契约，虽以方式为必要，或由契约当事人选择之者，也得不须何等方式以合意免除债权的全部或一部。"其二，为"单方行为"。日本民法典第 519 条（免除）规定："债权人向债务人表示免除债务的意思者，债权消灭。"我国台湾地区

"民法"第 343 条（免除之效力）规定："债权人向债务人表示免除其债务的意思的，债的关系消灭。"

合同法参考日本及我国台湾地区相关规定，规定债务免除为单方行为，合同法第一百零五条规定："债权人免除债务人部分或者全部债务的，合同的权利义务部分或者全部终止。"按照这一规定，所谓债务免除，是指债权人抛弃对债务人的债权而使债权债务关系消灭的单方行为，又称债权的抛弃。债权人免除债务人全部或者部分债务的，其意思表示到达债务人时发生效力，致债权债务关系全部或者部分消灭。债务免除为处分行为，行为人须对于所免除的债务有处分权。亦即唯有债权人及其代理人才能免除。免除的意思表示须对债务人为之，且免除的意思表示不得撤回。顺便提及，股东对于公司缴纳股款的债务，属于性质上不能免除的债务，因此种债务的免除与公司资本充实原则抵触其必将损害其他股东的利益。

本条系以合同法第一百零五条的规定为基础，做了两项改动：一是将原文"合同的权利义务部分或者全部终止"，改为"债权债务部分或者全部终止"，以求准确；二是增设"但书"规定，"债务人在合理期限内拒绝的除外"。

　　请特别注意，起草人增加本条"但书"规定，似有尊重债务人自由意思的立法考量。但依据此"但书"规定，如债务人于受债务免除通知后的合理期间内作出拒绝免除的表示，则债权人免除债务的通知，将不发生免除债务人债的效力。起草人显然未注意到本法债务免除为单方行为，"基于单方的意思表示成立"（第一百三十四条后段），于"到达相对人（即债务人）时生效"（第一百三十七条第二款第一句），其一旦"生效"，债权人与债务人之间的"债权债务部分或者全部终止"（本条规定）。无论债务人表示"接受"，或者表示"拒绝"，均不能影响债务免除效力的发生。可见，起草人将属于"单方行为"的债务免除，认作"双方行为（合同）"，误以为须相对人（债务人）"接受"（未表示"拒绝"）方能生效。故本条"但书"规定，违背债务免除之本质和立法逻辑，已构成"体系违反"。建议法庭解释适用本条，应采目的性限缩方法，剔除此"但书"规定。

第五百七十六条 【主体混同】

债权和债务同归于一人的，债权债务终止，但是损害第三人利益的除外。

本条规定的债权债务同归于一人，民法理论上称为"混同"。需要注意的是"混同"这个概念在民法上不同的地方有不同的含义。本条讲的是债权人的身份和债务人的身份发生混同，因此属于"主体混同"。物权法添附制度所谓"混同"，属于权利"客体（标的）混同"。"主体混同"是债权债务消灭的原因。什么时候发生"主体混同"呢？例如甲乙两个企业互负债权债务，某天两个企业合并，成为一个法人，这种情况就发生主体混同，导致合并前两个企业相互间的债权债务消灭。但是有一个例外，即本条"但书"规定，"涉及第三人利益的除外"。

什么叫涉及第三人利益呢？举个例子，甲乙两个企业，甲对乙有50万元债权，要按照混同的一般规则，甲乙两个企业一合并，这50万元债权债务就消灭了。但是在合并之前，甲已经就50万元的债权向银行设定了质押，50万元债权之上就产生了银行的一个质权，在这种情况下，甲乙两个企业即使合并这 50 万元债权也不能消灭。因为如果 50 万元债权消灭了，银行的质权的标的就没有了。银行的质权即因权利标的消灭而消灭。这样会导致银行遭受损失。因此，按照本条"但书"规定，甲乙两个企业合并，债权人与债务人发生了主体混同，但这 50 万元债权债务并不消灭。这就叫"涉及第三人利益的除外"。这 50 万元债权债务，要等到合并后的企业把当年甲借银行的债务还清、银行对这 50 万元债权享有的质权消灭以后，才能消灭。

第八章　违约责任

- -

第五百七十七条　【违约责任请求权基础】

当事人一方不履行合同义务或者履行合同义务不符合约定的，应当承担继续履行、采取补救措施或者赔偿损失等违约责任。

- -

本条规定违约责任的请求权基础。按照本条规定，当事人一方不履行合同义务或者履行合同义务不符合合同约定的，应当承担继续履行、采取补救措施或赔偿损失等违约责任。请特别注意，条文中并没有提到"过错"，与经济合同法的规定不同。经济合同法规定，违约责任以过错为构成要件，违约方有过错即承担责任，无过错不承担责任。即采过错责任原则。本条从违约责任的构成中，删去过错要件，对违约责任作了重大修正，由过错责任原则，改为严格责任原则。

合同法立法方案所设计的违约责任，并非严格责任，而是过错推定责任。所谓过错推定责任。即违约责任仍然以过错为构成要件，违约方有过错承担责任，没有过错不承担责任，只是在诉讼中，不要求原告（受害方）举证证明被告（违约方）有过错，而是反过来，要求被告（违约方）证明自己无过错。被告举证证明了自己无过错，即可不承担违约责任；不能证明自己无过错，即应承担违约责任。实际上是采用了举证责任倒置的方法，将按照本来意义上的过错责任，应该由原告负担证明被告有过错的证明责任，改为由被告负担证明自己无过错的证明责任。与本来意义的过错责任相比较，过错推定责任，因为采取了举证责任倒置的方法，免除了原告的证明责任，被认为向前进了半步。

　　需补充说明一点，虽然大陆法系国家合同立法，明文规定违约责任采过错责任原则，但在法院裁判实践中，却并不要求原告证明被告有过错，而是采用了举证责任倒置的方法，要求被告证明自己无过错。名义上是过错责任，实际是过错推定责任。有鉴于此，合同法立法方案设计为过错推定责任。民法学者起草的合同法第一个草案，关于违约责任原则，是这样规定的："当事人不履行合同义务或者履行合同义务不符合约定的，应当承担违约责任。但能够证明自己没有过错的除外。"属于典型的过错推定责任。

　　但在合同法草案的修改、讨论过程中，参加修改、讨论的民法学者和法官提出建议：草案规定过错推定责任，已经由过错责任向前进了半步，何不再向前跨半步，干脆将过错要件删去，使违约责任不以过错为要件，规定为严格责任？考虑到《联合国国际货物销售合同公约》《国际商事合同通则》和《欧洲合同法通则》，均规定为严格责任，说明严格责任是合同法发展的共同趋势，因此合同法草案第三稿删去违约责任原则规定的第二句"但书"，成为标准的严格责任（合同法第一百零七条）。

当然，并不是所有民法学者都赞同严格责任。少数学者不赞成改为严格责任，主张维持第一个草案的过错推定责任。他们反对严格责任的主要理由是：（1）改为严格责任将破坏我国民事责任制度的统一。民法通则第一百零六条第二款规定，因过错侵害他人的财产、人身的，应当承担民事责任，是标准的过错责任。将违约责任改为严格责任，导致民事责任内部，违约责任（严格责任）与侵权责任（过错责任）的不协调。（2）改为严格责任是受英美法的影响，是参考《联合国国际货物销售合同公约》，并且这个公约规定的只是商事买卖合同，当事人双方都是商人，其交易能力平等，可以自己保护自己，违约责任不考虑过错对作为商人的双方当事人不至于发生太大的问题。而我们的合同法规定的合同类型很多，还有很多消费者、劳动者参加的合同，他们的交易能力不平等，严格责任对消费者、劳动者不利。（3）过错责任最大的优点是使违约责任与道德观念相联系，不是因为一个人造成他人损害就追究他的责任，而是因为他的过错造成他人损害才被追究责任，没有过错就不承担责任。法律上认为，因过错（故意、过失）损害他人利益是不道德的，因此要追究其责任。过错责任的最大优点在于，反对的是因过错损害他人利益的不道德行为，因此过错责任有利于促进道德，促进大家遵守合同。改为严格责任，把过错要件取消了，使违约责任与道德没有关系，将产生的后果肯定是严重的。（4）我国经济合同法规定过错责任，已经过去十多年，过错责任已经深入人心，为法官、律师和人民所了解，有过错承担责任，没有过错不承担责任，已经成为人民法律意识的一个内容。现在突然把它取消了，改为严格责任，没有过错也要承担责任，人民群众能够接受吗？

本法最终按照多数学者和法官的意见，将违约责任规定为严格责任，理由如下：

（1）将违约责任改为严格责任，不是本法的首创，在本法之前，涉外经济合同法和技术合同法，已经把违约责任改为严格责任。1985 年的涉外经济合同法规定，"当事人一方不履行合同或者履行合同义务不符合约定条件，即违反合同的，另一方有权要求赔偿损失或者采取其他合理的补救措施"（第十八条）。显而易见，涉外经济合同法上的违约责任，没有"过错"要件，属于严格责任，参考借鉴了《联合国国际货物销售合同公约》和英美法的严格责任。1987 年制定的技术合同法,其违约责任同样不以过错为要件,规定为严格责任(第十七条)。

(2)将违约责任规定为严格责任,已是国际间法律发展的共同趋势。过去大陆法系合同法是过错责任,英美法系合同法是严格责任,20 世纪 80 年代初的《联合国国际货物销售合同公约》规定为严格责任(第 45 条、第 61 条),1994 年的《国际商事合同通则》也规定为严格责任(第 7.4.1 条),1998 年公布的《欧洲合同法通则》,同样规定为严格责任(第 101 条)。如果《联合国国际货物销售合同公约》规定严格责任,还可以说是受了英美法的影响的话,则后来的《国际商事合同通则》和《欧洲合同法通则》也相继采纳严格责任,应当肯定是两大法系的法学家经过长期共同研究,最终达成的共识。很难说是受哪国的影响。特别是《欧洲合同法通则》更能说明这一点。欧洲主要国家都是大陆法系,属于英美法的仅有一个英国。《欧洲合同法通则》之规定严格责任,足以说明严格责任是合同法发展的潮流和共同趋势。

(3)严格责任在诉讼和程序上有特别突出的优点。严格责任不以过错为构成要件,其违约责任构成要件只有:

违约、损害、因果关系三项。这三项构成要件，都是客观方面的，诉讼中当事人易于证明，法庭易于判断。而过错是指人的主观心理状态，存在于人的主观方面，在诉讼中当事人难于举证，法庭难于判断。因此，在诉讼中，过错的证明和判断非常困难。针对这个难题，法官和学者想尽了各种办法，例如举证责任倒置的方法、过错客观化的方法，均难于真正解决问题。归根到底，在于过错是主观方面的，难于举证，难于判断。在违约纠纷案件的审理中，既然违约责任以过错为要件，违约方一般都要千方百计证明自己没有过错。明明自己违约，他首先想的不是依法承担责任，而是想方设法要证明自己没有过错而逃脱责任，最终实在证明不了，赖不掉了，才承担违约责任。这就必然造成诉讼程序的复杂化、冗长和诉讼资源的耗费。取消了过错要件，违约责任构成要件只有违约、损害和因果关系三项，都是客观方面的，当事人易于举证，法庭易于判断，使诉讼程序简化了、简便了，有利于及时认定责任，及时了结案件，提高了裁判效率。而且，取消过错要件之后，将改变有过错有责任、无过错无责任的传统观念，使责任与违约相联系，违反合同就要承担责任。因此，起草人认为，严格责任有利于促进当事人严格信守合同、履行合同。

（4）严格责任符合违约责任的本质。将违约责任与侵权责任相对照，我们注意到，侵权责任一般发生在没有法律关系的两个当事人之间，违约责任发生在预先存在有效合同关系的当事人之间。从立法政策考虑，在社会生活中，相互之间不存在法律关系的当事人，各自追求自己的利益，发生权利和利益的冲突总是难免的，造成他人损害总是难免的。因此不能仅仅因为造成损害，就追究加害人侵权责任，还需要考虑加害人有无过错，有过错才追究侵权责任。这就使追究加害人侵权责任具有某种合理性。违约责任与此不同，当事人之间存在合法有效的合同关系，合同关系上的权利义务是由双方当事人自愿协商约定的，当然符合于双方的意愿和利益。而违约责任是由合同义务转化而来，应当认为，违约责任也出于双方当事人的约定、符合双方当事人意愿，而不是法律强加的。依法成立的合同，相当于当事人为自己制定的法律。质言之，于一方违约时追究其违约责任，不过是执行当事人的意愿和约定而已，等于是执行当事人自己制定的法律。这就使违约责任具备充分的合理性和说服力，无须再要求任何理由。订立合同就应信守合同，违反合同就应承担责任。不需要有过错，当然也不搞什么过错推定。与过错责任和过错推定责任相比，严格责任更符合违约责任的本质。

应补充说明，严格责任原则的实质，仅在不以过错为违约责任构成要件，与过错责任相比较当然要严格得多，但并不等于没有免除责任的可能，违约方仍可通过证明有法定或者约定免责事由而免于承担责任。例如，因不可抗力导致违约，在过错责任或者过错推定责任体制下，不可抗力被作为证明违约方无过错的证据，而在严格责任体制下，不可抗力被规定为法定免责事由。可见，不可抗力在两种体制下，均可使违约方获得免责，只是法律技术处理上的不同。此外，在严格责任体制之下，如果当事人约定有免责条款或者限制责任的条款，只要合法有效，违约方照样可以获得免责或者减轻责任。可见，在实际上，严格责任与过错推定责任的差别并不大。不应将严格责任误解为绝对责任原则或者所谓结果责任原则。合同法实施二十多年来的实践表明，严格责任原则已为法官、仲裁员和律师等实务界人士正确掌握和熟练运用，较好地发挥了法律规范功能，并产生了良好的社会效果。

还需注意，本法没有单独规定违约行为的形态，而是纳入本条一并规定。本条规定："当事人一方不履行合同义务或者履行合同义务不符合约定。"其中，所谓"不履行合同义务"，涵盖了"履行不能""履行迟延"和"拒绝履行"（预期违约）；"履行义务不符合约定"，是指"瑕疵履行"和"不完全履行"。顺便提及，理论上有所谓"债权人受领迟延"。合同法未规定债权人受领迟延，现今已增设第五百八十九条规定债权人拒绝受领和受领迟延。本条沿用合同法第一百零七条原文。

第五百七十八条 【预期违约】

当事人一方明确表示或者以自己的行为表明不履行合同义务的，对方可以在履行期限届满前请求其承担违约责任。

本条是关于预期违约的责任的规定。按照本条规定，当事人一方，在合同依法成立后，履行期到来之前，明确表示或者以自己的行为表明他将不履行合同义务的，即构

成预期违约，对方当事人可以在履行期限届满之前要求预期违约方承担违约责任。条文所谓"明确表示"将不履行合同义务，应指以信函、电报、传真、电子邮件方式及对话（包括电话）方式向合同对方当事人明确表示将不履行合同义务的意思；所谓"以自己的行为表明"将不履行合同义务，例如已经陷于停产、关闭等足可表明将不可能履行合同义务的情形。依据本条，当事人一方构成预期违约的，相对方不必等待履行期限届满，即可向人民法院起诉或者向仲裁机构申请，追究其违约责任。相对方当然亦可等待履行期限届满后，再根据本法第五百七十七条关于违约责任的一般规定，向人民法院起诉或者向仲裁机构申请追究其违约责任，自不待言。

　　前面已经提及，预期违约本属于英美法制度，大陆法系民法并无所谓预期违约。按照大陆法系合同法，即使债务人于合同成立后、履行期到来之前，已经明确表示将不履行债务，债权人也必须耐心等待债务履行期限届满后，始得追究其违约责任。这使债权人处于十分不利的地位。而按照英美法系预期违约制度，如在履行期限到来之前一方当事人已经表示将不履行合同义务，或者客观情况表明他已经没有能力履行合同义务，即构成所谓预期违约（anticiparory breach）。这种情形，对方当事人可不必等待履行期限届满而立即提起违约诉讼、请求损害赔偿。可见，预期违约制度的优点是，有利于债权人尽早采取对策以避免或减少损失，并使双方当事人及时从已注定死亡的合同关系中解脱出来。有鉴于此，合同法采纳民法学者的建议，引入预期违约制度。

值得注意的是，预期违约在英美法系是一项制度，合同法起草人依据预期违约所发生法律效果的不同，将其分解为三项制度：本条规定预期违约发生违约责任；本法第五百六十三条第二项规定预期违约发生法定解除权；第五百二十七条规定预期违约发生不安抗辩权。合同法实施以来的裁判实践已经表明，引入英美法系预期违约制度，将其分解为三项制度分别纳入合同法的逻辑体系是成功的，已较好地发挥规范功能，产生良好的社会效果。本条沿用合同法第一百零八条原文。

第五百七十九条　【金钱债务的履行】

当事人一方未支付价款、报酬、租金、利息，或者不履行其他金钱债务的，对方可以请求其支付。

本条是关于金钱债务履行的规定。依据本条规定，当事人一方未支付价款或者报酬的，对方当事人可以（向人民法院起诉）要求其支付价款或者报酬。而按照合同法原理及本法第五百七十七条的规定，合同债务，无论属于金钱债务或者非金钱债务，于债务人不履行时，债权人当然有权直接请求债务人履行或者诉请人民法院强制债务人履行，并追究其违约责任。本属于债权债务应有之义，而无须明文规定。因此，如严格按照条文词句理解，则本条难免给人以画蛇添足、多此一举的印象。而本条之立法本意，并不在此。

按照民法原理，债务以其标的物属于金钱或者金钱之外的物，分为金钱债务与非金钱债务。基于金钱（货币）作为支付手段、流通手段的本质，金钱债务不发生履行不能问题，因此有别于非金钱债务。不履行金钱债务，债权人可诉请法院强制执行（从债务人账户强行扣划或者拍卖其财产），债务人既不能援用关于履行不能的规定主张解除合同，亦不能援用关于不可抗力的规定主张免责。

本条规定系参考借鉴自《国际商事合同通则》第7.2.1条。该条规定："如果有义务付款的一方当事人未履行其付款义务，则另一方当事人可以要求付款。"该通则起草人在该条"注释"中指出："本条反映了被普遍接受的原则：合同义务项下应支付的付款总是能够要求履行的，如果此要求没有满足，可向法庭提起诉讼来强制履行。本条中的'要求'一词，既指一方当事人向另一方当事人提出的要求，又指必要时由法庭对这一要求作出的强制履行。"显而易见，该条所反映的"被普遍接受的"原则，就是上述"金钱债务不发生履行不能"的法理；因"金钱债务不发生履行不能"，所以"总是能够要求履行的"，如果债权人的"此要求没有满足"，则债权人"可向法庭提起诉讼来强制"债务人履行。由此可见，合同法起草人参考《国际商事合同通则》的经验，设立本条规定，其立法本意在于强调：金钱债务不发生履行不能，金钱债务的债务人不得主张因履行不能而解除合同，不得主张不可抗力免责，债权人总是可以诉请法院强制实际履行。本条在合同法第一百零九条基础上稍作修改完善。

第五百八十条　【强制实际履行】

当事人一方不履行非金钱债务或者履行非金钱债务不符合约定的，对方可以请求履行，但是有下列情形之一的除外：

（一）法律上或者事实上不能履行；

（二）债务的标的不适于强制履行或者履行费用过高；

（三）债权人在合理期限内未请求履行。

有前款规定的除外情形之一，致使不能实现合同目的的，人民法院或者仲裁机构可以根据当事人的请求终止合同权利义务关系，但是不影响违约责任的承担。

本条规定非金钱债务的强制实际履行。依据本条，非金钱债务的债务人违约时，债权人可以诉请人民法院判决责令债务人严格按照合同约定履行债务，亦即债权人有请求强制实际履行的权利。所谓"强制实际履行"，即通过人民法院作出实际履行的判决，强制债务人按照合同约定的标的物履行债务，而不允许以支付损害赔偿金或者违约金予以替代。但本条在规定债权人有请求强制实际履行的权利之后，紧接着对债权人的强制履行请求权进行限制，即列举规定了债权人不得请求强制实际履行的三项例外情形。换言之，本条规定，非金钱债务，以可以强制履行为原则，不得强制履行为例外。此与本法第五百七十九条规定金钱债务总是可以诉请法院强制实际履行，有所不同。下面请看本条规定不得强制实际履行的例外情形。

第一项例外情形，是"法律上或者事实上不能履行"的债务。什么叫"法律上"不能履行？指这样一些债务，法律不允许采用强制方式迫使债务人履行，否则将构成违法行为。例如，以提供劳务、智力劳动为标的的债务（如劳动合同、讲课合同、演出合同、技术服务合同、技术咨询、技术开发合同等合同），要强制实际履行，必须拘束债务人的人身，构成侵犯债务人人身自由的违法行为。什么叫"事实上"不能履行？指那些已经陷于"履行不能"的债务，已经不存在实际履行的可能性。合同约定的标的物已经消灭或者不存在，债务人事实上不可能交付该项标的物。例如，房屋买卖合同，所约定的房屋在火灾或者地震中毁灭，或者已注定不可能建成，出卖人不可能履行交付房屋的义务。

第二项例外情形，是"债务的标的不适于强制履行或者履行费用过高"。所谓"债务的标的不适于强制履行",指法院没有办法予以强制,例如委托合同,合同关系的基础是当事人之间的相互信任,这类合同发生纠纷,当事人之间的信任已经不存在,不能强制受托人履行债务。即属于合同标的不适于强制履行。再如技术开发合同,委托创作剧本的合同,科学研究、文学创作的性质决定不适于强制履行。即使是建设工程合同,也没有办法强制建筑公司履行建房、筑路、架桥的义务,也属于不适于强制履行。实际上,适于强制履行的,主要是买卖合同出卖人的交货义务。但判断其标的物是否适于强制履行,一定要考虑法院自身的方便,即是否方便法院判决的执行。即使是买卖合同出卖人的交货义务,其标的物,凡是在市场上易于买到的,均以判决金钱赔偿为宜。

这里对给付标的适于判决强制履行的非金钱债务作一个小结:给付标的物为不动产,只要该不动产尚存在,均适于强制履行。此即俗话说,跑得了和尚跑不了庙;给付标的物为"特别动产"(航空器、船舶、机动车),也适于强制履行。因为有登记制度;其他动产,以适于查封、扣押为条件,如机器、设施、建筑材料,可以判决强制履行。

但金银细软、珠宝玉器、古董文物，如果诉前未采取保全措施，不可轻率判决强制履行。

第三项例外，是"债权人在合理期限内未要求履行"。即使是适于判决强制实际履行的债务，如果债权人在合理期限内未诉请法院强制实际履行，应视为债权人放弃强制实际履行请求权。这种情形，法院只能判决债务人承担损害赔偿金或者违约金，而不得判决强制实际履行。所谓"合理期限"，属于不确定概念，应由法官根据本案合同种类、性质、目的及交易习惯判断，自不待言。

请特别注意，按照本条的规定，强制实际履行只是一种违约责任形式，而不是所谓基本原则。此与我国改革开放初期的民法教科书和经济合同法的规定不同。改革开放初期的民法教科书有所谓实际履行原则。按照实际履行原则，违约方在承担了损害赔偿金或者违约金责任之后，其合同义务并不消灭，还必须实际履行其合同义务，不允许以承担损害赔偿责任代替实际履行合同。经济合同法规定，违约方承担损害赔偿或者违约金责任之后，对方当事人要求实际履行的，还应当实际履行债务。显而易见，这是计划经济体制本质要求的法律反映。

合同法制定时，起草人注意到两大法系对所谓实际履行的不同态度。大陆法系民法，是以实际履行为原则，而以金钱赔偿为例外；英美法系合同法正好相反，是以金钱赔偿为原则，强制实际履行（specific performance）只是作为金钱赔偿原则之例外。尤其值得注意的是，从 20 世纪下半期开始，大陆法系国家的裁判实践呈现出严格限制强制实际履行的发展趋势。凡是可从市场上合理地得到替代品以实现合同目的的，法院均不认可债权人关于强制实际履行合同的请求，而代之以判决违约方支付损害赔偿金或者违约金。起草人认为，以金钱赔偿为原则，以实际履行为例外，不仅符合现代化市场经济物质产品极大丰富的社会条件，并且能使法院尽量摆脱执行强制实际履行判决的繁重负担。有鉴于此，合同法将强制实际履行作为一种具体违约责任形式加以规定，并列举规定三项除外情形。前面已经谈到，本条在形式上，将不能强制实际履行的三种情形作为"例外"规定，但结合立法指导思想和价值判断，对法律条文细加分析，则应当肯定，本条之立法本意是：非金钱债务，以不可强制实际履行为原则，而以强制实际履行为例外。

请特别注意，本条编入合同编时增加了第二款，"有前款规定的除外情形之一，致使不能实现合同目的的，人民法院或者仲裁机构可以根据当事人的请求终止合同权利义务关系，但是不影响违约责任的承担。"按照条文的文义，似应当解释为，在具备：（1）属于第一款规定的强制实际履行"除外情形之一"，（2）"致使不能实现合同目的"两项要件情形，赋予当事人请求"终止合同权利义务关系"的权利。此项权利，可称为"终止权"。此"终止权"之行使，"不影响违约责任的承担"。因此，依据第二款规定，法庭根据当事人（行使终止权）的请求判决原被告之间的合同关系终止之后，当事人（原告）还可以根据"不影响违约责任的承担"的规定，另行依据本法第五百八十四条提起追究被告（违约方）违约责任之诉。

这样的理解和解释存在的问题是，其一，按照第一款、第二款之间的逻辑关系，应当是当事人依据第一款提起强制实际履行之诉，经法庭审查本案具有第一款规定的"除外情形之一"，即不符合判决强制实际履行的条件。这种情形，按照民事诉讼法理，法庭应当予以释明，即告知原告（因本案不符合强制实际履行的条件）可以变更诉讼请求或者撤诉。如果原告选择变更诉讼请求（请求追究被告

违约责任），则本案由强制实际履行之诉变更为违约责任
（金钱损害赔偿）之诉，法庭将依据本法第五百八十四条
作出判决；如果经释明原告既不变更诉讼请求也不撤诉，
法庭即依据本条第一款规定驳回原告请求。其二，按照本
条第一款、第二款的逻辑关系，原告请求强制实际履行之
诉，法庭查明本案不符合判决强制实际履行的条件（即属
于"除外情形之一"），此时案件尚在强制实际履行之诉审
理程序进行中，法庭许可原告提出"终止合同权利义务关
系"的请求，是违反诉讼程序规则的。其三，在本法，其
法律效力为"终止合同权利义务关系"的权利，唯有"解
除权"（第五百六十二条、第五百六十三条）和"抵销权"
（第五百六十八条）两种形成权，其他"终止合同权利义
务"的情形（如履行、混同和提存）均非权利，则本条第
二款规定的请求"终止合同权利义务"的权利，究竟属于
何种权利？

　　由上可知，在给付之诉（强制实际履行之诉）诉讼程
序进行中，原告未变更诉讼请求情形，法庭许可原告提出
本案诉讼请求（强制实际履行）之外的（请求终止合同权
利义务关系）请求，并作出"终止合同权利义务关系"的

判决，显然违背民事诉讼法原理和原则。在强制实际履行案件审理过程中，在原告未变更诉讼请求情形，赋予原告一项既非形成权（解除权、抵销权）也非请求权（违约责任请求权）的，所谓请求"终止合同权利义务关系"的实体权，显然违背民法关于民事权利的基本原理和原则。

实则，按照本条第一款与第五百八十四条之间的逻辑关系，本条第一款的立法者意思是，明文规定提起强制实际履行之诉的要件，当事人的请求如果属于本条规定"除外情形之一"，则明示当事人依据五百八十四条提起追究违约方违约责任（损害赔偿）之诉；如果原告依据本条提起强制实际履行之诉。经法庭审理查明不符合强制实际履行的要件（属于除外情形之一），则法庭应当通过释明，告知原告变更诉讼请求，由原强制实际履行的诉讼请求，变更为依据五百八十四条追究违约方违约（损害赔偿）责任的诉讼请求。如果原告变更了诉讼请求，把强制实际履行的诉讼请求变更为追究违约方违约责任的诉讼请求，法庭即依据五百八十四条审理本案、判决被告承担损害赔偿责任，原被告之间的合同关系即当然终止。如果经释明原告拒绝变更诉讼请求，法庭即应依据本条第一款作出判决驳回原告请求。

质言之，本条本无增加第二款的必要。现在增加本条第二款，抵触本条立法目的、造成逻辑关系的混乱。建议法庭适用本条时，不应当拘泥于第二款条文的词句，采用目的性解释方法，解释为：法庭审理原告请求强制实际履行案件，查明本案属于第一款规定的除外情形之一的，应当予以释明，告知原告变更诉讼请求（变更为追究违约方违约责任的诉讼请求），经释明原告拒绝变更的，即应依据本条第一款规定驳回原告强制实际履行的诉讼请求。本条第一款为合同法第一百一十条原文，第二款为新增规定。

第五百八十一条　【违约方负担第三人替代履行费用】

当事人一方不履行债务或者履行债务不符合约定，根据债务的性质不得强制履行的，对方可以请求其负担由第三人替代履行的费用。

按照本条规定，"当事人一方不履行债务或者履行债务不符合约定，根据债务的性质不得强制履行的，对方可以请求其负担由第三人替代履行的费用"。如果按照条文的文义，应当认为，本条创设了一项"请求违约方承担第三人代替履行的费用"的一般规则。只要具备两个要件，其一，"当事人一方不履行债务或者履行债务不符合约定"；其二，该债务属于根据其"性质不得强制履行的"债务，相对方即"可以请求其负担由第三人代替履行的费用"。换言之，凡是属于根据其性质不得强制实际履行的债务，债务人一旦违约（不履行或者履行不符合约定），债权人即可以委托第三人代替履行，然后请求违约方承担第三人代替履行的费用。这是第一种理解。下面举例：

什么叫根据其性质不得强制履行的债务呢？前已述及，给付标的为提供劳务、提供服务、完成工作的债务，均属于根据其性质不得强制履行的债务。例如保姆合同，如果保姆回家去了，她不履行合同，那么雇主可以另外找一个保姆来代替履行，然后由原来的那个保姆承担新保姆的保姆费，行不行？再如技术开发合同，委托创作剧本的合同，债务的性质决定不适于强制履行，受托人一旦违约，委托人即可重新委托第三人代替履行而由原先的受托人承担费用，行不行？即使是建设工程施工合同，建房、筑路、架桥的债务，属于根据其性质不得强制履行的债务。承包方不履行或者履行不符合约定，发包人即可找另外一个施工队代替履行，而由前面的施工队承担费用，行不行？回答是绝对不行！法院或者仲裁庭绝不可能受理这样的案件、不可能作出这样的判决和裁定。

可见"请求（违约方）负担由第三人替代履行的费用"，绝不可能是"一般规则"，而只是一项适用面很窄的"特别规则"。实则，是建设工程施工合同的一项习惯规则。按照住房和城乡建设部颁布的《建设工程施工合同（示范文本）（GF－2017－0201）》，建设工程竣工交付之后，在合同约定的保修期①内，发包人在使用过程中，发现已接收的工程存在缺陷或损坏的，应书面通知承包人予以修复，承包人应在合同约定的合理期限内到达工程现场并修复缺陷或损坏。因承包人原因造成工程的缺陷或损坏，承包人拒绝维修或未能在合理期限内修复缺陷或损坏，且经发包人书面催告后仍未修复的，"发包人有权自行修复或委托第三方修复，所需费用由承包人承担"。因为发包人在向承包人支付工程款的时候，扣留了工程款总额百分

---

① 按照住房和城乡建设部示范文本，"保修期"不得超过 24 个月。

之五的"质量保证金"。① 委托第三人代替履行修复（修复过程缺陷或者损坏）义务的费用，当然从"质量保证金"中支付。如果有必要将此项适用面很窄的习惯规则法律条文化，其适当的位置应当是安排在建设工程合同一章。建议对本条采用限缩解释方法，限缩本条的适用范围，仅适用于建设工程合同等②根据习惯或者约定采用"质量保证金"（或者质量保证金保函）担保的合同。本条为新增规定。

第五百八十二条 【瑕疵担保责任（一）】

履行不符合约定的，应当按照当事人的约定承担违约责任。对违约责任没有约定或者约定不明确，依据本法第五百一十条的规定仍不能确定的，受损害方根据标的的性质以及损失的大小，可以合理选择请求对方承担修理、重作、更换、退货、减少价款或者报酬等违约责任。

---

① 按照住房和城乡建设部示范文本"质量保证金"不能超过工程款总额的百分之五，但现实中往往达到工程款总额的百分之十。

② 据了解机械设备进口合同也可以采用"质量保证金"（或者"质量保证金保函"）担保。

本条是关于瑕疵履行的违约责任的一般规定。所谓瑕疵履行，是指债务人履行债务不符合合同约定，通常称为质量不合格。不仅买卖合同有瑕疵履行（产品质量不合格）问题，建筑工程、承揽等合同也有瑕疵履行（所完成的工作物质量不合格）问题，就是服务合同也有瑕疵履行（所提供的服务质量不合格）问题。因此，本法将瑕疵履行的违约责任，规定在合同通则（本条），作为瑕疵履行违约责任的一般规则；同时，在合同分则规定直接适用本条规定，如第六百一十七条关于买卖合同瑕疵履行的违约责任，或者为该类合同的瑕疵履行设立特别规则，如第六百六十二条规定赠与合同瑕疵履行的违约责任、第七百八十一条规定承揽合同瑕疵履行的违约责任、第八百零一条规定建设工程合同瑕疵履行的违约责任等，构成本法关于瑕疵履行违约责任的规则体系。因此，法院审理瑕疵履行的违约责任案件，凡本法合同编第二分编或其他法律、法规对于涉案合同的瑕疵履行设有特别规定的，应优先适用该特别规定；无特别规定的，则应当适用本条一般规定。

本条第一句规定："质量不符合约定的，应当按照当事人的约定承担违约责任。"需注意，条文中两个"约

371

定"，含义不同。前段"质量不符合约定"中的"约定"，指当事人关于质量的约定，即合同"质量条款"。此"质量条款"，是法庭判断债务人的履行是否符合质量（是否存在瑕疵）的标准。如果当事人在合同中未约定质量条款，或者约定不明确，应当按照本法第五百零九条和第五百一十条的规定予以补充或者予以明确，自不待言。通常情形，当事人订立合同，在约定"质量条款"的同时，还会约定，如债务人的履行不符合"质量条款"（即质量不合格或者瑕疵）时，所应当承担的违约责任（违约金或者损害赔偿的计算方法）。后段"按照当事人的约定承担违约责任"中，所谓当事人的"约定"，即指当事人针对债务人的履行不符合"质量条款"约定的违约责任。按照本条第一句的规定，凡当事人在合同中关于履行质量不符合质量条款（质量不合格或者有瑕疵）的违约责任有约定的，应当按照当事人的约定承担违约责任。此项规则的法理依据，是本法第五条意思自治原则。

本条第二句规定："对违约责任没有约定或者约定不明确，依照本法第五百一十条的规定仍不能确定的，受损害方根据标的的性质以及损失的大小，可以合理选择要求对方承担修理、更换、重作、退货、减少价款或者报酬等违约责任。"鉴于违约责任（包括瑕疵履行的违约责任），属于一般条款，此在解读本法第四百七十条时已经谈到，一般条款不是合同成立所必须具备的条款，缺乏一般条款并不影响合同的成立和有效。因此，如果当事人订立合同时未针对瑕疵履行约定违约责任，或者关于瑕疵履行违约责任的约定不明确，当然应依照本法第五百一十条关于一般条款没有约定或者约定不明确的补充规则，予以补充确定。亦即，合同没有约定瑕疵履行的违约责任的，由双方当事人通过协商补充约定瑕疵履行的违约责任；合同约定的瑕疵履行的违约责任不明确的，由双方通过协商予以明确；如果双方协商不能达成补充协议，则应由法庭按照合同有关条款或者交易习惯予以确定。考虑到社会生活的复杂性，在双方当事人不能就瑕疵履行的违约责任达成补充协议的情形，也存在这样的可能性，即法庭按照合同有关条款或者交易习惯，也不能确定涉案合同瑕疵履行的违约责任。本条第二句后段规定，这种情形，"受损害方根据标的的性质以及损失的大小，可以合理选择要求对方承担修理、更换、重作、退货、减少价款或者报酬等违约责任"。此即在没有约定的瑕疵履行违约责任（包括约定不明确且难于通过补充规则予以明确）情形，法定的瑕疵履行的违约责任：修理、更换、重作、退货、减少价款或者报酬等违约责任。

前已述及，本条属于瑕疵履行违约责任的一般规定，所规定的责任形式，修理、更换、重作、退货、减少价款或者报酬等，并不是对于一切合同类型都同样适用。例如买卖合同标的物有瑕疵，买受人可以根据情况选择"修理""更换""退货"或者"减少价款"；承揽合同完成的工作物有瑕疵，定作人可以选择"重作"或者"减少报酬"；服务合同的服务质量不合格，债权人只能要求"减少报酬"。再者，应当肯定，本条规定赋予债权人（条文"受损害方"）选择适用违约责任形式的选择权，原则上应当尊重债权人的选择，条文用了"合理请求"，对债权人此项选择权之行使"稍作限制"。何谓"合理请求"，应当结合具体案情判断，如果"瑕疵轻微"，稍加修理即可，偏要请求"退货"，就"不合理"。例如商品房买卖，仅仅因为卫生间的一个"澡盆"不符合约定型号，就要求解除合同，甚至还有因为交付房屋比约定面积多出几个平方米而要求解除合同的，显而易见，属于"不合理请求"（这两个例子都是因为房价下跌买方借口瑕疵履行而悔约）。对违约责任具体形式的选择，属于债权人的权利，除本条规定的"合理请求"限制之外，不得由行业规章、格式条款等予以限制，自不待言。

最后需补充说明，大陆法系民法所谓"瑕疵担保责任"，称为"物的瑕疵担保责任"，仅对特定物买卖适用。例如专用设备买卖，所交付的专用设备有严重缺陷，买受人可以"退货"（解除合同）。民法理论，关于其责任性质，有法定责任说（旧说）与特别违约责任说（新说）。按照法定责任说，物的瑕疵担保责任是违约责任制度之外的一项特别制度，是专为特定物买卖而设。按照特别违约责任说，物的瑕疵担保责任，属于违约责任的一种特别责任形式，应不限于特定物买卖，对于种类物买卖亦可适用。合同法起草人，在设计本条瑕疵履行的违约责任时，对传统民法瑕疵担保责任有所参考借鉴，系采纳其新说，即作为违约责任的一种特别责任，本条的位置及条文明示违约责任，已表明这一点。更为重要的是，本条未用"瑕疵"概念，而称为"质量不符合约定"，使本条适用范围，涵盖发生"质量不符合约定"（债务履行瑕疵）的各类合同，且规定的具体责任形式，远比传统制度（退货、减价）为多。有鉴于此，应特别注意，本条与传统民法瑕疵担保责任的区别。本条在合同法第一百一十一条基础上稍作文字调整。

第五百八十三条 【瑕疵担保责任（二）】

当事人一方不履行合同义务或者履行合同义务不符合约定的，在履行义务或者采取补救措施后，对方还有其他损失的，应当赔偿损失。

本条是对第五百七十九条、第五百八十条和第五百八十二条的补充规定。因为在适用第五百七十九条金钱债务的强制履行、第五百八十条非金钱债务的强制实际履行及第五百八十二条瑕疵履行的违约责任的情形，都会有这样一个问题：如相对方当事人还受有其他损失怎么办？合同法草案曾经考虑采取在上述各个条文增设一款予以规定的办法。如合同法第一个草案，规定瑕疵履行违约责任的条文（第一百四十五条），设有第二款："因瑕疵履行而给债权人造成人身或合同标的物以外的其他财产的损害的，应当承担损害赔偿责任。"合同法草案（征求意见稿），规定非金钱债务强制实际履行的条文（第八十四条），设有第二款："强制实际履行不影响当事人请求支付违约金或者赔偿损失。"为了避免重复，后删去上述条文的第二款，并设立本条，统一解决适用上述三项制度所可能遗留的损害赔偿问题。所以说，本条是前三项制度的补充规定。

本条条文"在履行义务或者采取补救措施后"，其中，所谓"履行义务"，是指依据第五百七十九条履行金钱债务及依据第五百八十条强制履行非金钱债务；所谓"采取补救措施"是指依据第五百八十二条予以"修理""更换""重作""退货"或者"减少价款或者报酬"。条文"对方还有其他损失"一语，即指因债务人迟延履行或者瑕疵履行，致债权人的人身或者标的物之外的其他财产遭受的损害（损失）。依据本条，债权人的这些损失（损害），均应由债务人承担赔偿责任。

这里特别要谈到，瑕疵履行可能发生的"加害给付"。例如，买卖牛的合同，出卖人交付一头病牛，病牛不符合合同约定，属于瑕疵履行。如果这头牛患的是传染病，使买受人的其他的牛感染、死亡，这种情形，出卖人的瑕疵履行（交付病牛），就叫"加害给付"，买受人原有的其他牛的感染、死亡，就是"加害给付"给债权人造成的标的物之外的其他财产的损失。再如，供应食品的合同，出卖人交付食品不符合约定质量标准，构成"瑕疵履行"；如因该瑕疵食品致买受人及其家人患病、死亡，就构成"加害给付"，买受人及其家人患病、死亡，就是"加害给付"给买受人造成的人身损害。加害给付造成债权人的人身或者其他财产的损害，难以依据第五百八十二条关于瑕疵履行违约责任的规定获得赔偿，债权人可以依据本条请求债务人赔偿。本条为合同法第一百一十二条原文。

第五百八十四条　【法定损害赔偿、不可预见规则】

当事人一方不履行合同义务或者履行合同义务不符合约定，造成对方损失的，损失赔偿额应当相当于因违约所造成的损失，包括合同履行后可以获得的利益；但是，不得超过违约一方订立合同时预见到或者应当预见到的因违约可能造成的损失。

本条是关于法定（违约责任）损害赔偿的规定。损害赔偿（本法称为赔偿损失），是最主要、最常用的违约责任形式。本法将违约损害赔偿责任，区分为约定的损害赔偿与法定的损害赔偿：约定损害赔偿，包括违约金和约定损害赔偿的计算方法，规定在第五百八十五条；法定的损害赔偿，指在当事人既未约定违约金，也未约定损害赔偿金计算方法的情形，按照法定方法计算的损害赔偿（本条）。二者之间的适用顺序是：如果有约定的损害赔偿（当事人约定了违约金或者损害赔偿金计算方法），则应适用约定的损害赔偿；只在没有约定的损害赔偿（当事人既未约定违约金也未约定计算损害赔偿金的方法）时，才适用法定损害赔偿，即按照本条规定的计算方法计算损害赔偿金。

按照大陆法系民事立法和民法原理，所谓损害赔偿责任，目的在于填补受害人所受损害，属于补偿性损害赔偿，要求损害赔偿金额与受害人实际所受损害数额相当，不允许受害人获得超过实际损失（损害）的赔偿金。此与英美法有所不同。英美法不仅有补偿性损害赔偿（此与大陆法相同），更有惩罚性损害赔偿（此与大陆法不同）。所谓惩罚性损害赔偿，目的不是补偿受害人所受损害，而是对加害人进行惩罚。我国改革开放以来的立法，已经引入惩罚性损害赔偿制度。首先是1993年制定的消费者权益保护法关于"惩罚性赔偿"的规定（该法原第四十九条、修正后第五十五条第一款），其次是2008年的食品安全法关于赔偿价款十倍的规定（该法第九十六条）。消费者权益保护法和食品安全法关于惩罚性赔偿的规定，与本条关于补偿性损害赔偿（计算方法）的规定，构成特别法与普通法的关系。根据特别法优先适用原则（民法典第十一条、第一百二十八条），应当优先适用消费者权益保护法及食品安全法关于惩罚性赔偿的规定。

现在看本条关于法定损害赔偿的规定。请特别注意条文前段，"当事人一方不履行合同义务或者履行合同义务不符合约定，造成对方损失的，损失赔偿额应当相当于因违约所造成的损失"一句，明确表述了本条规定的损害赔偿的性质，属于补偿性损害赔偿，以填补因违约行为给对方当事人造成的损失（损害）为目的。"造成对方损失"，是追究违约方损害赔偿责任的必要条件，同时也限定了本条的适用范围。"损失赔偿额应当相当于'因违约所造成的损失'"，进一步明确本条法定损害赔偿的补偿性，及以违约所造成的损失作为法定损害赔偿的标准，损失多少即赔偿多少，多损多赔，少损少赔。

不仅如此，条文前段，还准确表述了违约损害赔偿责任的构成要件，"当事人一方不履行合同义务或者履行合同义务不符合约定"，即有"违约行为"；"给对方造成损失的"，即有"损害"；"损失赔偿额应当相当于因违约所造成的损失"强调违约行为与损害之间的"因果关系"。此即严格责任原则之下的违约损害赔偿"三要件"。顺便指出，教科书所谓违约责任三项构成要件，实质上是违约损害赔偿责任的三项构成要件，其他违约责任形式（如强制实际履行、瑕疵履行的违约责任、违约金责任等），均无须同时具备三项要件，仅有违约行为一项即可。

请看条文中段"损失赔偿额应当相当于因违约所造成的损失，包括合同履行后可以获得的利益"，这是关于损害赔偿的范围，亦即损害赔偿金计算标准的规定。"因违约所造成的损失"，即与违约行为存在因果关系的损失，这就是赔偿范围。亦即裁判实务中所说"实际损失"，因违约行为实际给对方造成的损失。

请注意，"实际损失"一语，在合同法实施之前，最高人民法院在解释涉外经济合同法上的损害赔偿如何计算时，曾经解释为"现实财产的减少（财物的毁损和费用的支出）"，即现存财产的损失。合同法实施以来，裁判实践和最高人民法院司法解释所说"实际损失"，是指因违约行为实际给对方造成的全部损失，包括对方原有（现存）财产的损失（财物毁损和费用支出）和可得利益损失。为避免将赔偿范围不适当地理解为"现存财产的损失"，条文特别强调"因违约所造成的损失，包括合同履行后可以获得的利益"。"合同履行后可以获得的利益"，简称"可得利益"。"因违约所造成的损失，包括合同履行后可以获得的利益"，这一句非常重要，不仅明确了法定损害赔偿的赔偿范围，而且明确了法定损害赔偿金的计算方法。即"实际损失"等于"现存财产减少"加上"可得利益损失"。

顺便提及，本条关于违约损害赔偿责任的规定，完全符合大陆法系民法关于严格区分履行利益赔偿，与信赖利益（机会损失）赔偿的法理。作为违约责任主要责任形式的损害赔偿，所赔偿的是履行利益，即合同依约履行后对方所获得的利益；此外的损害赔偿（第五百条及第五百零一条缔约过失责任、第一百五十七条民事法律行为无效撤销及确定不生效的后果、第五百五十八条违反后契约义务、第五百六十五条第一款合同解除的后果、第五百八十三条其他损失），所赔偿的是信赖利益（机会损失）。二者的区别在于，履行利益赔偿，包括可得利益；信赖利益赔偿，不包括可得利益。切不可混淆。

　　请特别注意本条最后一句"但书"："但不得超过违反合同一方订立合同时预见到或者应当预见到的因违反合同可能造成的损失。"此项规定在理论上称为"不可预见规则"。因为，按照本条规定的违约损害赔偿范围，包括现实财产的损失和可得利益的损失，有可能发生这样的情形，最后计算得出的损害赔偿金额，远远超过合同依约履行对方所可能获得的利益。例如，合同标的就几万元，如果依约履行，债权人不过获得几万元至多十几万元的利益，现在债务人违约，计算得出上百万元甚至几百万元的损害赔偿金。如果要求违约方全部赔偿，显然对违约方不公平，并且在当事人双方利益关系上也有失平衡。这种情形，就要对损害赔偿金额进行限制。本条规定的违约损害赔偿范围，现实财产损失加上可得利益损失，可以说是损害多少赔偿多少，这是一般原则，但在特殊情形中，计算得出的赔偿金额显然过高，让违约方承担太高的损害赔偿金，也不符合民法公平原则的要求，因此依据本条"但书"不可预见规则对损害赔偿金额予以限制，这是例外。

按照条文可知，所谓不可预见规则，预见主体是"违反合同一方"，预见之时点为"订立合同时"，这就发生一个问题，违约方向法庭主张其在订立合同之时没有预见到自己一旦违约会给对方造成如此巨大的损失，应当如何举证？违约方于订立合同之时预见到或者预见不到，是违约方的主观心理状态，属于难于举证的事实，法庭不应按照通常证据方法要求违约方举证。违约方依据不可预见规则主张减轻责任的抗辩即可。这种情形，法庭应当采用抽象的判断方法，即设想一个富有经验的诚信商人处于同样的情形，是否可以预见得到，其一旦违约将会给对方造成如此巨大的损失。

质言之，所谓不可预见规则，授权审理案件的法庭，按照社会生活经验，根据当事人之间的利益关系，对计算得出的损失金额，进行公平裁量。正如《国际商事合同通则》第 7.4.4 条的"注释"所说，不可预见规则"是一个弹性概念，它给法官留下一个较宽的自由裁量的范围"。法庭自由裁量的结果，如认为计算得出的赔偿金额大体公平，即可以"可以预见"为由，不支持违约方的抗辩，而按照计算得出的金额判决违约方承担责任；如认为计算得出的赔偿金额显失公平，即可以"不可预见"为由，将计算得出的赔偿金额减至法庭认为比较公平合理的数额。

可见，不可预见规则的实质，是授权法庭以不可预见规则为法律根据，限制违约方的损害赔偿责任，使违约方不至于承担过重的（不合理）的赔偿责任，以维持当事人之间利益关系的平衡。而在实际违约诉讼中，不可预见规则之适用，须以违约方以抗辩方式主张为前提，法院不得依职权主动适用，自不待言。但对此不可过分拘泥。只要被告（违约方）于答辩状或者庭审中，表示"想不到""金额太大""不合理"等意思，即应认为被告主张此项抗辩。于缺席审判情形，如法庭经公平裁量认为原告计算得出赔偿金额显然过高，可推测被告一旦出庭将会主张此项抗辩，而直接适用不可预见规则，减少损害赔偿金额。

特补充说明，不可预见规则，本属于英美法上的规则。

大陆法系民法，用来限制违约方所承担赔偿责任的是过失相抵规则。我国合同法之引进不可预见规则，始于1985年的涉外经济合同法。该法着重参考借鉴《联合国国际货物销售合同公约》（第74条第2句），创设不可预见规则，即涉外经济合同法第十九条规定："当事人一方违反合同的赔偿责任，应当相当于另一方因此所受到的损失，但是不得超过违反合同一方订立合同时应当预见到的因违反合同可能造成的损失。"合同法坚持涉外经济合同法的立法经验，规定不可预见规则和减损规则，不规定过失相抵规则。

顺便提及，依本条规定，不可预见规则之适用，不考虑违约方之是否属于故意或者重大过失。此与《联合国国际货物销售合同公约》（第74条）和《国际商事合同通则》（第7.4.4条）一致，而与《欧洲合同法通则》的规定不同。按照《欧洲合同法通则》（第9：503条）规定，违约方属于故意或者重大过失的，不得适用不可预见规则。本条为合同法第一百一十三条第一款原文，其第二款已并入本法第一百二十八条。

第五百八十五条 【违约金】

当事人可以约定一方违约时应当根据违约情况向对方支付一定数额的违约金，也可以约定因违约产生的损失赔偿额的计算方法。

约定的违约金低于造成的损失的，人民法院或者仲裁机构可以根据当事人的请求予以增加；约定的违约金过分高于造成的损失的，人民法院或者仲裁机构可以根据当事人的请求予以适当减少。

当事人就迟延履行约定违约金的，违约方支付违约金后，还应当履行债务。

本条是关于违约金的规定。违约金与损害赔偿（金），均属于主要的违约责任形式。损害赔偿责任，前面已经谈到，有三项构成要件，即违约行为、损害、违约行为与损害之间有因果关系。请求损害赔偿金，须向法庭证明因违约使自己遭受损失及损失的数额，如果原告不能证明损失的存在及其数额，法庭将驳回其请求。违约金责任，仅以有违约行为为要件。请求违约金，原告无须证明因对方违约给自己造成损失及损失的数额。法庭只要查明合同约定了违约金且被告违约，即判决原告获得该约定的违约金。由此可见，相对于损害赔偿责任而言，违约金责任的优点有二：一是程序上非常简便；二是可以回避证明违约造成损失的存在及损失数额的困难。尤其第二点，对于那些损失难于证明、难于计算的合同种类而言，有更重大的意义。此是合同实践中违约金的运用日益普遍的原因。

大陆法系民法上的违约金，有赔偿性违约金与惩罚性违约金之分（英美法系的合同法不承认惩罚性违约金）。赔偿性违约金，实际是双方当事人预先估计的损害赔偿总额，实质是约定的损害赔偿金。因此，受损害方当事人在获得赔偿性违约金之后，既不得再请求损害赔偿，也不得再请求实际履行债务。而惩罚性违约金，实质是双方当事人约定的对违约行为的制裁。因此，受损害方当事人在获得惩罚性违约金之后，还可以请求实际履行债务，或请求不履行的损害赔偿。基于赔偿性违约金与惩罚性违约金的区分，本条规定以赔偿性违约金为原则（第二款），以惩罚性违约金为例外（第三款）。

本条第一款规定，当事人可以约定一方违约时应当根据违约情况向对方支付一定数额的违约金。当事人在合同中约定违约金，可以约定一个固定金额，如约定违约方应向对方支付五万元的违约金；也可以约定计算违约金的标准，如约定每迟延一天应向对方支付合同总价千分之三的违约金。依照本款规定，当事人还可以在合同中约定损失赔偿额的计算方法。如果合同约定了损失赔偿额的计算方法，于庭审中，法庭不要求原告证明自己所受损失的金额，而直接按照合同约定的计算方法计算被告应承担的损害赔偿金额。

约定违约金，与约定损害赔偿金计算方法，二者的区别在于：约定违约金，如前所述，不要求原告证明损失的存在，即使违约未造成损失，原告也可以获得约定的违约金；约定损失赔偿额的计算方法，法庭仍要求原告证明损失之存在（只是不要求证明损失金额），如果违约未给原告造成损失，法庭将驳回原告的请求，而不理会合同约定的损失赔偿额计算方法。如合同中既约定了违约金也约定了损失赔偿额的计算方法，则原告有权选择请求违约金或者请求依约定计算方法计算得出的损害赔偿金，自不待言。

前面已经谈到，无论合同约定的违约金属于赔偿性违约金抑或惩罚性违约金，均仅以有违约事实为执行违约金的条件，但在违约方根据合同免责条款或者法定免责事由主张免责抗辩的情形，法庭仍将免除其违约金责任。此外，鉴于赔偿性违约金属于约定的损害赔偿，有关限定损害赔偿责任的特别规则，如减损规则和损益相抵规则（但不包括不可预见规则），亦可适用于赔偿性违约金。

本条第二款规定："约定的违约金低于造成的损失的，人民法院或者仲裁机构可以根据当事人的请求予以增加；约定的违约金过分高于造成的损失的，人民法院或者仲裁机构可以根据当事人的请求予以适当减少。"实质是赋予违约方请求调整违约金的权利。如前所述，请求违约金，仅以合同约定了违约金且有违约事实为条件，而不考虑是否有损失，即使违约未造成损失，也可以获得约定的违约金。但从立法政策考虑，对于赔偿性违约金，如果约定的金额过分高于或者低于所造成的损失，将使双方当事人之间的利益关系失去平衡，有悖于民法公平原则的要求。且在改革开放以来的合同实践中，确有少数当事人利用经济上或者信息占有上的优势地位，滥用合同自由，通过约定高额违约金，为自己牟取不正当利益，而使违约金制度有发生异化之虞。因此有必要设立对违约金数额进行调整的规则。合同法起草人参考法国民法典关于调整违约金的规定（第1152条第2款），创设本条第二款，规定违约方有权请求对过高或者过低的违约金进行调整。从合同法实施以来的实践看，本款规定对于纠正过高的违约金，维护双方当事人之间利益关系的平衡，贯彻民法公平原则，发挥了重要的规范功能，受到理论和实务界的充分肯定。

本条第二款条文，关于违约金的增减，明定人民法院或者仲裁机构"可以根据当事人的请求"予以增减，与德国立法例相同。此种立法的特色，明定违约金调整属于违约方（被告）的权利，只在违约方（被告）提出调整违约金的请求时，法院或者仲裁庭才对约定违约金是否过高、过低予以审查；违约方（被告）不提出调整违约金的申请，应视为放弃此项权利，法庭不得依职权予以审查。按照《合同法司法解释（二）》第二十七条解释，当事人请求调整违约金，须采取反诉或者抗辩的方式提出请求。如当事人未以反诉或者抗辩方式提出请求，法庭不得依职权调整违约金。

最后请看本条第三款规定："当事人就迟延履行约定违约金的，违约方支付违约金后，还应当履行债务。"这是关于惩罚性违约金的规定。前面已经谈到，本法规定的违约金，分为赔偿性违约金与惩罚性违约金，而以赔偿性违约金为原则，惩罚性违约金为例外。合同法第一个草案规定："除当事人另有约定外，违约金视为预定的违约赔偿金"（第147条第1款），即明定惩罚性违约金属于例外，须由当事人特别约定。最终通过的条文即本条，在技术处理上稍有不同，在第二款规定赔偿性违约金，在第三款规定惩罚性违约金，并且将惩罚性违约金限制在"迟延履行"的违约情形。换言之，仅针对"迟延履行"约定的违约金，如迟延一天支付总价千分之几的违约金，才是惩罚性违约金，除此之外的违约金，均属于赔偿性违约金。

按照第三款的规定，当事人针对迟延履行约定的违约金，属于惩罚性违约金，"违约方支付违约金后，还应当履行债务"。亦即明文规定惩罚性违约金与实际履行债务可以并用。条文虽然未提及惩罚性违约金可否与损害赔偿并用，按照民法原理，损害赔偿责任是由债务不履行转化而来，故应解释为：违约方支付违约金后，如债务可能履行，违约方还应当按照相对方的选择，实际履行债务或者支付不履行的损害赔偿金；如债务已陷于履行不能，则违约方应当支付不履行的损害赔偿金。

另外，如对第三款规定作反对解释，则应当得出下述论断：当事人针对"迟延履行"之外的违约情形约定的违约金，均属于赔偿性违约金，违约方支付赔偿性违约金后，不再实际履行债务或者支付损害赔偿金。亦即，赔偿性违约金，不得与实际履行或者损害赔偿金并用。

需特别注意，合同法实施以来的裁判实践中，时有当事人一方利用优势地位、滥用合同自由，在合同中约定高额惩罚性违约金，严重损害相对方合法权益的案件。有的案件（如商品房预售合同案件），依约定计算出来的违约金甚至超过合同价款总额，被地方法院法官称为"巨额违约金"。这类案件的被告往往因资金等原因不能获得律师帮助、未能依法及时主张调整违约金，而遭受重大损失。约定"巨额违约金"的条款，实质是本法意思自治原则（第五条）和权利自由行使原则（第一百三十条）之滥用，违背公平原则（第六条）、诚信原则（第七条）和禁止权利滥用原则（第一百三十二条），属于违反法律强制性规定（第一百五十三条）、构成显失公平（第一百五十一条）行为。人民法院或者仲裁机构，不得拘泥于最高人民法院关于以反诉或者抗辩方式主张调整违约金的司法解释，应当根据本法第四百九十七条关于格式条款无效的规定，或者根据本法第七条诚信原则，或者根据本法第一百三十二条禁止权利滥用原则，依职权确认该（巨额）违约金条款无效。该（巨额）违约金条款被依法确认无效后，原告可依据本法第五百八十四条的规定请求违约损害赔偿金，自不待言。

第五百八十六条　【定金】

当事人可以约定一方向对方给付定金作为债权的担保。定金合同自实际交付定金时成立。

定金的数额由当事人约定；但是，不得超过主合同标的额的百分之二十，超过部分不产生定金的效力。实际交付的定金数额多于或者少于约定数额的，视为变更约定的定金数额。

本条是关于定金担保的规定。现今民法上的定金，依据其效力不同，分为：（1）证约定金，即以定金之交付作为合同成立之证据，德国、瑞士民法上的定金，属于证约定金；（2）解约定金，即以定金作为解除契约之代价，法国、日本民法上的定金，即是解约定金；（3）违约定金，即以定金作

为违约损害赔偿之预定，交付定金一方违约，丧失定金；收受定金一方违约，应双倍返还定金。因定金之交付，均有证明合同成立的功能，故违约定金兼有证约定金的作用。我国台湾地区"民法"上的定金，即是违约定金。

特别应注意，本条第一款第一句规定当事人可以采用定金作为债权的担保；第二句规定定金的性质为"定金合同"，并且明确规定"定金合同自实际交付定金时成立"。据此规定，中国民法定金合同，属于实践合同。本条第二款第一句规定"定金的数额由当事人约定"，此是意思自治原则的应有之义。第二句增设"但书"规定，定金数额"不得超过主合同标的额的百分之二十，超过部分不产生定金的效力"。系将《合同法司法解释（一）》关于限制定金数额的解释规则，明确表述为法律条文。鉴于裁判实践中，时有合同约定的定金数额与实际交付的定金数额不一致、双方当事人就应当以何者为准发生争执的案件，故第三句规定，"实际交付的定金数额多于或者少于约定数额的，视为变更约定的定金数额"。以实际交付的定金数额为准，是实践合同的性质决定的。

请特别注意，本条将通常附在合同中的"定金条款"，明文规定为"定金合同"。在合同中约定一个"定金条款"，如"附定金的买卖合同""附定金的预约合同"。所附加上去的虽然只是一个（定金）条款，但该"定金条款"属于独立于"主合同"的另一个"定金合同"。定金合同是什么性质？条文规定"定金合同自定金实际交付时成立"，明示定金合同属于实践合同（要物合同）。再者，定金合同的功能在于保障主合同目的实现，故定金合同属于主合同的"从合同"。因此，应当按照"主从关系的原则"，处理定金合同与主合同之间在合同成立、生效、转移的从属关系。即主合同不成立，定金合同亦不成立；主合同无效，定金合同亦无效；主合同债权转让，定金合同亦随之转让。

第五百八十七条 【定金罚则】

债务人履行债务的，定金应当抵作价款或者收回。给付定金的一方不履行债务或者履行债务不符合约定，致使不能实现合同目的的，无权请求返还定金；收受定金的一方不履行债务或者履行债务不符合约定，致使不能实现合同目的的，应当双倍返还定金。

本条是关于定金罚则的规定。第一句规定，"债务人履行债务的，定金应当抵作价款或者收回"，是指合同债务获得履行的情形，交付的定金如何处理：将定金抵作价款（价款尚未付清的情形）或者退还给交付定金的债务人（价款已经付清的情形）。第二句规定，"给付定金的一方不履行债务或者履行债务不符合约定，致使不能实现合同目的的，无权请求返还定金"，是指交付定金一方违约的情形，定金将被相对方没收，交付定金一方无权要求返还。亦即，此种情形，定金被作为（预先支付的）违约金。第三句规定，"收受定金的一方不履行债务或者履行债务不符合约定，致使不能实现合同目的的，应当双倍返还定金"，是指收受定金一方违约的情形，其应当"双倍返还定金"，其中"一倍"是退还所收受的定金，"另一倍"是自己向对方支付的违约金。

"给付定金一方违约，无权要求返还定金；收受定金一方违约，应双倍返还定金"，是定金发挥违约定金功能的法律根据。违约定金，属于当事人预先约定的违约赔偿金，与赔偿性违约金性质相同。有鉴于此，本法第五百八十八条进一步明确规定，定金与违约金不得并用的原则。

请特别注意，本条为执行定金罚则增加了一个重要条件，即"不能实现合同目的"。传统民法立法和理论，执行定金罚则仅有一个条件，就是当事人违约。只要定金合同的任何一方违约（不履行或者不完全履行主合同月的义务），即可执行定金罚则，而不考虑违约行为的严重程度。合同法关于定金罚则的规定也是如此。合同法实施以来的裁判实践中，时有因轻微违约要求执行定金罚则的案件。轻微违约，按照诚信原则本应当视为"不违约"，立法例及国际公约有轻微违约不得解除合同的规则，故轻微违约执行定金罚则也有悖于民法公平原则和诚信原则。有鉴于此，本条为执行定金罚则，增加了一个条件："不能实现合同目的"。违约行为有严重程度的区别，轻微违约不影响合同目的的实现，不会给对方造成重大损失，因此轻微违约不应执行定金罚则。这是本条对定金罚则的重大修改。

起草人在合同法第一百一十五条的规定基础上，吸收裁判实践经验、参考民法原理和立法例，对原规定作了重要修改，并分设为两条（前条和本条）。

第五百八十八条 【定金与违约金竞合】

当事人既约定违约金，又约定定金的，一方违约时，对方可以选择适用违约金或者定金条款。

定金不足以弥补一方违约造成的损失的，对方可以请求赔偿超过定金数额的损失。

本条规定定金与违约金不得并用。前已述及，本法所谓定金为违约定金，属于当事人预先约定的违约赔偿金，与赔偿性违约金性质相同。故本条第一款规定，合同既约定违约金又约定定金的，于一方违约时，只能选择其中之一适用，选择权归相对方。既然定金性质上属于当事人事先约定的违约赔偿金，则在相对方选择适用定金而定金数额不足以弥补违约造成的损失情形，应当有补救方法。因此，本条第二款规定，这种情形，相对方选择执行定金罚则之后，如定金数额不足以弥补其损失，还"可以请求（违约方）赔偿超过定金数额的损失"。相对方请求赔偿超过定金数额的损失，须举证证明其因违约遭受的损失（包括可得利益损失）数额，自不待言。

第五百八十九条 【债权人违约】

债务人按照约定履行债务，债权人无正当理由拒绝受领的，债务人可以请求债权人赔偿增加的费用。

在债权人受领迟延期间，债务人无须支付利息。

按照民法原理，所谓违约，指债务人不履行债务或者不完全履行债务的行为，因此仅有债务人违约，不发生债权人违约的问题。现实中会发生一个问题，如债权人无理拒绝接受债务人的履行怎么办？为解决此问题，学说发明"债权人违约"概念。债权的效力在请求债务人履行给付，并不包含义务在内。无义务也就不发生义务违反（违约）问题。并且，按照权利自由行使原则（第一百三十条），债权人亦应有权拒绝接受债务人履行。可见，所谓"债权人违约"概念，并不符合民法权利理论及其逻辑。实际上，学说发明"债权人违约"概念，只是为了解决债权人无正当理由拒绝受领或者迟延受领的情形，致使债务人增加的履行费用的负担问题。增设本条的理由在此。

本条第一款规定："债务人按照约定履行债务，债权人无正当理由拒绝受领的，债务人可以请求债权人赔偿增加的费用。"可见，债权人违约的效果，就是因此增加的履行费用要由债权人负担。本条第二款规定，是针对金钱债务。按照民法原理，债权人拒绝受领金钱债务，应当视为债权人放弃债权，亦即免除债务。依金钱债务的性质，无论债权人拒绝受领或者迟延受领，均不发生增加履行费用的问题，仅发生迟延受领期间是否支付利息的问题。故第二款规定，债权人迟延受领（金钱债务）期间，债务人无须支付利息。

第五百九十条　【不可抗力】

当事人一方因不可抗力不能履行合同的，根据不可抗力的影响，部分或者全部免除责任，但是法律另有规定的除外。因不可抗力不能履行合同的，应当及时通知对方，以减轻可能给对方造成的损失，并应当在合理期限内提供证明。

当事人迟延履行后发生不可抗力的，不免除其违约责任。

本条是关于不可抗力免责的规定。近现代民法，认可不可抗力为法定免责事由。我国 1981 年的经济合同法，即有关于不可抗力免责的规定（第 34 条）。1986 年制定民法通则，特设关于不可抗力定义的规定（第 153 条）。此项定义，遂成为裁判实务的判断标准，并获得学术界的肯定。

本条第一款第一句规定："当事人一方因不可抗力不能履行合同的，根据不可抗力的影响，部分或者全部免除责任，但是法律另有规定的除外。"前段为原则规定：不可抗力为免除违约责任之法定事由。因不可抗力不能履行合同义务的，可根据不可抗力的影响，部分或者全部免除违约方的责任。但此项原则，设有例外，即"但书"规定，"法律另有规定的除外"。本条第二款规定，"当事人迟延履行后发生不可抗力的，不能免除责任"，即属于"法律另有规定"的例外之一。

本条第一款第二句规定："因不可抗力不能履行合同的，应当及时通知对方，以减轻可能给对方造成的损失，并应当在合理期限内提供证明。"赋予主张不可抗力免责的当事人两项义务：一是通知（相对方）义务，赋予此项义务的立法目的，是便于相对方采取减轻损害的措施。此项"不可抗力通知"，属于"事实通知"或者称为"观念通知"，即告知相对方不可抗力发生的事实；二是在合理期限内提供发生不可抗力的证据。即主张不可抗力免责的当事人，在发出"不可抗力通知"后的合理期限内，还应当提供证明发生不可抗力的证据。按照生活经验，仅新闻媒体关于不可抗力事件的报道，即可作为证据。

请注意，关于"不可抗力"定义，规定在本法第一百八十条，"不可抗力是指不能预见、不能避免且不能克服的客观情况"。不可抗力属于客观情况，不包括人的行为在内，但并非一切客观情况均属于不可抗力，仅其中"不能预见、不能避免且不能克服"的客观情况，才属于不可抗力。所谓"不能预见、不能避免且不能克服"，是指包括当事人在内的社会一般人不能预见、不能避免且不能克服。社会一般人能够预见、能够避免并且能够克服，仅当事人不能预见、不能避免、不能克服的客观情况，不构成不可抗力。起草人以合同法第一百一十七条和第一百一十八条的规定为基础，删去不可抗力定义（已规定在本法第180条），将两条合并为本条。

第五百九十一条 【减轻损害规则】

当事人一方违约后，对方应当采取适当措施防止损失的扩大；没有采取适当措施致使损失扩大的，不得就扩大的损失请求赔偿。

当事人因防止损失扩大而支出的合理费用，由违约方负担。

本条是关于减损规则的规定。依据本条，合同当事人一方违约后，相对方当事人即有采取适当措施防止损失扩大的义务，理论上称为"减损义务"。相对方当事人未履行此项减损义务导致损失扩大的，不得就扩大的损失要求违约方赔偿。换言之，此扩大的损失应由相对方当事人自己负担。相对方当事人履行此项"减损义务"，采取适当措施防止损失扩大，其所支出的合理费用，当然应由违约方负担。至于所采取的措施是否"适当"，及其支出的费用是否"合理"，应由法庭根据合同种类、性质及交易习惯进行判断，自不待言。

按照民法原理，减轻损失规则的目的，在于限制损害赔偿金数额，避免赔偿义务人承担过重的赔偿责任，以维护双方当事人利益关系的平衡。需注意，相对方当事人根据减损规则负有的"减损义务"，并不符合"义务"概念的本义。民法所谓"义务"，是指对于他人的义务。任何人均不可能对自己负有义务。所谓"减损义务"，是用来描述违约受害方依据减损规则所应为行为的习惯用语，不是真正的"义务"，而与所谓"附随义务"（第五百零九条）、"后契约义务"（第五百五十八条）不同。所谓"附随义务""后契约义务"是真正的义务。故违约方无权请求相对方当事人履行"减损义务"，相对方不履行"减损义务"的后果，仅仅是违约方对扩大的损失不予赔偿。

　　需补充说明，减损规则（mitigation），本属于英美法上的制度。大陆法系民法无所谓减损规则，同样的情形被纳入过失相抵规则。在英美法，过失相抵规则（亦称与有过失，contributory negligence）仅适用于侵权责任，而减损规则适用于违约责任。中国民法属于大陆法系，改革开放初期的民法理论认为，过失相抵规则应同样适用于违约责任和侵权责任。1985 年制定涉外经济合同法，出于与国际公约和国际惯例接轨的考虑，起草人参考借鉴《联合国国际货物销售合同公约》，规定了减损规则（第 22 条）和不可预见规则（第 19 条），而未规定过失相抵规则。1986 年的民法通则第一百一十四条规定了减损规则，却未规定过失相抵规则，而在第三节侵权的民事责任中的第一百三十一条规定了过失相抵规则。1993 年开始制定合同法，民法学者拘于大陆法系传统理论，建议废弃民法通则和涉外经济合同法的"减损规则"，恢复规定过失相抵规则。合同法草案修改讨论过程中，试图采纳《国际商事合同通则》的折中方案，"并行规定"减损规则和过失相抵规则，但最终放弃了这一方案，仍坚持涉外经济合同法和民法通则的立场。

第五百九十二条 【双方违约】

当事人都违反合同的，应当各自承担相应的责任。

当事人一方违约造成对方损失，对方对损失的发生有过错的，可以减少相应的损失赔偿额。

本条是关于双方违约的规定。合同法所谓"违约"，指债务人不履行合同债务。立法例和民法理论上称为"不履行（债务）"。如《国际商事合同通则》第 7.1.1 条：

"不履行系指一方当事人未能履行其在合同项下的任何义务，包括瑕疵履行或迟延履行。"《欧洲合同法通则》第1：301条："在本原则中，除非上下文要求具有其他的含义，不履行是指任何没有履行合同债务的行为，无论是否被免责，并包括迟延履行、瑕疵履行和没有协助以使合同得到充分的落实。"《欧洲私法原则、定义与示范规则：共同参考框架草案》（欧洲民法典草案）第III．−1：102条："不履行是指任何没有履行合同债务的行为，无论是否被免责，并包括迟延履行、瑕疵履行和没有协助以使合同得到充分的落实。"可见，当事人一方不履行自己负担的债务，即构成"违约"或者称为"（债务）不履行"，而一方当事人所负担的债务，即是相对方当事人享有的"债权"。债权人可自由行使其债权，与"违约"无关。故民法理论上所谓"违约"，指债务人一方"违约"，无所谓"双方违约"。故合同法第一百二十条规定"双方违约"，令人产生疑问：怎么可能有"双方违约"？

合同法颁布以来的裁判实践表明，合同法所谓"双方违约"，是指在一个（双务）合同中，双方当事人享有自己的权利、负担自己的义务，因现实生活的复杂性，可能出现双方均未依约履行自己负担的义务的情况。如一方付款超过约定期限，对方交货不符合约定质量（但不影响合同目的的实现）①。这就构成典型的"双方违约"。可见，所谓"双方违约"，不是说双方违反同一项债务，而是说双方均违反各自所负担的债务。这样理解也就消除了"双方违约"概念可能存在的逻辑矛盾。

本条第一款规定："当事人都违反合同的，应当各自承担相应的责任。"条文所称"当事人都违反合同"，即所谓"双方违约"；条文所称"各自承担相应的责任"，即各方就自己的违约行为给相对方造成的损失承担违约责任。迟延付款一方向相对方支付迟延付款的违约金；交货质量不符合约定的一方向相对方承担瑕疵担保责任（如修理或者减少价款）。

本条第二款规定："当事人一方违约造成对方损失，对方对损失的发生有过错的，可以减少相应的损失赔偿额。"这是对第一款规定的补充规定，所要解决的问题是规定减轻违约责任的事由。即以"对方对损失的发生有过

---

① 如果标的物不符合质量要求致使不能实现合同目的，按照民法典第六百一十条规定，相对方有权拒收或者解除合同。

错"，作为减轻责任的"法定事由"。这里的"过错"是什么意思？鉴于我国合同法采用严格责任，违约方承担违约责任不以（违约方具有）过错为条件，并且规定以"减损规则"和"不可预见"规则，作为减轻违约责任的法律根据，可见本款规定以相对方"对损失的发生有过错"，作为减轻违约方责任的"法定事由"，就不合逻辑。[①] 因此，建议采用逻辑解释（体系解释）方法，解释为：相对方对损失的发生"有原因"。

因此，本条第二款实际上规定了民法上用来限制（减轻）被告赔偿责任的另一项法律规则——"原因竞合"。一方违约造成对方损失，对方对损失的发生也有自己的原因，这种情形下，让被告赔偿全部损失不合理，需要减轻他的赔偿责任。据以减轻被告赔偿责任的根据就是"原因竞合"。被告所受损失，既然是两个原因竞合所产生的结果，就应当按照两个原因所起的作用力（原因力）大小，

---

① 补充一点，即使在实行所谓"过失相抵"规则的制度下，所谓"受害人过失"也并非严格法律意义上的"过失"。因为按照民法原理，所谓过失，是指（行为人）未履行对他人的注意义务，而对自己不发生"过失"问题。故过失相抵规则之所谓"受害人过失"，亦应解释为受害人对损失的发生"有原因"。

在原被告之间分摊损失，实际是减轻违约方（被告）的赔偿责任。可见，条文"对方对损失的发生有过错"中的"过错"一词，应解释为"原因"，法庭依据"原因竞合规则"，减轻违约方的赔偿责任。本条第一款系合同法第一百二十条原文，第二款为新增。

第五百九十三条 【当事人一方第三人的原因】

当事人一方因第三人的原因造成违约的，应当依法向对方承担违约责任。当事人一方和第三人之间的纠纷，依照法律规定或者按照约定处理。

本条规定合同当事人为自己一方第三人负责的原则。当事人为自己一方第三人的行为负责，是贯彻合同相对性原则（本法第四百六十五条）的结果。条文所说"第三人"，不是一般意义上的第三人（即合同关系之外的任何人），而是指与合同当事人一方有某种法律关系的第三人。例如，合同一方当事人的雇员、职工、下属机构、上级机关、受托人、代理人、合作伙伴、产品（及材料、设备、配件）供应商等。总之，这个"第三人"应与合同当事人一方有某种法律关系，这样的"第三人"的原因导致合同当事人一方违约，才应当适用本条。如果与合同当事人双方没有任何关系的、毫不相干的第三人的原因，导致合同当事人一方违约，则涉及侵权责任问题，应适用侵权责任法的有关规定，而与本条无关。

改革开放初期，由于经济体制的原因，经常发生企业上级主管机关干预企业经营活动导致企业违约的案件，于是提出这样一个法律问题：该违约企业可否以上级机关的原因导致合同不能履行为由主张免责？为此，1981年的经济合同法，专设第三十三条规定：上级机关的原因造成合同不能履行的，该上级机关应当承担责任，但应"先由违约方按照规定向对方偿付违约金或赔偿金"，然后再由应负责任的上级机关负责处理。合同法制定时，因为向市场经济转型，企业作为独立市场主体和民事主体的法律地位已经确立，上级机关干预企业经营活动的现象显著减少，但又发生对司法的"行政干预"和"地方保护主义"问题。受到"行政干预"或者"地方保护主义"影响的法院，审理追究本地企业违约责任的案件时，滥用程序法上的第三人制度，依职权将与本地企业（违约方）有合同关系的外地企业（如原材料供应商）作为第三人纳入诉讼，并判决作为第三人的该外地企业（如原材料供应商）承担赔偿责任，而本地企业（违约方）反而不承担责任。这样的判决，当然是错误的、违法的。有鉴于此，合同法起草人总结经济合同法实施以来的裁判实践经验和教训，根据合同相对性（债的相对性）原理，对经济合同法第三十三条进行改造，创设本条，规定合同当事人为自己一方第三人负责的规则。本条沿用合同法第一百二十一条原文。

第五百九十四条 【国际合同时效期间】

因国际货物买卖合同和技术进出口合同争议提起诉讼或者申请仲裁的时效期间为四年。

民法总则第一百八十八条第一款规定："向人民法院请求保护民事权利的诉讼时效期间为三年。法律另有规定的，依照其规定。"本条规定，国际货物买卖合同和技术进出口合同的诉讼时效期间和仲裁时效期间为四年，属于第一百八十八条第一款第二句所谓"法律另有规定"。唯需注意，此四年时效期间，为普通时效期间。法庭审理国际货物买卖合同和技术进出口合同案件，按照第一百八十八条第一款第二句规定，应当适用此四年普通时效期间，不适用第一百八十八条规定的三年普通时效期间。但关于诉讼时效期间的起算、中止、中断和延长，以及诉讼时效届满的效果、法庭可否主动适用时效、当事人预先抛弃时效利益及变更时效的约定是否有效等问题，仍应当适用民法总则第九章关于诉讼时效的规定，自不待言。本条为合同法第一百二十九条第一句原文，该条第二句被删除。

附录

(民法典总则第六章民事法律行为)

第三节 民事法律行为的效力

第一百四十三条 【有效要件】

具备下列条件的民事法律行为有效：

（一）行为人具有相应的民事行为能力；

（二）意思表示真实；

（三）不违反法律、行政法规的强制性规定，不违背公序良俗。

本条是以民法通则第五十五条规定为基础，文字稍有改动。需要说明的是，在关于制定民法总则的讨论中，一些学者建议删去本条。理由之一是，法律已经明文规定了民事法律行为无效的条件、可撤销的条件，没有必要再正面规定有效条件；理由之二是，多数立法例，以德国民法为代表，并不规定民事法律行为的有效条件，而仅规定各种瑕疵民事法律行为的效力。① 明文规定民事法律行为（或契约）有效要件的立法例，以法国民法、意大利民法为代表。② 考虑到社会生活的复杂性和变动性，即使立法

---

① 这些民法典未明文规定民事法律行为有效要件，推测其立法者原意是有意留予民法理论阐释，而各国权威教科书均有关于民事法律行为有效要件的论述。例如，〔德〕温德夏德《潘德克顿法学教科书》第1卷第85小节专门论述民事法律行为有效要件；〔日〕四宫和夫、能见善久《民法总则》（第八版、弘文堂）第四章私权变动的第三节（第257～277页）专门论述民事法律行为有效要件。

② 法国民法典第1108条规定："下列四条件为契约有效成立的必要条件：（1）负担债务当事人的同意；（2）订立契约的能力；（3）构成约束客体的确定标的；（4）债的合法原因。"意大利民法典第1325条规定："契约的要件包括：（1）当事人的合意（参阅第1326条）；（2）原因（参阅第1234条、第1343条）；（3）标的（参阅第1346条）；（4）法律规定必须采取的、否则无效的形式（参阅第1350条）。"乌克兰民法典第194条〔民事法律行为的一般生效要件〕规定："（1）民事法律行为的合意不能违反法律、行政法规的当事人必须遵守的强制性规定以及社会的道德原则。（2）当事人应具有相应的民事能力。（3）当事人的意思表示自由，并与其内心意思一致。（4）民事法律行为应以符合法律规定的形式订立。（5）民事法律行为的当事人应追求民事法律行为本身的法律后果。（6）未成年人的父母或养父母（代理）订立的合同不能违背未成年人的利益。"

当时对社会生活中的各种案型均设有明确规定，随着社会生活的发展、变动，仍然还会出现一些在法律上没有具体规定的新型案件。法庭遇到法律没有具体规定的新型案件，可以直接引用本条作为裁判依据。这就增加了法律的灵活性。民法总则保留本条规定的理由在此。

请注意，本条属于（从正面）规定民事法律行为有效要件的概括性规定，本条以下的条文（第一百四十四条至第一百五十四条）属于从反面规定违反民事法律行为有效要件的具体规定。根据民法典第一百四十四条至第一百五十四条之规定，在适用顺序上，应当优先适用违反民事法律行为有效要件的具体规定，只在待决案件均不能适用具体规定的情形，才可以适用本条关于民事法律行为有效要件的概括性规定。

请特别注意适用的效果，适用第一百四十四条至第一百五十四条的效果为确认民事法律行为无效或者可撤销；而适用本条的效果是确认民事法律行为有效。亦即对于社会发展变化产生的新型案件，不属于第一百四十四条至第一百五十四条的适用范围，即可以依据本条认定民事法律行为有效。按照民法解释方法，对于本条不能做反对解释

（即不能作为认定民事法律行为无效的依据）。

第一百四十四条　【无行为能力人的行为】

无民事行为能力人实施的民事法律行为无效。

本法第二十条规定未满八周岁的未成年人为无民事行为能力人，其实施民事法律行为必须由法定代理人代理，本条进一步规定无民事行为能力人（独立）实施的民事法律行为无效。但未成年人年满六周岁即应上小学，难免要独自乘坐公共交通工具，购买学习用品、玩具和零食，更为重要的是，他们往往玩网络游戏、手机购物等，按照本条规定这些行为均一律无效。这显然违背社会生活经验，并且不合情理。可见本条存在法律漏洞。① 因此，应当类推解释本法第一百四十五条关于"限制民事行为能力人实施的纯获利益的民事法律行为或者与其年龄、智力、精神

---

① 此项法律漏洞，属于"隐藏的漏洞"。拉伦茨曾说："就此类事件，法律虽含有得以适用的规则，唯该规则——在评价上并未虑及此类事件的特质，依其意义及目的而言——对此类事件并不适宜，于此即有隐藏的漏洞存在。"参见［德］拉伦茨：《法学方法论》，陈爱娥译，商务印书馆 2003 年版，第 254 页。

健康状况相适应的民事法律行为有效"的规定，认定不满八周岁的未成年人（无民事行为能力人）独立实施的这类行为有效。

第一百四十五条 【限制行为能力人的行为】

限制民事行为能力人实施的纯获利益的民事法律行为或者与其年龄、智力、精神健康状况相适应的民事法律行为有效；实施的其他民事法律行为经法定代理人同意或者追认后有效。

相对人可以催告法定代理人自收到通知之日起三十日内予以追认。法定代理人未作表示的，视为拒绝追认。民事法律行为被追认前，善意相对人有撤销的权利。撤销应当以通知的方式作出。

本条规定限制行为能力人实施的民事法律行为。按照民法原理，限制行为能力人实施的法律行为，属于效力未定的法律行为，或称需第三人追认的法律行为，指行为之是否生效取决于有追认权的第三人是否追认的法律行为。本条第一款规定："限制民事行为能力人实施的纯获利益的民事法律

行为或者与其年龄、智力、精神健康状况相适应的民事法律行为有效；实施的其他民事法律行为经法定代理人同意或者追认后有效。"按照本法的规定，限制民事行为能力人，包括八周岁以上的未成年人（第二十条），和不能完全辨认自己行为的成年人（第二十二条）。有权对限制行为能力人实施的法律行为予以追认的第三人，是指限制行为能力人的法定代理人，亦即监护人（第二十三条）。

按照本条第一款规定，法定代理人的同意或者追认，将决定限制行为能力人实施的民事法律行为是否生效。同意是事前的许可，追认是事后的许可。依民法理论，所谓追认，指有追认权人使他人所为民事法律行为发生效力的单方行为。追认作为一种单方行为，其作用在于使他人所为的法律行为发生效力，因此具有补助行为的性质。追认的效力在于，一经法定代理人追认，即使该处于效力未定的民事法律行为溯及于成立之时，发生完全的效力。反之，一经法定代理人拒绝追认，即使该处于效力未定的民事法律行为，溯及于成立之时，成为无效的民事法律行为。

追认既属于单方行为，则依单方的意思表示即可成立，在有相对人的法律行为，则可向当事人之任一方以意思表示为之，且追认不须依一定方式。例如，限制法律行为能力人所实施的民事法律行为，即使属于要式行为，法定代理人的追认，也不须任何方式，且不论向该限制行为能力人或向其相对人表示，均发生追认的效力。

民法为保护相对人利益，使相对人在一定期间有催告权和撤回权。本条第二款规定："相对人可以催告法定代理人自收到通知之日起一个月内予以追认。法定代理人未作表示的，视为拒绝追认。民事法律行为被追认前，善意相对人有撤销的权利。撤销应当以通知的方式作出。"相对人此项撤销权，属于形成权，其行使效果为使效力未定的民事法律行为确定无效。

第一百四十六条　【虚伪表示、隐藏行为】

行为人与相对人以虚假的意思表示实施的民事法律行为无效。

以虚假的意思表示隐藏的民事法律行为的效力，依照有关法律规定处理。

本条规定虚伪表示和隐藏行为。所谓虚伪表示，是大

陆法系民法采用的法律概念，指当事人与相对人双方所作虚假的意思表示，亦称假装行为。虚伪表示的特征在于，虽然具有民事法律行为的外形，但双方当事人明知该民事法律行为是假的，都不想使该民事法律行为发生效力。例如以逃避债务为目的假装财产赠与，双方当事人都不希望发生赠与的效力。所谓"隐藏行为"，是指虚伪表示所掩盖下的真实的民事法律行为。例如为规避房屋买卖的税负而订立赠与合同，赠与合同为虚伪表示，而房屋买卖合同为隐藏行为。隐藏行为是与虚伪表示联系在一起的，无虚伪表示也就无所谓隐藏行为，有隐藏行为也就必定有虚伪表示。但存在虚伪表示，却不一定有隐藏行为，例如为逃避债务、规避法院执行而订立虚假赠与合同、虚假买卖合同、虚假抵押合同，属于虚伪表示，但没有隐藏行为。

需注意的是，本条第一款仅规定虚伪表示的民事法律行为在双方当事人之间无效，而未规定在当事人与第三人之间是否无效，因此留下法律漏洞。[1] 关于虚伪表示在当

---

① 此属于"开放的漏洞"。拉伦茨："就特定类型事件，法律欠缺——依其目的本应包含之——适用规则时，即有开放的漏洞存在。"参见［德］拉伦茨：《法学方法论》，陈爱娥译，商务印书馆2003年版，第254页。

事人一方与第三人之间的法律效果，应当按照民法原理及参考日本民法典（第 94 条）、韩国民法典（第 108 条）和我国台湾地区"民法"（第 87 条第 1 款）等相关规定，分为两种情形：第三人知道当事人之间的意思表示为虚伪表示的，即属于恶意第三人，则虚伪表示的任何一方当事人均可以虚伪表示无效对抗该恶意第三人；第三人不知道当事人之间的意思表示为虚伪表示的，即属于善意第三人，则虚伪表示的双方当事人均不得以该虚伪表示无效对抗该善意第三人。[①]

例如，甲为规避公法或者私法债务，而与乙成立虚假财产转让合同将房产过户到乙名下，乙见房价上涨竟将该房产出卖给丙，则前合同（甲—乙）为虚伪表示，后合同（乙—丙）买受人丙为第三人：丙于订立买卖合同时不知

---

① 我国台湾地区"民法"第 87 条第 1 款规定："表意人与相对人通谋而为虚伪意思表示者，其意思表示无效。但不得以其无效对抗善意第三人。"日本民法典第 94 条【虚伪表示】规定："（1）与相对人通谋而进行虚伪意思表示者，其意思表示为无效。（2）前款意思表示的无效，不得以之对抗善意第三人。"韩国民法典第 108 条【通谋的虚伪意思表示】规定："（1）与相对人通谋而作出的虚伪意思表示无效。（2）前项的意思表示无效，不得对抗善意第三人。"请注意，我国最高人民法院在 2014 年的民提字 71 号案民事判决中，曾引用民法关于虚伪表示无效不得对抗善意第三人的法理作为裁判依据。

前合同（甲—乙）为虚伪表示，即属于善意第三人；反之，丙于订立买卖合同时知道或者应当知道前合同（甲—乙）为虚伪表示，即属于恶意第三人。

假设后合同（乙—丙）已经履行、该房产已经过户到丙名下，前合同（甲—乙）被法庭依据本条第一款判决无效，无论甲或者乙以前合同（甲—乙）属于虚伪表示被确认无效为由，请求法庭认定后合同（乙—丙）无效、判决第三人丙返还该房产，如果丙属于善意第三人，法庭应依据"虚伪表示无效不得对抗善意第三人"的法理，驳回甲或者乙的诉讼请求，认定后合同（乙—丙）有效、保护善意第三人丙；如果丙属于恶意第三人，法庭应依据"虚伪表示无效不得对抗善意第三人"的法理，支持甲或者乙的诉讼请求，认定后合同（乙—丙）亦无效，并判决恶意第三人丙向乙返还该房产、乙向丙返还房款。

假设前合同（甲—乙）被确认无效时，后合同（乙—丙）尚未履行，则于丙请求乙履行合同或者承担违约责任时，乙以前合同属于虚伪表示被依法认定无效为由主张后合同（乙—丙）亦无效，如果丙属于善意第三人，法庭应依据"虚伪表示无效不得对抗善意第三人"的法理，对乙的主张不予支持，认定后合同（乙—丙）有效，并判决乙对丙承担违约责任；如果丙属于恶意第三人，法庭应依据"虚伪表示无效不得对抗善意第三人"的法理，支持乙的主张，认定后合同（乙—丙）亦无效，并判决驳回丙的履行请求。

按照本条第二款规定，虚伪表示所掩盖下的隐藏行为之是否有效，取决于该隐藏行为本身是否符合该行为的生效要件。例如，伪装赠与而实为买卖，赠与行为属于虚伪表示应当无效，所隐藏的买卖行为是否有效，应依有关买卖合同的规定判断。如隐藏的买卖行为符合法律关于买卖合同生效要件的规定，则应有效，否则即应无效。

第一百四十七条　【重大误解】

基于重大误解实施的民事法律行为，行为人有权请求人民法院或者仲裁机构予以撤销。

民法理论和立法例所谓错误，指表意人因误认或不知，致其表示与意思不一致。错误之构成要件：须表示与意思不一致；须其不一致出于表意人之误认或不知。其中，后一要件是区别于所谓真意保留和虚伪表示之标志。所谓误认，指认识不正确，如误甲为乙、误骡为马。所谓不知，指通常之笔误、口误，如应书一万元而误写为一元、应言租赁而误言借贷。所谓误解，指相对人对意思表示内容了解之错误。如受要约人误将出租房屋之要约理解为出卖房屋而为承诺。传统民法，为保护无过失的表意人，而规定错误的意思表示为可撤销。至于误解，因关于意思表示之生效采到达主义，不以相对人之了解为必要，故不允许因误解而主张无效或撤销。

中国民法之立法思想，在保护双方当事人利益上务求公平，创设"重大误解"制度。本条规定："基于重大误解实施的民事法律行为，行为人有权请求人民法院或者仲裁机构予以撤销。"此所谓误解，是将表意人无过失的表示与意思不符（错误），以及相对人对意思表示内容了解之错误（误解），均涵盖在内的。

本条所谓"误解"可分为以下类型：（1）关于当事人本身之误解。如误甲为乙。仅于赠与、委任、雇用等注重当事人其人的法律关系，方构成意思表示内容的误解。（2）关于标的物本身之误解。如误骡为马，误英汉辞典为汉英辞典，当然构成意思表示内容之误解。（3）关于当事人资格之误解。如误某甲为会计师，而实际并非会计师。是否构成意思表示内容之误解，以该资格对于该法律关系是否重要为断。（4）关于标的物性质之误解。如误赝品为真迹，误进口散件组装为原装进口，是否构成意思表示内容之错误，以其在交易上是否重要为断。（5）关于民事法律行为性质之误解。如误典为卖，误卖为租。当然为意思表示内容之误解。（6）关于价格、数量、履行地、履行期之误解。以交易上认为重要者为限，构成意思表示内容之误解。

另有关于动机之误解。按照民法原理和裁判实务，动机之误解，原则上不影响民事法律行为的效力。① 因为动机非意思表示之要素，且存在于当事人内心，相对人无从得知。但如动机已表示于外，并已构成意思表示内容之一

---

① 例如广州市中级人民法院（2006）民二初字第 106 号民事判决书："王某某误认为，如果签订债权转让协议，则可以立即取保候审，并免于被追究刑事责任，属于对缔约动机的错误认识，不属于民法通则第71 条规定的重大误解。对缔约动机的错误认识，并不为相对方所知，亦无公示、披露方式，为保护善意相对方的利益，对于基于动机错误的意思表示，不允许误解方诉请撤销。"

部分，其动机错误自应构成意思表示内容之误解。

需注意的是，存在意思表示内容之误解，还须此误解达到"重大"程度，当事人才能够依据本条规定请求人民法院或者仲裁机构予以撤销。所谓"重大"，指因误解而给当事人一方造成"较大损失"。虽存在误解，如未造成"较大损失"，不构成本条重大误解。法庭在判断是否构成重大误解时，可参考《最高人民法院关于贯彻执行〈民法通则〉若干问题的意见（试行）》第71条所作解释："行为人因对行为的性质、对方当事人、标的物的品种、质量、规格和数量等的错误认识，使行为的后果与自己的意思相悖，并造成较大损失的，可以认定为重大误解。"

第一百四十八条　【欺诈】

一方以欺诈手段，使对方在违背真实意思的情况下实施的民事法律行为，受欺诈方有权请求人民法院或者仲裁机构予以撤销。

按照民法原理，所谓欺诈，指故意欺骗他人，使其陷于错误判断，并基于此错误判断而为意思表示之行为。欺

诈之构成要件如下：（1）须有欺诈之故意。所谓欺诈之故意，即欺诈意思，由两个意思构成：使被欺诈人陷于错误判断之意思，以及使被欺诈人基于错误判断而为意思表示之意思。仅其中之一，尚不构成欺诈之故意。此欺诈之故意，不必有侵害相对人权益之故意。因法律关于欺诈之规定，旨在保护相对人的意思自由，非仅限于保护特定权益。（2）须有欺诈行为。所谓欺诈行为，指为使被欺诈人陷于错误判断，或加深其错误、保持其错误，而虚构、变更、隐匿事实之行为。在依法律、习惯或约定有告知义务的情形，沉默，亦应构成欺诈行为。（3）须被欺诈方因受欺诈而陷于错误判断。即欺诈行为与错误判断之间有因果关系。（4）须被欺诈人基于错误判断而为意思表示。即错误判断与意思表示之间也有因果关系。

欺诈在法律上的效力：（1）欺诈人为当事人之一方，表意人得撤销其意思表示。（2）欺诈人非当事人之一方，在无相对人之意思表示，表意人得撤销其意思表示，在有相对人之意思表示，则仅以相对人明知或应知表意人受欺诈为限，表意人得撤销其意思表示（本法第一百四十九条）。（3）因欺诈而撤销意思表示，不得对抗善意第三人

（本法未设规定）。

民法通则规定欺诈的法律效果为无效。1999 年通过的合同法对此有所修正，其第五十二条规定，一方以欺诈的手段订立合同，损害国家利益的，该合同无效；第五十四条第二款规定，一方以欺诈的手段，使对方在违背真实意思的情况下订立的合同，受损害方有权请求人民法院或者仲裁机构变更或者撤销。合同法上述规定，依欺诈之是否损害国家利益而规定不同的法律效果，与民法理论及立法例不符，且在裁判实务中徒增困扰。合同法施行以来的裁判实践表明，对于以欺诈手段订立的合同，人民法院、仲裁机构往往适用合同法第五十四条第二款的规定，而不适用第五十二条第一项的规定。如民事法律行为的目的或者内容损害国家利益，因国家利益属于"社会公共利益"的核心内容，则人民法院或者仲裁机构可依据该第五十二条第四项的规定，认定其无效。有鉴于此，民法总则将欺诈的法律效果统一规定为可撤销。

法庭认定欺诈，可参考《最高人民法院关于贯彻执行民法通则若干问题的意见（试行）》第 68 条所作解释："一方当事人故意告知对方虚假情况，或者故意隐瞒真实情况，诱使对方当事人作出错误意思表示的，可以认定为欺诈行为。"

第一百四十九条　【第三方欺诈】

第三人实施欺诈行为，使一方在违背真实意思的情况下实施的民事法律行为，对方知道或者应当知道该欺诈行为的，受欺诈方有权请求人民法院或者仲裁机构予以撤销。

欺诈分为当事人一方的欺诈，与当事人之外的第三人的欺诈。前条规定当事人一方的欺诈，本条规定当事人之外的第三人的欺诈。按照本条规定，第三人实施欺诈行为，使当事人一方受欺诈而实施民事法律行为，该当事人能否撤销其民事法律行为，取决于相对人是否知道该欺诈行为。如果相对人知道该欺诈行为，则受欺诈的当事人有权请求人民法院或者仲裁机构撤销其民事法律行为；反之，相对人不知道该欺诈行为的，受欺诈的当事人不能撤销其民事

法律行为。① 需注意，条文所谓"知道该欺诈行为"，应当解释为：不仅知道第三人实施该欺诈行为，并且知道该欺诈行为致当事人陷于错误判断而为此民事法律行为，即该欺诈行为与此民事法律行为之间存在因果关系（无该欺诈行为即无此民事法律行为）。

第一百五十条 【胁迫】

一方或者第三人以胁迫手段，使对方在违背真实意思的情况下实施的民事法律行为，受胁迫方有权请求人民法院或者仲裁机构予以撤销。

按照民法原理，所谓胁迫，指以不法加害威胁他人，使其产生恐惧心理，并基于该恐惧心理而为意思表示之行

---

① 例如，拟出售房屋本非所谓"学区房"而居间人（房屋中介）告诉买受人"是学区房"，即属于第三方欺诈。如当时出卖人在场（或者买受人另向出卖人求证）而出卖人未作否认表示，则属于出卖人知道（应当知道）该欺诈行为，依据本条受欺诈一方（买受人）有权请求撤销该房屋买卖合同；反之，如在居间人为欺诈行为时出卖人并不在场，买受人也未向出卖人求证（该房屋是否为"学区房"），应属于出卖人不知道（不应当知道）该欺诈行为，则依据本条受欺诈一方（买受人）无权请求撤销买卖合同。

为。胁迫之构成要件如下：（1）须有胁迫之故意。所谓胁迫故意，即胁迫意思。胁迫意思由两个意思构成：使被胁迫人产生恐惧心理之意思，及使被胁迫人基于该恐惧心理而为意思表示之意思。（2）须有胁迫行为。即以加害威胁被胁迫人。须达到使被胁迫人产生恐惧之程度。加害的对象，不限于被胁迫人自身，包括其亲友；受害之客体，包括生命、身体、自由、名誉、财产等有受损害可能者。（3）须其胁迫为非法。只须胁迫之目的或手段之一为非法，即可。目的或手段分别而言虽均属合法，但目的与手段结合而有悖于公序良俗的，亦构成非法，例如以告发他人犯罪为威胁强迫他人签订合同。（4）须被胁迫人因受胁迫而生恐惧心理。此恐惧心理与胁迫间有因果关系。（5）须被胁迫人基于恐惧心理而为意思表示。此意思表示与胁迫之间有因果关系。

胁迫在法律上的效力：因胁迫之违法性较欺诈更严重，不论胁迫人是否为对方当事人，表意人均得撤销其意思表示，并且此撤销得对抗善意第三人。

民法通则第五十八条规定因胁迫所为的民事行为无效。显然系着眼于行为之违法性，在法理上并无不当。但考虑到民事生活之复杂性及民法之私法性，当事人不主动主张其无效时，国家不可能也不必要直接干预、主动确认其无效。因此，合同法对胁迫作了区分，仅规定一方以胁迫的手段订立合同，损害国家利益的，该合同无效（第五十二条一项）；此外，属于可撤销（第五十四条第二款）。但依胁迫之是否损害国家利益而规定不同的法律效果，与民法理论及各国立法例不符，且在裁判实务中徒然增加操作困难。合同法施行以来的裁判实践表明，对于以胁迫手段订立的合同，人民法院、仲裁机构往往适用合同法第五十四条第二款的规定（效果为可撤销），而不适用第五十二条第一项的规定（效果为无效）。如民事法律行为的目的或者内容损害国家利益，因国家利益属于"社会公共利益"的核心内容，则人民法院或者仲裁机构可依据该第五十二条第四项的规定，认定其无效。有鉴于此，民法总则将胁迫的法律效果统一规定为可撤销。

法庭于判断是否构成胁迫时，可参考《最高人民法院关于贯彻执行〈民法通则〉若干问题的意见（试行）》第69条所作解释："以给公民及其亲友的生命健康、荣誉、名誉、财产等造成损害或者以给法人的荣誉、名誉、财产等造成损害为要挟，迫使对方作出违背真实的意思表示的，可以认定为胁迫行为。"

第一百五十一条 【显失公平】

一方利用对方处于危困状态、缺乏判断能力等情形，致使民事法律行为成立时显失公平的，受损害方有权请求人民法院或者仲裁机构予以撤销。

所谓显失公平行为，来源于德国民法典第 138 条第 2 款规定的"暴利行为"。构成暴利行为，须具备"双重要件"：（1）须双方给付显失均衡，称为客观要件；（2）须一方乘对方穷迫、轻率或无经验，称为主观要件。民法通则制定时，将传统民法暴利行为一分为二：一为"乘人之危"行为，其法律效果为无效（第 58 条）；二为"显失公平"，其法律效果为可撤销（第 59 条）。合同法维持这种区分，而将两者的法律效果均规定为可撤销。民法总则制定时，总结裁判实践的经验，注意到乘人之危的构成要件过严，而显失公平的构成要件过宽；主张乘人之危很难获得法院支持①，而主张显失公平容易获得法院支持，并且绝大多数当事人均选择主张显失公平，而不选择乘人之危。有鉴于此，民法总则遂将乘人之危与显失公平合并为一个条文（本条），仍称"显失公平"。

按照本条规定，显失公平行为的构成要件是：（1）须给付与对待给付之间显失均衡。学说上称为客观要件。（2）须一方利用了对方处于危困状态、缺乏判断能力等不利情势。学说上称为主观要件。其法律效果为可撤销，法律赋予因民事法律行为显失公平而受不利益的一方当事人以撤销权。需注意的是，显失公平之判断时点，为"民事法律行为成立之时"。民事法律行为成立生效之后因情事变更导致双方对待给付显失公平的，不能适用本条，而应当适用合同编第五百三十三条情事变更规则。

顺便指出，本法第一百四十七条至第一百五十一条关于可撤销民事法律行为条文，统一规定其法律效果为可撤销，而删除民法通则和合同法所规定的"变更"效力，值得注意。

_____

① 从网上搜索到（至 2015 年）原告依据关于乘人之危的规定起诉的案件 274 件，获得法庭（或者仲裁庭）支持的仅 1 件。

　　按照民法原理和立法例，于民事法律行为的意思表示存在瑕疵情形，赋予受损害一方撤销权，通过撤销权之行使，消灭有瑕疵民事法律行为的效力，使当事人双方恢复到成立该民事法律行为之前的状态，以纠正当事人之间的不公正。但民法通则和合同法，却在撤销权之外更赋予变更的效力。此项"变更"效力，亦可解释为附着于撤销权的另一项形成权，即"变更权"。在民法总则制定时，总结裁判实践经验，注意到当事人主张变更，很难获得法院的支持，而绝大多数当事人均选择主张撤销，而不选择主张变更。① 有鉴于此，本法从重大误解、欺诈、胁迫、显失公平民事法律行为的规定（第一百四十七条至第一百五十一条）中，删除了"变更"效力。

---

　　① 从网上搜索到（合同法实施至 2015 年）原告依据合同法第五十四条关于可撤销合同的规定起诉的案件 7688 件，其中原告主张变更的仅 478 件；原告主张变更的 478 件中，法庭（或者仲裁庭）支持变更的仅 91 件。有 13 个省、自治区、市的法院从未作出过支持变更的判决。

第一百五十二条 【撤销权除斥期间】

有下列情形之一的，撤销权消灭：

（一）当事人自知道或者应当知道撤销事由之日起一年内、重大误解的当事人自知道或者应当知道撤销事由之日起九十日内没有行使撤销权；

（二）当事人受胁迫，自胁迫行为终止之日起一年内没有行使撤销权；

（三）当事人知道撤销事由后明确表示或者以自己的行为表明放弃撤销权。

当事人自民事法律行为发生之日起五年内没有行使撤销权的，撤销权消灭。

按照民法原理，撤销权属于形成权之一种。所谓形成权，是指权利人依自己的意思，使自己与他人之间的法律关系发生变动的权利。形成权既有依权利人单方的意思而使已经存在的法律关系发生变更或者消灭的效力，则其长期存在必然不利于法律关系的稳定和相对人合法利益之保护。因此，形成权受除斥期间的限制。本条规定，除斥期间经过，为撤销权消灭原因之一。除斥期间的作用，在于

促使撤销权人尽快地行使权利，并保护相对人利益，有利
于交易安全。除斥期间经过，撤销权即归消灭，可撤销的
民事法律行为因而成为完全有效的民事法律行为。

值得注意的是，本条依撤销权发生原因的不同，而规
定了不同的除斥期间及不同的起算时点。按照本条第一项
规定，发生原因为重大误解的撤销权的除斥期间为三个月，
其他原因（欺诈、胁迫、显失公平）的撤销权的除斥期间
为一年；本条第二项规定，发生原因为胁迫的撤销权的一
年除斥期间，自胁迫行为终止之日起算；其他原因（重大
误解、欺诈、显失公平）的撤销权的除斥期间自权利人知
道或者应当知道撤销事由之日起算；考虑到社会生活的复
杂性，可能有的当事人在可撤销民事法律行为成立若干年
之后才知道撤销事由，因此本条第二款特别规定：当事人
自民事法律行为发生之日起五年内没有行使撤销权的，其
撤销权消灭。显而易见，本条实际上规定了双重除斥期间，
即自当事人知道或者应当知道撤销事由之日起算的主观除
斥期间（其中重大误解为三个月、其他原因为一年），以
及自民事法律行为发生之日起算的五年客观除斥期间。

需特别注意的是，本条第二项规定胁迫原因的一年除

斥期间，自胁迫行为终止之日起算，究竟属于主观除斥期间或者客观除斥期间，以及发生原因为胁迫的撤销权，是否亦应适用自民事法律行为发生之日起算的五年客观除斥期间。根据本条之立法目的，应当认为，本条第二项规定的胁迫原因的一年除斥期间，仍属于主观除斥期间，且胁迫原因的撤销权亦应适用本条第二款规定的五年客观除斥期间。

按照民法原理，民事权利之是否行使取决于权利人自己的意思，撤销权人既可以行使撤销权，亦可以不行使即抛弃撤销权。故撤销权除因除斥期间届满而消灭外，还将因撤销权人放弃权利而消灭。本条第三项规定，当事人知道撤销事由后明确表示或者以自己的行为表明放弃撤销权的，撤销权消灭。依解释，构成撤销权的放弃，须有两个条件：其一，当事人知道撤销事由（因而知道自己享有撤销权）；其二，当事人作出放弃撤销权的意思表示，此放弃撤销权的意思表示，可以是明示也可以是默示。条文所谓"明确表示"为"明示"放弃撤销权，即以书面或者口头形式向可撤销民事法律行为之相对人表示不行使（放弃）撤销权。条文所谓"以自己的行为表明"为"默示"

放弃撤销权，即在知道自己享有撤销权之后仍然行使该民事法律行为创设的权利（如请求相对人付款或者交货）或者履行该民事法律行为创设的义务（如向相对人交货或者付款）。

第一百五十三条　【违反强制性规定、违背公序良俗】

违反法律、行政法规的强制性规定的民事法律行为无效。但是，该强制性规定不导致该民事法律行为无效的除外。

违背公序良俗的民事法律行为无效。

按照民法原理，民事法律行为制度是民事主体实现意思自治的手段，但民事主体之意思自治并非毫无限制，意思自治不得超越法律和道德的容许限度，实施民事法律行为不得违反法律、行政法规的强制性规定，不得违背公序良俗。法律、行政法规的强制性规定、公序良俗，即是对民事主体意思自治的限制。民法总则第一百四十三条已经将不得违反法律、行政法规的强制性规定，不违背公序良俗，规定为民事法律行为有效要件。本条再进一步从反面规定，违反法律、行政法规的强制性规定，违背公序良俗的民事法律行为无效。

民法总则设置本条的立法目的，是授权法庭和仲裁庭主动审查当事人之间的民事法律行为（合同）的目的和内容（条款、约定），凡违反现行法律、行政法规的禁止性强制规定的，即依据本条第一款确认（裁决）其无效；于现行法律、行政法规未有禁止性强制规定的情形，授权法庭和仲裁庭主动审查该民事法律行为（合同）的目的和内容（条款、约定）是否违背公序良俗，法庭认为违背公序良俗的，即依据本条第二款确认（裁决）该民事法律行为（合同）无效。

本条第一款规定："违反法律、行政法规的强制性规定的民事法律行为无效，但是该强制性规定不导致该民事法律行为无效的除外。""但书"所谓"不导致民事法律行为无效的"强制规定，是指民法理论所谓"命令性规定"，亦即最高人民法院司法解释所说的"非效力性规定"。除去不导致民事法律行为无效的"命令性规定"（"非效力性规定"），剩下将"导致民事法律行为无效的"强制规定，是指民法理论所谓"禁止性规定"，亦即最高人民法院司法解释所谓"效力性强制规定"。①

关键问题是，如何区分一项法律规定（法律条文）究竟属于禁止性强制规定或者命令性强制规定？区分标准如下：

（1）禁止性强制规定所规范的对象是民事法律行为（合同）。例如本法第一百四十四条规范无行为能力人实施的民事法律行为，第一百四十六条规范虚伪表示行为，本条第二款规范违背公序良俗的民事法律行为，第一百五十四条规范双方恶意串通的民事法律行为；合同编第四百九十七条规范免除自己一方责任、排除对方主要权利的格式合同。

（2）禁止性强制规定所规定的法律效果，或者直接规定该行为（合同）无效，或者明文"禁止"该行为。其一，直接规定该行为（合同）无效，例如本法第一百四十四条规定无行为能力人实施的民事法律行为无效，第一百

---

① 本条第 1 款主要参考：德国民法典第 134 条："违反法律禁止性规定的民事法律行为无效，但法律另有规定的除外。"我国台湾地区"民法"第 71 条："民事法律行为，违反强制或禁止之规定者，无效。但其规定并不以之为无效者，不在此限。"

四十六条规定虚伪表示行为无效，第一百五十四条规定双方恶意串通行为无效，第一百九十七条规定变更诉讼时效的约定无效、事先放弃时效利益的行为无效，以及合同编第四百九十七条规定免除自己责任、排除对方主要权利的格式合同无效；其二，明文规定"禁止"该行为（合同），例如本法第一百一十一条第二句后段禁止非法收集、买卖他人个人信息，第一百六十八条禁止自己代理、禁止双方代理，合同编第七百九十一条第三款对建设工程"禁止分包"给没有资质的单位及"禁止再分包"。请注意，民法上的"禁止"和"不得"，是禁止性强制规定的标志性用语。凡是法律条文采用了"不得"或者"禁止"，表明法律禁止该民事法律行为（合同）发生效力。

　　凡符合上述两项判断标准，即规范对象为民事法律行为（合同）并且直接规定行为（合同）无效或者禁止该行为（合同）的，均属于禁止性强制规定。需特别注意，所谓禁止性强制规定的判断标准，是针对法律、行政法规的具体规定而言的，不包括原则性规定（基本原则、适用原则）和概括性规定。按照民法原理及裁判实务经验，若干可以作为裁判依据的原则性规定，例如本法诚信原则（第七条)、禁止权利滥用原则(第一百三十二条)、物权法定原则(第一百一十六条)、不动产物权变动的登记生效原则(第二百零九条、第二百一十四条)等,亦应视同禁止性强制规定。此外,刑法关于犯罪行为的规定、行政法关于行政违法行为的规定,当然属于禁止性强制规定,自不待言。

下面介绍命令性强制规定(非效力性强制规定、管理性规定)。命令性强制规定,包括两类法律规定:第一类命令性强制规定,所规定的对象是民事主体,通常是对民事主体课加特殊的资质要求或者行政许可。例如,建设工程合同中承包方需要一定的资质条件,招标公司需要特殊的资质条件,某些设施(设备)融资租赁合同承租人必须取得行政许可。此种情形,法律规定的不是民事法律行为本身,而是民事法律行为的当事人一方或者双方。另一类命令性强制规定,虽然涉及民事法律行为,但既不是规定该行为无效,也不是规定禁止该行为,而只是规定该行为须履行某种特殊缔结程序。例如,招标投标法第三条规定,属于大型基础设施、公用事业等关系社会公共利益、公众安全的项目,全部或者部分使用国有资金投资或者国家融资的项目，使用国际组织或者外国政府贷款、援助资金项目的建设工程合同，必须采取招标投标方式签订。

本条第二款规定违背公序良俗的民事法律行为无效。公序良俗，包括公共秩序、善良风俗，属于不确定概念，其内涵和外延均不确定。民法之所以需要规定公序良俗，是因为立法当时不可能预见一切损害国家利益、社会公益和道德秩序的行为而作出详尽的禁止性规定，故以本款规定违背公序良俗的民事法律行为无效，以弥补禁止性规定之不足。违背公序良俗无效的规定，性质上为授权型规定。目的在于，遇有损害国家利益、社会公益和社会道德秩序的行为，而又缺乏相应的禁止性法律规定时，法院可以违背公序良俗为由，依据本款规定认定该行为无效。

民法学说采类型化研究方法，将裁判实务中依据公序良俗裁判的典型案件，区别为若干公序良俗违反行为类型。法庭于案件审理中，发现待决案件事实与其中某一个类型相符，即可依据本条第二款认定该行为无效。违反公序良俗行为类型如下：

（1）危害国家公序行为类型。国家公序，指国家政治、经济、财政、税收、金融、治安等秩序，关系国家、人民根本利益，其违反行为无论过去和现在均属于公序良俗违反行为之重要类型。例如，以从事犯罪或帮助犯罪为内容的契约；投票用纸的买卖契约；身份证件的买卖合意；规避课税的合意；意图影响投票结果而为选举人提供免费饮料的合意等。

（2）危害家庭关系行为类型。这一类型在公序良俗违反行为中从来占有重要位置。例如，约定子女与父母别居的协议；约定子女对父母不承担扶养义务的协议；约定夫妻别居的协议；约定断绝亲子关系的协议；代他人怀孕的所谓代孕协议等。

（3）违反性道德行为类型。性道德为善良风俗之基本内容。依公序良俗原则确认这类违反行为无效，对于维系社会起码的道德秩序，至关重要。例如，妓馆之开设、转让合同；为开设妓馆而购买或承租房屋的合同；以继续姘居关系为条件的财产赠与协议等。

（4）射幸行为类型。指以他人的损失而受偶然利益之行为，因有害于一般秩序而应无效。例如，博彩、彩票、巨奖销售等。但有的国家和地区存在依法特许的情况。

（5）违反人权和人格尊重行为类型。人权和人格之尊重，为现代民主法治社会之前提条件。我国宪法第三十三条规定"国家尊重和保障人权"，民法总则第一百零九条规定"自然人的人身自由、人格尊严受法律保护"。因此，依公序良俗原则规范违反人权和人格尊重的行为，具有重大意义。例如，过分限制人身自由的劳动契约；以债务人人身为抵押的约款；强制债务人在债主家作奴仆以抵偿债务的约款；企业或商店对雇员或顾客进行搜身检查的条款等。

（6）限制经济自由行为类型。经济自由为市场经济的基本条件，其违反行为当然无效。例如，过度的竞业限制条款，限制职业自由的条款。经济体制改革以来，大量存在的利用经济地位或行政权力分割市场、封锁市场、限制商品和人员流动的规定或协议，亦可归入这一类，依公序良俗违反而认定为无效。

（7）违反公平竞争行为类型。公平竞争为市场秩序的核心，当然应受公序良俗原则的保护。属于这一类的行为有：拍卖或招标中的围标行为；以贿赂方法诱使对方的雇员或代理人与自己订立契约；以使对方违反其对于第三人的契约义务为目的的契约等。

（8）违反消费者保护行为类型。现代市场经济条件下，消费者为经济上的弱者，不能与拥有强大经济力的企业相抗衡，于是各国制定并执行消费者保护法，由国家承担保护消费者的责任。因此，消费者保护成为公序良俗原则适用的重要领域。违反消费者保护的行为，主要是利用欺诈性的交易方法、不当劝诱方法，以及虚假和易使人误信的广告、宣传、表示，致消费者遭受重大损害的行为，如无限连锁推销方式（传销）、交友热线电话等即其典型事例。

（9）违反劳动者保护行为类型。同消费者一样，劳动者也是现代市场经济条件下最易于遭受损害的弱者，因此保护劳动者为现代保护的公序的重要领域。运用公序良俗原则保护劳动者，是各国依公序良俗原则处理的重要类型。例如，劳动关系中以雇员对企业无不利行为作为支付退职金条件的条款；女雇员一经结婚视为自动离职的所谓"单身条款"；"工伤概不负责"的约款；雇员须向雇主交纳保证金的约款；要求雇员为顾客对雇主的债务提供担保的约款；男女同工不同酬的差别待遇条款等。

第一百五十四条　【双方恶意串通】

行为人与相对人恶意串通，损害他人合法权益的民事法律行为无效。

民法通则第五十八条第四项规定："双方恶意串通，损害国家、集体或者第三人利益的民事法律行为无效。"合同法第五十二条第二项规定，与之相同。本条以民法通则和合同法的规定为基础，文字稍有改动。

需特别注意，本条规定的"恶意串通行为"，容易与本法第一百四十六条规定的"虚伪表示"行为，发生混淆。因为"虚伪表示"行为，在民法理论上称为"通谋虚伪表示"，而"通谋"就是"双方串通"的意思。实则，传统民法上的"虚伪表示"与中国法上的"双方恶意串通"，是两项根本不同的规则。虚伪表示，目的在规避法律规定和既有义务，而双方串通，目的在损害国家、集体或者第三人利益；前者双方的意思不真实，是虚假民事法律行为，后者双方的意思真实，是真实的民事法律行为。

双方恶意串通行为，虽然在立法例上罕见其例，但在中国社会生活中却很常见。特别是改革开放以来的国有企业改制、采矿权出让、建设用地出让、公共工程发包等，双方串通压低合同价的实例所在多有，已造成巨额国有资产流失的严重后果。双方串通损害集体或者第三人利益的事例亦不少见。国家虽然拥有强大的公权力，但在面对双方串通损害国家利益的违法行为时，却往往力不从心，致国家利益、国有资产被侵吞。

本条"损害他人合法权益"一语之所谓"他人"，包括自然人、法人、非法人组织；所谓"他人合法权益"，包括国家利益、社会公共利益。于损害自然人、法人、非法人组织民事权益情形，受害人有权依据本条诉请人民法院确认恶意串通行为无效，并请求损害赔偿；于损害国家利益、社会公共利益情形，本条规定为人民检察院提起公益诉讼、将来开放纳税人公益诉讼，提供法律依据和请求权基础。

第一百五十五条　【民事法律行为无效和撤销的效果】

无效的或者被撤销的民事法律行为自始没有法律约束力。

本条规定民事法律行为无效或者被撤销的效果。因民

事法律行为被撤销而归于无效，即成为无效的民事法律行为，故本条一并规定。条文所谓"自始"一语，应解释为民事法律行为"成立时"。所谓民事法律行为无效，指民事法律行为因欠缺生效要件，在法律上确定的、当然、完全不发生行为人预期之效力。兹将民事法律行为无效的意义分述如下：

（1）此所谓无效，指完全不发生民事法律行为之效力。如订立买卖合同，因符合成立要件，合同已经成立，但因合同内容违反法律禁止性规定而致合同无效。因此不发生买卖合同的效果。但需注意的是，此所谓不发生法律效力，仅指不发生该民事法律行为的效果，并不妨发生该民事法律行为效果之外的其他法律效果。例如，在具备侵权行为构成要件时将发生侵权责任的损害赔偿请求权，或在具备不当得利构成要件时将发生不当得利请求权。此外，如果当事人已为全部或部分履行，则将依本法第一百五十七条的规定，发生返还（恢复原状）请求权及赔偿损失责任，自不待言。

（2）此所谓无效，指自始完全不发生民事法律行为之效力。无效的民事法律行为，因不具备生效要件，自该行为成立之时即为无效，即自始不曾发生法律效力。可撤销的（意思表示有瑕疵的）民事法律行为，从成立时起已经具有不完全的效力，因此与无效的民事法律行为自始不具有法律效力不同。但可撤销的民事法律行为一旦被撤销，其曾经具有的不完全的效力归于消灭，即溯及于该民事法律行为成立之时无效，实际上与自始无效的民事法律行为并无区别。

（3）此所谓无效，指当然的完全不发生民事法律行为之效力。无效的民事法律行为，其无效属于当然无效，既不需要当事人主张其无效，也不须经过任何程序。此与民事法律行为的撤销或解除须依当事人的意思并经一定程序，均不相同。需要说明的是，无效的民事法律行为系当然无效，不待法院或仲裁机构之裁判，但当事人对于其是否无效有争议时，仍不妨提起无效确认之诉，请求法院或者仲裁机构予以确认。

（4）此所谓无效，指确定的完全不发生民事法律行为之效力。无效的民事法律行为，不仅于其成立时不发生法律效力，此后亦绝无再发生法律效力之可能。即其不生效力，已属确定。此与效力未定的民事法律行为，可以经过补正而生效不同。效力未定的民事法律行为，如代理人超越代理权所订合同，如经被代理人追认，即因此变为完全有效。无效的民事法律行为，例如以法律禁止流通物为标的物的合同，纵然以后法律修改准予该类标的物流通，该合同也不能变为有效。因此，学说上称无效的民事法律行为犹如"死胎"，虽有妙手神医亦不能使之复生。这与效力未定的民事法律行为，完全不同。

民事法律行为，以无效原因系存在于行为内容之全部或一部，可分为全部无效与一部无效。全部无效，则该民事法律行为当然全部不生效力，别无问题。如属于一部无效，则应如何处置？本法第一百五十六条规定：民事法律行为部分无效，不影响其他部分的效力的，其他部分仍然有效。

无效的民事法律行为，以其无效效果的范围为标准，可分为绝对无效与相对无效。绝对无效的民事法律行为，不以当事人为限，任何人均可主张其无效。相对无效的民事法律行为，其无效效果受到限制，仅当事人之一方可主张其无效。无效的民事法律行为，以绝对无效为原则，而以相对无效为例外。例如，违反公序良俗的民事法律行为，本属于绝对无效，近年来各国法院已改变态度，仅承认受不利益一方当事人有权主张其无效。

下面介绍撤销及撤销的效力。需特别注意，撤销一词在民法上较为常用，且有不同的含义。例如法人之撤销、监护人资格之撤销，其意义在于使某种法律资格归于消灭；失踪宣告之撤销、死亡宣告之撤销，其意义在于取消某种决定。这两种撤销，撤销权均归授予法律资格或作出决定的国家机关，其实质属于司法权力或行政权力的活动。

所谓民事法律行为之撤销，与上述撤销的含义不同。约有两种情形：（1）以有效要件欠缺为由，使有瑕疵民事法律行为效力消灭，具有溯及力，如民事法律行为因欺诈、胁迫、重大误解、显失公平而撤销；（2）使已生效的无瑕疵民事法律行为之效力消灭，有无溯及力依各行为而定，如赠与之撤销（第六百五十八条）。民法总则第一百四十七条至第一百五十二条所规定的可撤销民事法律行为之撤销，属于第一种情形。质言之，可撤销民事法律行为之撤销，指撤销权人溯及地消灭有瑕疵民事法律行为效力的权利行使行为。

另需注意，民法分则及民事特别法对若干有瑕疵民事法律行为撤销制度，设有特别的构成要件、行使方式或除斥期间。如本法第八十五条营利法人权力机构、执行机构决议之撤销；物权编第二百六十五条第二款集体经济组织、村民委员会或其负责人所作决定因侵害集体成员权益之撤销；物权编第二百八十条第二款业主大会或业主委员会所作决定因侵害业主权益之撤销；合同编第五百三十八条、第五百三十九条诈害行为之撤销（债权人撤销权）。

可撤销的民事法律行为，区别于完全有效的民事法律行为，在于法律赋予当事人一方以撤销权，该当事人据此可以请求法院撤销该民事法律行为。可撤销的民事法律行为，经撤销后，则归于完全无效。可见，可撤销的民事法律行为，区别于有效的民事法律行为、无效的民事法律行为，既存在变成有效民事法律行为的可能性（撤销权人放弃权利或者撤销权消灭），也存在变成无效民事法律行为的可能性（撤销权人行使权利）。

按照民法原理，撤销权为溯及地使可撤销的民事法律行为归于消灭的权利。撤销权，在性质上属于形成权的一种。撤销的效力，在于溯及地使可撤销民事法律行为归于消灭。德国民法典第142条规定：可撤销的民事法律行为，被撤销者，视为自始无效。日本民法典第 121 条规定：可撤销之行为被撤销者，视为自始无效。《欧洲民法典草案》第 2 编第 7：212 条第 1 款规定：可撤销合同一经撤销，溯及地自始无效。民法总则本条规定与之相同。本条所谓"自始没有法律约束力"，亦即德、日民法所谓"视为自始无效"、《欧洲民法典草案》所谓"溯及地自始无效"。

撤销权的行使，为撤销权人单方行为，无须相对人表示同意。此从撤销权性质上属于形成权，即可明了，各国和地区民法规定并无不同。但需注意，关于撤销权的行使，德国民法、荷兰民法、日本民法、英美契约法、《欧洲民法典草案》《国际商事合同通则》及我国台湾地区"民法"，均仅要求以意思表示向相对人为之（即发意思通知）。但我国民法要求撤销权之行使必须采取诉讼或者仲裁的方式，亦即撤销权的行使必须采取撤销之诉或仲裁申请的方式为之。故撤销权人如果不采取向法院起诉或向仲裁机构申请仲裁的方式行使其撤销权，而直接向相对人发（撤销权行使）通知，将不发生撤销权行使的效力（这种情形如相对人表示同意可发生协议解除的效力）。

按照民法原理，民事法律行为撤销的效力，包括对民事法律行为当事人的效力，以及对民事法律行为当事人之外的第三人的效力。本法起草人考虑到民事法律行为被撤销，即等同于无效的民事法律行为，因此将民事法律行为的无效与民事法律行为的撤销合并规定（第一百五十五条），并且未规定民事法律行为之撤销对第三人的效力。留下法律漏洞。[①] 按照民法原理及立法例[②]，民事法律行为因胁迫被撤销，可以对抗善意第三人；民事法律行为因重大误解、欺诈、显失公平被撤销，不得对抗善意第三人。

此所谓"第三人"，特指在连续（交易）合同（A—B、B—C）关系中，后一合同（B—C）关系的受让人 C。[③]

[①] 此亦属于"开放的漏洞"。拉伦茨："就特定类型事件，法律欠缺——依其目的本应包含之——适用规则时，即有开放的漏洞存在。"参见［德］拉伦茨：《法学方法论》，陈爱娥译，商务印书馆 2003 年版，第254 页。

[②] 我国台湾地区"民法"第 92 条："被诈欺而为之意思表示，其撤销不得以之对抗善意第三人。"日本民法典第 96 条："欺诈之撤销，不得对抗善意第三人。"

[③] 民法所谓"第三人"，指合同关系双方当事人之外的、与合同关系一方当事人有某种法律关系的特定人。如合同法第六十四条、第六十五条、第一百二十一条中的第三人，但这些条文中的第三人无须区分"善意"或者"恶意"。民法需要区分"善意"或者"恶意"的第三人有两种：一是合同法上的第三人，即连续交易关系的后一买卖合同的受让人（后一抵押合同的抵押权人）；二是物权法上的第三人，即一物二卖关系中后一买卖合同的受让人。

在前合同（A—B）关系存在可撤销事由（重大误解、欺诈、显失公平）的情形，如果后合同（B—C）受让人 C 不知道前合同（A—B）存在可撤销事由，即为"善意第三人"；反之，如果 C 知道或者应当知道前合同（A—B）存在可撤销事由，即为"恶意第三人"。法庭于判断该第三人是否属于善意时应当采用"善意推定"的法理规则，自不待言。

所谓"不得对抗善意第三人"的含义是，前合同（A—B）因被撤销而归于无效，但后合同（B—C）的效力不受影响。例如动产或者不动产买卖合同（A—B）存在可撤销事由，假如 B 将该财产出卖给 C，则 C 为第三人。C 不知道前合同（A—B）存在可撤销事由，即属于善意第三人。这种情形，前买卖合同（A—B）被撤销，无论 A 或者 B 均不得要求从善意第三人 C 取回该动产或者不动产。在 A 或者 B 向法院起诉要求 C 返还该项财产时，C 可主张"善意"抗辩、拒绝返还，法庭经审查认定 C 属于善意时，应驳回原告 A 或者 B 的请求。反之，如果法庭经审查认定被告 C 属于恶意第三人，则应支持原告 A 或者 B 从恶意第三人 C 取回该项财产的请求。

请特别注意这里讲的"不得对抗善意第三人"制度与"善意取得制度"的区别。善意取得属于物权法制度（物权编第三百一十一条），其适用对象限于无处分权人处分他人有形财产的案型，如受让人具备善意取得三要件（受让人属于善意、有偿取得、已办理不动产过户登记或者动产交付），则受让人直接依据善意取得制度获得标的物所有权。此不得对抗善意第三人属于债权法制度，其适用对象是连续性交易的两个合同关系中，前一合同因意思表示瑕疵被确认无效或者撤销的案型，前合同被确认无效或者被撤销，如后合同受让人属于善意，则应由该善意受让人（善意第三人）的意思决定后合同有效或者无效。

这里顺便介绍，物权法上的"不得对抗善意第三人"（物权编第二百二十五条），属于物权对抗效力的特别制度。其适用对象为采登记对抗主义的特别动产发生一物二卖。典型案例是，前合同买受人已经占有该动产却未办理过户登记，而后合同买受人已经办理过户登记却未占有该动产，后合同买受人依据物权编第二百三十五条请求前合同买受人交付（返还）标的物。此种案型，前合同买受人因占有（交付）而（依据第二百二十四条）取得的物权

（所有权）之是否具有对抗（后合同买受人返还请求权）的效力，取决于后合同买受人之是否属于善意第三人。有以下两种判决结果：

其一，如后合同买受人属于善意（即不知道或者不应当知道前合同关系存在），则前合同买受人因占有（未办理过户登记）取得的所有权，不具有对抗后合同买受人请求其交付（返还）标的物请求权的效力。这种情形，法庭应当驳回前合同买受人（被告）的抗辩和反诉，支持后合同买受人（原告）的请求、判决前合同买受人（被告）将其占有的标的物交付（返还）给后合同买受人（原告）。

其二，如后合同买受人属于恶意（即知道或者应当知道前合同关系存在），则前合同买受人因占有（未办理过户登记）取得的所有权，具有对抗后合同买受人请求其交付（返还）标的物请求权的效力。这种情形，法庭应当驳回后合同买受人（原告）的请求，支持前合同买受人（被告）的抗辩和反诉、判决系争标的物所有权归属于前合同买受人（被告）。获得胜诉判决的前合同买受人（被告）可依据此生效判决到登记机构申请撤销后合同买受人的过户登记，自不待言。

第一百五十六条 【部分无效】

民事法律行为部分无效，不影响其他部分效力的，其他部分仍然有效。

因违法无效的民事法律行为可以分为目的违法和内容违法，如果民事法律行为的目的违法，则整个民事法律行为无效；如果目的合法只是内容部分违法，则民事法律行为的内容违法的部分无效，不违法的部分可以有效。因此本条规定，民事法律行为部分无效，不影响其他部分效力的，其他部分仍然有效。例如合同编第五百零六条规定，免除造成他人人身伤害责任的免责条款无效，虽然此免责条款无效，合同中的其他条款仍然有效；合同编第四百九十七条规定，提供格式合同条款的一方不合理地免除或者限制其责任、加重对方责任、限制对方主要权利或者排除对方主要权利的格式条款无效，而合同其他条款依然有效。此外，需要说明的是，民事法律行为的成立、生效、撤销、解除，绝对不发生部分成立、部分生效、部分撤销、部分解除的问题，请特别注意。

第一百五十七条 【恢复原状】

民事法律行为无效、被撤销或者确定不发生效力后，行为人因该行为取得的财产，应当予以返还；不能返还或者没有必要返还的，应当折价补偿。有过错的一方应当赔偿对方由此所受到的损失；各方都有过错的，应当各自承担相应的责任。法律另有规定的，依照其规定。

民事法律行为无效、被撤销或者确定不发生效力情形，对于已经履行的部分如何处理？按照民法原理，民事法律行为被确认无效、被撤销或者确定不生效，双方当事人实施民事法律行为所欲实现的目的注定不能实现，尚未履行的不得履行，已经履行的必须恢复原状，即恢复到成立该民事法律行为之前的利益状况。故本条规定："行为人因该行为取得的财产，应当予以返还；不能返还或者没有必要返还的，应当折价补偿。有过错的一方应当赔偿对方由此所受到的损失；各方都有过错的，应当各自承担相应的责任。法律另有规定的，依照其规定。"条文所谓"因该行为取得的财产，应当予以返还"，可称为返还（恢复原状）请求权，即交货方请求退货、付款方请求退款。需注意下面几点：

（1）本条规定属于就事论事之处理办法，不再进一步分析返还请求权的性质（属于债权性不当得利请求权或者物权性取回权），经合同法实施以来的长期实践证明，具有简便易行的优点。

（2）民法上所谓"不能返还"，包括事实上不能返还和法律上不能返还。其中法律上不能返还，例如买卖禁止物等。条文所谓"不能返还或者没有必要返还的，应当折价补偿"中的"不能返还"，仅指事实上不能返还，不包括法律上不能返还。事实上不能返还，如有形财产中的消费物和无形财产（知识产权、商业秘密）。

（3）条文"有过错的一方应当赔偿对方由此所受到的损失"一句，所谓"对方由此所造成的损失"，仅指"实际的财产损失"，不包括"可得利益损失"，由对该行为被确认无效、被撤销或者不发生效力有过错的一方赔偿；双方都有过错的，则按照各自过错比例分担损失。

（4）需特别注意，本条不是一个独立的裁判规范①，必须与据以认定民事法律行为无效、撤销或者不生效的法律规范（法律条文）一并适用。换言之，法庭一旦依据本法相关条文作出确认民事法律行为无效、撤销或者不生效的判决（裁定），如果该民事法律行为（合同）已经履行或者部分履行，无论当事人是否请求返还，均应依职权适用本条判决相互返还财产（价款），不能返还的折价补偿，有损失的按照过错分担。于当事人请求返还时，不得令其变更诉讼请求或者另案起诉。

本条末句"法律另有规定的，依照其规定"，现今仅有物权编第三百一十一条关于善意取得制度的规定。但物权编该条的适用范围，仅限于无处分权人处分他人有形财产的案型，此外的民事法律行为无效案型，以及民事法律行为被撤销案型、民事法律行为被确认不生效案型，均无适用物权编第三百一十一条善意取得制度的可能。

---

① 本条仅规定民事法律行为无效、被撤销或者确定不生效（如当事人已经履行、部分履行）的法律效果，属于不完全法条，须与规定民事法律行为无效、撤销及确定不生效的法条结合才能构成完全法条。关于不完全法条，参见［德］拉伦茨：《法学方法论》，陈爱娥译，商务印书馆2003年版，第137～138页。

第四节　民事法律行为的附条件和附期限

第一百五十八条　【附条件】

民事法律行为可以附条件，但是根据其性质不得附条件的除外。附生效条件的民事法律行为，自条件成就时生效。附解除条件的民事法律行为，自条件成就时失效。

依据意思自治原则，民事法律行为系依当事人意思成立并发生当事人所希望的效力。故当事人对民事法律行为效力之发生或消灭加以限制，自无不可。当事人用来限制民事法律行为效力之发生或消灭的条款，称为民事法律行为的"附款"。民事法律行为之附款有二：一为条件；二为期限。本条规定民事法律行为附条件。

用来限制民事法律行为效力之发生或者消灭的"条件"，必须是将来的、是否发生不确定的事实。虽属于将来的事实，而该事实已确定发生者，应作为期限，而不能作为条件。用来决定民事法律行为效力发生的条件，称为停止条件（生效条件）。用来决定民事法律行为效力消灭的条件，称为解除条件。附停止条件（生效条件）的民事法律行为，在条件成就前，该民事法律行为虽已成立，但尚未生效。即其效力处于停止状态，须待条件成就方才生效。如果此条件终不成就，则该民事法律行为将终不生效。附解除条件的民事法律行为，该民事法律行为已经生效，将因条件成就而丧失效力。如果条件终不成就，则该民事法律行为将继续有效。

须特别注意，不可将此所谓附条件民事法律行为混同于所谓"附条件买卖"。所谓"附条件买卖（conditional sale)"，并非买卖（民事法律行为）附有条件，而是买卖标的物所有权之移转附有条件，故应准确称之为"保留所有权买卖"（合同编第六百四十一条）。"附条件买卖"所附的"条件"仅决定标的物所有权的移转，而不决定民事法律行为（买卖）效力之发生或消灭，因此与附条件民事法律行为不同。

还需注意，民法理论有所谓"非真正条件"，即具有条件的外观而不具有条件之实质的条件。（1）法定条件。即以法律规定的民事法律行为效力发生或消灭的条件，作为民事法律行为所附条件。此种条件出于法律规定，与当事人意思无关。以法定条件作为条件，属于画蛇添足。例如对于法律规定须经国家机关批准生效的合同，双方约定：本合同在获得国家机关审查批准后生效。此种条件，徒具条件的外形，并不影响民事法律行为的效力。（2）不法条件。即以违反法律强制性规定或公序良俗的事项为内容的条件。不法条件有三种：一是以为违法行为作为条件，如以杀人为赠与之条件；二是条件内容违反公序良俗，如以女雇员之结婚为解除雇用合同的条件，以姘居关系之维持为赠与合同之条件；三是以不为违法行为作为条件。日本民法典第 132 条规定：附不法条件的民事法律行为无效；以不为不法行为为条件者，亦同。依此规定，则三种不法条件，均应为无效。（3）确定条件。即在民事法律行为成立之时，其事实已经确定发生或确定不发生的条件。条件之本质，要求作为条件的事实为不确定的事实。因此，已确定的事实不能作为条件。附此种条件的民事法律行为，与未附条件同。（4）不能条件。即以民事法律行为成立之时已确定实现的事实之不实现为条件，或已确定不实现的事实之实现为条件。此与条件应以不确定事实为内容的要求不符，因此其效果与未附条件同。（5）矛盾条件。即因附条件致民事法律行为的内容互相矛盾。矛盾条件，非条件存在矛盾，而是条件与民事法律行为内容矛盾。因附矛盾条件，使民事法律行为效果意思被否定，故无论以矛盾条件为停止条件或者解除条件，均应认定该民事法律行为不成立。

附条件民事法律行为，其效力之是否发生或是否消灭，取决于条件之成就或不成就。所谓条件成就，指作为条件内容的事实已经实现。又因属于积极条件或消极条件而不同。在积极条件中，其条件事实已经发生，为条件成就；在消极条件中，其条件事实不发生，为条件成就。例如约定：今年考上大学，则如何如何。到时果真考上大学，为条件成就。如约定：今年考不上大学，则如何如何。届时果真未考上大学，为条件成就。条件成就的效力，在决定民事法律行为效力之发生或消灭。在停止条件中，因条件成就，使民事法律行为发生效力；在解除条件中，因条件之成就，使民事法律行为效力消灭。此外，条件成就之效力，应自条件成就之时发生，以不溯及既往为原则。

所谓条件不成就，指作为条件内容的事实确定的不实现。亦因条件之属于积极条件或消极条件而不同。在积极条件，其条件事实不发生，为条件不成就；在消极条件，其条件事实已经发生，为条件不成就。例如约定：明日下雨则如何如何。届时晴天，为条件不成就。如约定：明日不下雨则如何如何。届时雨天，为条件不成就。条件不成就的效力，在决定民事法律行为效力之不发生或不消灭。在停止条件中，因条件之不成就，使民事法律行为确定的不生效；在解除条件中，因条件之不成就，使民事法律行为效力确定的不消灭。

民法理论有所谓条件成否未定，指条件之成就与不成就均未确定。因条件之成就或不成就均未确定，使附条件民事法律行为之效力是否发生或是否消灭，处于不确定状态。此种状态下，因条件之成就或不成就而受利益的一方当事人，对于该利益有一种期待可能性，在法律上称为期待权。期待权既属于权利之一种，自应受法律保护。因此，附条件民事法律行为的当事人，于条件成否未定前，不得侵害相对人因条件成就依该民事法律行为所生利益。否则应承担损害赔偿责任。例如甲乙约定：如甲考上大学，则乙将自己的汽车赠与甲。而于甲是否考上大学未定之前，乙将该汽车毁损。则甲如考上大学，应有权向乙请求损害赔偿。此外，如因第三人行为损害此期待权，也应成立侵权行为。如该汽车被第三人丙故意毁损，则甲有权向第三人丙请求损害赔偿。

条文第一句"但书"规定，"但是按照其性质不得附条件的除外"。民事法律行为，以许可附条件为原则，以不许附条件为例外。所谓"按照其性质不得附条件的"民事法律行为，称为不许附条件的民事法律行为。此类民事法律行为附有条件的，原则上应全部归于无效，但除去该条件不影响民事法律行为效力的，则可作为未附条件的行为而有效。

不许附条件的民事法律行为，有下述两类：其一，依其性质不许附条件的民事法律行为。某些民事法律行为其性质决定必须即时地、确定地发生效力，不允许处于效力不确定状态，因此不得附条件。例如票据行为，为保障其流通性，因此不许附条件，否则不发生票据法上的效力（如票据法第三十三条、第四十八条）。又如撤销、追认、解除、抵销及选择权的行使等行使形成权之行为，本为使不确定的法律关系变为确定而设，若附条件，则使本不确定的法律关系愈加不确定，不仅违背该类民事法律行为性质，并且使相对人地位不安定，因此不许附条件。其二，附条件违背公序良俗的民事法律行为。主要是身份关系上的行为或与身份密切相关的行为。例如结婚、离婚、收养，收养关系之解除，继承之承认与抛弃，对非婚生子女的承认与否认等。此类民事法律行为，一经附条件即构成违反公序良俗。因此绝对不许附条件。本条将"附条件违背公序良俗的民事法律行为"，视同"按照其性质不得附条件的"民事法律行为，似无不可。

第一百五十九条　【条件成就、不成就的拟制】

附条件的民事法律行为，当事人为自己的利益不正当地阻止条件成就的，视为条件已经成就；不正当地促成条件成就的，视为条件不成就。

条件之成就决定民事法律行为之是否生效或是否失效，事关当事人利益。因条件之成就而受不利益的当事人，如以不正当行为阻碍条件之成就，将损害对方当事人利益且使民事法律行为附条件制度之目的落空。因此民法有拟制条件成就之规定；因条件成就而受利益的当事人，如以不

正当行为促其条件之成就，亦将损害对方当事人的利益而
使民事法律行为附条件制度之目的落空，因此民法有拟制
条件不成就之规定。

本条第一句为拟制条件成就之规定：附条件的民事法律
行为，当事人为自己的利益不正当地阻止条件成就的，视为
条件已成就。第二句为拟制条件不成就之规定：附条件的民
事法律行为，当事人为自己的利益不正当地促成条件成就
的，视为条件不成就。

第一百六十条 【附期限】

民事法律行为可以附期限，但是根据其性质不得附期
限的除外。附生效期限的民事法律行为，自期限届至时生
效。附终止期限的民事法律行为，自期限届满时失效。

期限为民事法律行为附款之一种，已如前述。期限之
作用，在于决定民事法律行为效力之发生或消灭。此与条
件同。决定民事法律行为效力之发生者，称为始期（生效
期限）。即在期限到来之前，民事法律行为虽然成立但未
生效，其效力处于一种未定状态，须待期限到来，该民事

法律行为方才生效。决定民事法律行为效力之消灭者，称为终期（终止期限）。即在期限到来之前，民事法律行为效力已经发生，待期限到来时，该民事法律行为效力即归消灭。始期（生效期限）类似于停止条件（生效条件），终期（终止期限）类似于解除条件。

期限是以将来确定事实之到来为内容。此系与条件的区别所在。例如约定：明日下雨，则如何如何，属于条件。而约定：某月某日，则如何如何，属于期限。条件系以将来不确定的事实为内容，而期限系以将来确定的事实为内容。但期限不一定用时间表示。例如约定：下雨则如何如何，是为期限。因终有下雨之时，属于确定的事实。又如约定：某人结婚之日，则如何如何，是为条件。因某人之结婚属于不确定的事实。

需特别注意，此所谓期限，为决定民事法律行为效力发生或消灭之附款，应与民事法律行为的履行期限相区别。履行期限，如买卖合同的交货期限、付款期限，借款合同的还款期限，租赁合同的租金支付期限，等等，是对当事人基于已生效民事法律行为所负义务之履行所加的限制。因民事法律行为之生效，当事人的权利义务已经发生，只是在履行期限到来之前，当事人所负义务不具有强制履行的效力。但一旦履行期限到来，该义务即具有强制执行的效力，义务人如不履行，权利人有权请求人民法院或者仲裁机构强制其履行或强制其承担赔偿责任。切不可与作为民事法律行为附款的期限相混淆。

如前所述，期限以其作用在决定效力之发生或消灭为标准，分为始期与终期，本条称为"生效期限"与"终止期限"。期限又以作为内容的事实发生之时是否确定为标准，分为确定期限与不确定期限。发生之时确定者，属于确定期限。例如约定：某月某日则如何如何，属于确定期限。而约定：某人死亡之日，则如何如何。人必有死，属于确定发生的事实，但发生之时不确定，故属于不确定期限。

期限的效力，在于期限到来时，民事法律行为的效力当然发生或当然消灭。所谓期限到来，指作为期限内容的事实业已发生。期限为客观上必定发生的事实，因此期限只有到来，而无不到来。此与条件之有成就与不成就，显然不同。需注意，始期（生效期限）之到来，又称"届至"，终期（终止期限）之到来，又称"届满"。期限到来的效力，在决定附期限民事法律行为效力之发生或消灭。即本条第二句规定："附生效期限的民事法律行为，自期限届至时生效。附终止期限的民事法律行为，自期限届满时失效。"

附期限民事法律行为，于期限到来之前，其当事人虽然未实际取得权利（始期）或回复权利（终期），但存在取得权利或回复权利的可能性，学说上称为期待权。此与条件成就或不成就之前当事人之期待权相同。因期限只有到来而无不到来，故附期限民事法律行为当事人之期待权比较附条件民事法律行为当事人的期待权，更为确实、可靠，更有予以保护的必要。因此，此期待权受侵害时，应使侵害人承担损害赔偿责任。

唯需注意，此种情形，基于期待权受侵害的损害赔偿请求权，常与基于债务不履行的违约责任请求权或者基于物权的请求权发生竞合。而当事人往往主张违约责任请求权或者物权请求权，却较少依据期待权受侵害提出请求。此外，期待权亦可成为侵权行为之对象，如附期限民事法律行为当事人之外的第三人，有故意损害当事人因期限到来所应得利益之行为，即应对所生损害负侵权赔偿责任。

　　本条第一句"但书"规定，"按照其性质不得附期限的除外"。按照民法原理，民事法律行为以许附期限为原则，以不许附期限为例外。条文所谓"按照其性质不得附期限的"民事法律行为，例如身份上的行为，如结婚、离婚、收养及非婚生子女之认领等；债权关系上的形成权行使行为，如撤销、抵销、追认等。上述行为，属于既不许附条件也不许附期限的行为。但应注意，不许附条件的民事法律行为，未必不许附期限，如票据行为不许附条件，但可以附期限。